ETTY HILLESUM

« Spiritualités vivantes »

PAUL LEBEAU

ETTY HILLESUM

Un itinéraire spirituel

Amsterdam 1941 – Auschwitz 1943

Albin Michel

Albin Michel
▪ *Spiritualités* ▪

*Collection « Spiritualités vivantes »dirigée
par Jean Mouttapa et Marc de Smedt*

Toutes les photographies proviennent de la collection
du Joods Historisch Museum d'Amsterdam.

Introduction

Voici dix-sept ans que le nom de Etty (Esther) Hillesum a surgi au grand jour de l'histoire, lors de la publication en néerlandais, leur langue originale, de larges extraits de son journal, sous le titre: *Het verstoorde leven*, «La vie bouleversée[1]». Ce florilège fut ensuite publié en diverses langues dans quatorze pays, dont une traduction française de Philippe Noble, parue en 1985[2].

Cet événement littéraire fit à l'époque l'effet d'une sorte de résurrection, d'autant plus inattendue qu'elle survenait après quarante années d'ensevelissement. Au moment de son départ définitif, le 5 juin 1943, pour le camp de Westerbork, où les occupants nazis regroupaient les Juifs des Pays-Bas avant de les déporter à Auschwitz, Etty avait confié les onze cahiers où elle avait rédigé, depuis le 8 mars 1941, le journal de son itinéraire personnel, à une amie hollandaise, Maria Tuinzing, en la priant de les remettre à une de ses connaissances, l'écrivain Klaas Smelik – ce qu'elle fit au lendemain de la guerre. Au début des années cinquante, Smelik tenta en vain d'intéresser plusieurs éditeurs à ce manuscrit rédigé au courant de la plume, d'une écriture difficilement lisible. C'est à la fin de 1979 que le fils de Smelik, Klaas A.D., trouva preneur chez l'éditeur Jan G. Gaarlandt, de Haarlem. Ce dernier fit déchiffrer et dactylographier le manuscrit et prépara une sélection de textes qui fut publiée en septembre 1981. Ce volume fut présenté, le 1er octobre, dans la salle du Concertgebouw d'Amsterdam, à un auditoire composé d'amis et connaissances d'Etty.

Émus de se retrouver ensemble après tant d'années, et profondément touchés par la lecture publique, assurée par l'écrivaine Marga Minco, de larges extraits du *Journal,* ils découvraient sous un jour nouveau la personnalité de cette jeune femme libre et ardente qu'ils avaient côtoyée et aimée avant qu'elle ne disparaisse dans l'horreur et l'anonymat d'un génocide savamment programmé. Peu d'entre eux se doutaient à l'époque de l'immense retentissement dont ces textes arrachés à l'oubli allaient bientôt faire l'objet. Depuis lors, en effet, essayistes, théologiens, psychologues et philosophes se sont penchés sur les écrits de cette jeune femme de vingt-sept ans, en y relevant des parallèles avec les écrits d'auteurs aussi divers que Kafka, Maître Eckhart, Ruysbroeck, Kierkegaard, Bonhoeffer, sans parler de ceux auxquels Etty fait elle-même explicitement référence : saint Augustin, Thomas a Kempis, Dostoïevski, Rilke, Jung.

Son premier éditeur, Jan Gaarlandt, eut l'heureuse initiative de rassembler en un volume, paru en 1989[3], vingt-quatre de ces études, néerlandaises à deux exceptions près. Un des auteurs qui s'y expriment, l'écrivain Abel Herzberg, y déclare notamment : « Je n'hésite pas à dire qu'à mon sens, nous nous trouvons ici en présence d'un des sommets de la littérature néerlandaise[4]. » Ma connaissance limitée de cette littérature ne m'autorise pas à confirmer cette appréciation en connaissance de cause. Ce dont je puis témoigner, en revanche, c'est qu'après avoir lu intégralement et longuement fréquenté dans la langue originale l'ensemble des écrits d'Etty, admirablement édités en un volume de huit cents pages par les soins de la Fondation Etty Hillesum[5], j'ai le sentiment d'avoir rencontré, non seulement un écrivain d'une authentique et souvent saisissante originalité, mais aussi le témoin d'une découverte d'autant plus irrécusable que rien, dans son passé, ne semblait l'y préparer : celle de la présence de Dieu au plus intime de son intériorité personnelle, alors même qu'elle se savait vouée à partager le destin des victimes de ce qu'elle désigne elle-même comme une persécution sans précédent « de forme totalitaire, organisée à l'échelle des masses, englobant toute l'Europe ». Cette découverte, Etty l'a vécue à partir du 8 mars 1941, date de sa première rencontre avec celui qui allait jouer un rôle décisif dans son évolution, un Juif allemand réfugié aux Pays-Bas, le psycho-chirologue Julius Spier. Elle n'a cessé de s'approfondir jusqu'au jour où, avec toute sa famille et des centaines d'autres Juifs, le 15 septembre 1943, elle fut désignée pour prendre place dans un wagon du sinistre *Transport* qui conduisait à Auschwitz. Deux mois et demi plus tard, le 30 novembre 1943, un communiqué de la Croix-Rouge signalait sa disparition.

On comprendra que cette longue fréquentation d'un auteur qu'un universitaire hollandais qualifie d'« inclassable », tant s'imposent « l'originalité et l'intensité de son expérience et de sa pensée[6] », ainsi que les encouragements d'amis auxquels j'en ai souvent parlé, m'aient incité à lui consacrer un livre. Ce qui m'y a, finalement, décidé, ce sont, tout d'abord, mes souvenirs personnels de ces années tragiques qu'évoquent les pages du *Journal*. J'avais dix ans de moins qu'Etty à l'époque, et, dès 1941, j'ai vu circuler dans les rues de ma ville natale, la poitrine marquée de l'étoile jaune et de l'initiale gothique du mot « Juif », des concitoyens israélites de tout âge, jusqu'au jour où, dans le courant de 1943, ils ont disparu, happés par la sinistre mécanique de la « solution finale ». En dépit de ce que nous suggéraient certaines arrestations et déportations (dont celle d'un prêtre de mon collège) sur le caractère implacable du régime nazi, il m'est parfois arrivé, comme à Etty, de croiser sur ma route tel jeune soldat allemand, à peine plus âgé que moi, et de me dire : « Sous l'uniforme, il y a l'homme. Et cet homme pourrait devenir un ami. » Enfin, au moment même où Etty rencontrait pour la première fois, au camp de Westerbork, des religieux et religieuses catholiques, j'entrais, dans la semi-clandestinité d'un obscur village lorrain, au noviciat des jésuites qui y avait trouvé un refuge précaire, après son expulsion d'Arlon au bénéfice d'une garnison de la Wehrmacht.

Il y eut aussi, plus récemment, le 50e anniversaire de la libération des camps de la mort, commémoré au cours de l'été 1995 à travers toute l'Europe, et qui a opportunément ravivé, et, espérons-le, définitivement inscrit dans la mémoire de l'humanité l'horreur absolue de la Shoah. Telle était également une des préoccupations d'Etty lorsqu'elle rédigeait les pages de son *Journal*, à l'instar de celui d'Anne Frank, sa jeune compatriote d'Amsterdam. Mais parmi tous les témoignages évoqués à l'occasion de cet anniversaire, le journal d'Etty se distingue, me paraît-il, par une actualité d'une autre nature.

Sans qu'elle-même ou ses contemporains ne puissent évidemment en avoir conscience, Etty est un témoin avant-coureur, et, à cet égard, étonnamment proche de nous, de ce que nous appelons aujourd'hui la « modernité ». Son itinéraire fut celui d'une femme libre : libre de tout préjugé héréditaire, doctrinaire ou idéologique. Si, face à l'implacable mise en œuvre de la « solution finale », elle assume – héroïquement – sa judaïté, c'est librement et sans éprouver la moindre réticence vis-à-vis de l'univers spirituel chrétien qu'elle était, dans le même temps, en train de découvrir et de reconnaître comme le lieu de son accomplissement personnel. Son itinéraire spirituel ne doit rien non plus à un contact direct ou explicite avec une Église. Elle ne rencontrera des représentants d'une institution ecclésiale que quelques mois avant sa déportation, en voyant arriver au camp de Westerbork des moines et des religieuses catholiques d'origine juive[7], dont la carmélite Edith Stein, philosophe et ancienne disciple de Husserl, récemment canonisée par Jean-Paul II.

Moderne, ou, plutôt, post-moderne (si l'on entend par cette expression une libre prise de distance par rapport à certains partis pris idéologiques de la modernité), Etty l'est également par son souci de vérité, de disponibilité à l'égard de ce que les personnes et les événements lui donnent à découvrir.

Elle est capable de se remettre en question, et parfois radicalement, qu'il s'agisse de ses idées ou de certains de ses comportements.

Moderne, et singulièrement actuelle, Etty l'est enfin par la manière dont elle conçoit sa relation à ce Dieu dont elle découvre peu à peu la présence à sa vie. Un Dieu à la fois discret, voire vulnérable, mais aussi d'une prodigieuse densité d'existence – bien différent de l'image qu'en projettent trop souvent une religiosité sentimentale ou des nostalgies infantiles.

C'est seulement après avoir lu intégralement et annoté l'ensemble des écrits d'Etty que je me suis avisé d'une autre raison de tenter d'en dégager le profil spirituel. Il m'est apparu en effet de plus en plus clairement que le cheminement dont ils témoignent correspond d'une manière frappante à celui qu'Ignace de Loyola propose dans ses *Exercices spirituels*, auxquels j'ai été moi-même initié et que j'ai souvent proposés à des groupes ou à des personnes depuis plus de trente ans. À partir d'une situation confuse, où un certain élan spirituel et le désir d'« ordonner sa vie » se mêlent aux pesanteurs d'un passé grevé d'ambiguïtés et de complicités aliénantes, un lent discernement s'engage à travers le dialogue avec un accompagnateur et l'apprentissage de la prière personnelle, discursive et contemplative, nourrie de l'Écriture et de certains thèmes majeurs de la spiritualité chrétienne. L'approfondissement progressif de cette expérience, marquée tour à tour de combats intérieurs et de périodes heureuses et paisibles (les « désolations » et les « consolations » qu'évoquent les *Exercices*), libère peu à peu de l'emprise exercée par les habitudes et les illusions du passé, voire par l'accompagnateur lui-même (malgré la discrétion que lui prescrit Ignace), et fait mûrir l'autonomie de la décision (de « l'élection », selon le terme ignacien) : engagement appelé à se concrétiser dans un projet de vie marqué par le don de soi à Dieu et aux hommes auxquels il envoie. Dans le cas d'Etty, cet engagement prit la forme d'une confiance héroïque en un destin auquel elle se sentit appelée intérieurement, en solidarité avec le peuple juif voué à l'extermination, mais non pas au néant.

En rédigeant ces pages, j'ai souvent pensé à ces jeunes adultes qu'il m'est donné de rencontrer, notamment dans le milieu européen de Bruxelles, et qui sont à la fois jaloux de leur liberté et avides de sens – qu'il s'agisse de leur vie personnelle ou de l'histoire collective dont ils sont partie prenante. C'est d'abord à eux que s'adressent ces pages. Je voudrais leur dire : « Ce livre vous est offert comme une invitation à rencontrer Etty. Bien qu'elle ait écrit il y a plus de cinquante ans, elle est votre sœur. Écoutez-la vous parler en son langage si intensément personnel. Je crois que beaucoup d'entre vous se reconnaîtront en elle : en ses tâtonnements, dans l'ambiguïté de certaines de ses expériences sexuelles et affectives, en sa sincérité, son obstination à voir clair en elle, dans les personnes qu'elle rencontre et les événements qu'elle vit, les plus ordinaires comme les plus tragiques. »

Plutôt que d'une biographie – encore que, chez Etty, l'écrit jaillit toujours d'une expérience de vie, à la fois intensément personnelle et collective –, il s'agit dans ce livre de notes de lecture où je me suis efforcé de mettre en lumière, en regroupant certains textes, les moments décisifs qui ont jalonné son cheminement et qui en manifestent la cohérence spirituelle. Je n'ai voulu en cela que faire droit à une intuition qu'Etty confiait elle-même à son *Journal*, le 8 avril 1942[8] : « J'ai comme l'impression de filer un seul et même fil à travers ces pages. Quelques éléments de continuité dans ma vie, qui sont ma réalité à moi, et qui, comme un chemin ininterrompu... (mais je ne sais comment l'exprimer d'une manière plus précise !). Il y a bien l'Évangile de Matthieu, dont je lis quelques versets matin et soir, et dont je cite parfois quelques mots dans ce cahier. Ou plutôt : ce ne sont même pas mes pauvres mots griffonnés sur les lignes bleues de ce cahier, mais le sentiment de revenir toujours au même point, à partir duquel je continue de tisser le même fil continu. Et cette continuité, c'est celle de ma vie. »

Ainsi recueilli dans sa frémissante cohérence, ce témoignage d'une jeune femme passionnément éprise de vérité ne peut que nous inciter à devenir, à son exemple, des témoins fidèles et lucides de ce qu'il nous est donné aujourd'hui de vivre et de découvrir, en cette Europe dont elle se sentait citoyenne, et dont elle pressentait le destin désormais solidaire. Ainsi qu'elle l'écrivait, deux mois avant de disparaître dans le tragique anonymat d'Auschwitz : « Il me semble que je suis un des innombrables héritiers d'un grand héritage spirituel. J'en serai désormais la fidèle gardienne. Je le partagerai avec un grand nombre, aussi longtemps que j'en aurai la force[9]. »

CHAPITRE I

« Il y a en moi quelque chose d'aventureux et de fantasque... »

Le plus ancien document photographique dont dispose la Fondation Etty Hillesum remonte à 1931. Il représente le groupe familial qui résidait alors à Deventer, ancienne ville hanséatique située sur l'IJssel, dans l'actuelle province d'Overijssel : les parents, Louis (Levie) et Riva (Rebecca) Hillesum-Bernstein, et leurs trois enfants : Etty, qui avait alors dix-sept ans, et ses frères Jaap (quinze ans) et Mischa (neuf ans).

L'allure du père, vêtu d'un costume classique de notable, assis, dans une attitude un peu crispée, les mains croisées sur l'estomac, correspond bien aux impressions recueillies parmi son entourage : petit de taille, discret et taciturne, c'était un érudit paisible, teinté de stoïcisme. Dix ans plus tard, lors d'une de ses visites à Amsterdam, alors sous occupation allemande, sa fille notera dans son *Journal*, avec une lucidité empreinte de compassion, les impressions suivantes : « Il dissimule ses incertitudes, ses doutes, son inaptitude à résoudre ses problèmes conjugaux, sous une sorte d'humour aimable et résigné, qui ne relève que le côté anecdotique des choses, sans les

La famille Hillesum (1931).
De gauche à droite : Etty, Rebecca Hillesum-Bernstein, Mischa, Jaap et Louis Hillesum.

considérer en leur profondeur, non qu'il méconnaisse celle-ci, mais parce qu'il a renoncé une fois pour toutes à s'y confronter[1].» Né le 25 mai 1880 à Amsterdam, il était le fils cadet du négociant Jacob Samuel Hillesum et de son épouse Esther Hillesum-Loeza. Etty reçut donc à sa naissance le prénom de sa grand-mère paternelle. Tout en gardant un certain intérêt pour le judaïsme et l'hébreu biblique, Louis Hillesum était un cas classique de Juif pleinement assimilé à la culture européenne occidentale. Il avait adopté le prénom chrétien de Louis. Sa famille n'observait pas le shabbat et ne mangeait pas kasher, au point que certains de leurs cousins hésitaient à lui rendre visite[2]. Le jeune Hillesum entreprit avec succès des études de langues anciennes (latin et grec) à l'université d'Amsterdam, où il obtint le doctorat après avoir défendu, en 1908, une thèse latine sur «l'usage de l'imparfait et de l'aoriste chez Thucydide». Nommé ensuite professeur de grec et de latin au gymnase (lycée) de Hilversum, il y connut des problèmes de discipline dans des classes nombreuses où le desservaient sa timidité ainsi que sa surdité d'une oreille. On l'assigna dès lors à des établissements à effectifs plus modestes et, finalement, au gymnase de Deventer, dont il devint recteur en 1928. Il le resta jusqu'à sa révocation, en novembre 1940, à la suite d'une mesure de l'occupant nazi qui excluait les Juifs de toute fonction publique. Il n'est pas sans signification qu'il ait cité et commenté, au cours de son discours d'adieu, cette phrase d'un grand spirituel chrétien, Geert Groote, père de la «Dévotion moderne», renouveau spirituel inauguré précisément à Deventer (XVe siècle): «Avant toutes choses, il me paraît bon que vous demeuriez dans la joie spirituelle[3]. »

Son épouse Riva formait avec lui un contraste des plus accusés, que cette photo de famille illustre de façon frappante. Grande et forte, vêtue d'étoffes somptueuses, avec, au cou, un long collier de perles, noué au milieu de la poitrine, son visage large, aux traits vigoureux, au regard visionnaire, la bouche comme marquée d'amertume, a quelque chose d'exalté. Née en 1881 en Russie, elle avait été la première de sa famille à émigrer en Hollande à la suite d'un pogrom, en 1907. Un de ses frères, puis ses parents, l'y rejoignirent à Amsterdam quelques mois plus tard. Elle y rencontra Louis Hillesum, qu'elle épousa en décembre 1912. Selon ceux qui la connurent, elle était imprévisible, extravertie et autoritaire. Sa relation avec sa fille Etty fut souvent difficile et marquée de violentes tensions. En visite à Deventer, chez ses parents, en août 1941 – Riva avait alors soixante ans –, Etty note dans son *Journal* que, durant son adolescence, il lui arrivait de ne plus supporter l'atmosphère de « cette maison de fous ». Elle se reproche la vivacité de ses réactions face au désordre de la maison, aux « jérémiades pathétiques » de sa mère sur sa santé, sur les tickets de rationnement, sur une foule d'autres aspects de la vie quotidienne. « Elle a le don de me vider de mon énergie, écrit Etty. La vie ici est gâchée par des lamentations sur des détails… Et pourtant, note-t-elle encore, elle n'est pas une femme sans qualité. C'est le tragique de la situation : il y a ici tout un capital de culture et de valeur humaine, chez papa et chez maman, mais il reste largement inemployé. On se casse la tête sur une foule de problèmes non résolus... Quelle situation chaotique, que reflète à sa manière le chaos trop visible qui règne dans le ménage!» *(8 août 1941, p. 84)*. Il faudra l'expérience commune de l'ultime épreuve, au camp de transit de Westerbork, pour rapprocher affectivement la mère et la fille. Mais dès auparavant, avec cette lucidité qu'aiguise en elle le prodigieux éveil spirituel qu'elle connaît alors, Etty se découvrira fille de sa mère par toute une part d'elle-même: «Il y a en moi tant de confusion, de velléité et de complexe d'infériorité!» (*4 août 1941, p. 75*). Et encore, un an plus tard: «Il y a aussi en moi quelque chose de bizarre et d'aventureux et de fantasque» (*25 septembre 1942, p. 564*). Peut-être pensait-elle également à sa mère lorsqu'elle écrivait: «L'homme cherche tout naturellement autour de lui le paysage intérieur qu'il porte en soi. C'est pourquoi j'ai toujours éprouvé ce désir si particulier de parcourir les immenses steppes de Russie» (*11 juin 1941, p. 64*).

Revenons à la photo de famille. Debout, tout contre sa mère, dont il entoure affectueusement les épaules de son bras droit, voici, au centre du cliché, un joli garçonnet en culottes courtes: Mischa (Michael, comme son grand-père maternel), le dernier-né. À neuf ans, il manifeste déjà des dons musicaux hors du commun, et deviendra un pianiste promis à un brillant avenir. Parmi d'autres, Willem Mengelberg, le célèbre chef d'orchestre au Concertgebouw d'Amsterdam, tentera vainement, en 1943, d'intercéder auprès des autorités allemandes pour qu'il échappe, en raison de son talent d'interprète, à l'internement des Juifs à Westerbork, dans la

Drenthe, prélude à leur transfert à Auschwitz. Cette mesure d'exception fut refusée parce que Mischa exigeait que ses parents puissent également en bénéficier. Psychologiquement, le jeune et talentueux pianiste était fragile, et dut même subir, en 1939, un traitement pour schizophrénie en sanatorium.

L'aîné des fils, Jaap (pour Jacob, nom de son grand-père paternel), est debout à droite de la photo, le visage étrangement inexpressif, comme celui de son père. Après avoir terminé ses études secondaires au gymnase de Deventer, en 1933, il s'inscrivit à la faculté de médecine d'Amsterdam, puis à celle de Leyde. Intelligent, il lui arrivait de rédiger des poèmes, mais il était, lui aussi, psychologiquement fragile, et fit plusieurs séjours dans des instituts psychiatriques. Vis-à-vis de sa sœur, dont l'évolution spirituelle ne lui avait pas échappé, il fit preuve d'arrogance et d'intolérance, allant jusqu'à lui écrire un jour, en pastichant le postulat bien connu de Descartes : *« Cogito, ergo sum. Credis, ergo non es*[4]*. »* Déporté à Bergen-Belsen en 1944, il ne survécut pas, comme tant d'autres, à l'atroce et interminable transport en wagon à bestiaux qui suivit l'évacuation forcée du camp par les SS devant l'avance des armées alliées en 1945.

Contemplons enfin, à l'extrême gauche du groupe familial, cette grande fille de dix-sept ans, qui nous regarde fixement de ses yeux noirs. Assise sur un haut tabouret, la main droite posée sur le genou d'une jambe croisée sur l'autre, elle est vêtue d'une longue robe de tulle et d'un gilet noir largement échancré. Encadré de cheveux noirs légèrement bouclés, son visage est typique d'une adolescente qui se cherche encore : un peu flou, un rien maussade, le regard à la fois pensif et scrutateur. Elle était alors élève de cinquième année au gymnase de Deventer, dont son père était vice-recteur (*conrector*) à l'époque. Ses résultats scolaires sont plutôt moyens, contrairement à ceux de son frère Jaap, considéré comme un brillant élève. Durant ces années de gymnase, Etty suivit un cours d'hébreu, et participa quelque temps aux réunions d'un petit groupe de jeunes sionistes. Cet intérêt pour la judaïté semble avoir été sans lendemain, car elle n'y fera aucune allusion dans son *Journal.* Une fois terminées ses études secondaires, Etty partit pour Amsterdam où elle commença, à dix-huit ans, des études de droit.

Après avoir séjourné quelque temps, parfois avec l'un ou l'autre de ses frères, dans divers logements d'étudiants, elle préféra sans doute ne plus dépendre financièrement de ses parents, et, en 1937, elle déménagea brusquement au n° 6 de la Gabriel Metsustraat, dans la maison qu'elle évoquera si souvent dans son *Journal* : sa vue sur la place du Musée, au fond de laquelle se détache la majestueuse silhouette du Rijksmuseum, et, en face de la fenêtre de sa chambre, ces deux arbres élancés, comme des « coups de poignard » vers le ciel. Etty confia à son amie Corine Spoor qu'elle avait été engagée « au pair » par le propriétaire, Hendrik Johannes (Han) Wegerif, un comptable pensionné, veuf depuis 1936, comme « femme d'honneur[5] », c'est-à-dire en qualité de maîtresse de maison, chargée de superviser l'organisation du ménage. Etty ne tarda pas, de son plein consentement, à s'engager avec lui dans une liaison qui se prolongera durant environ cinq années. Situation ambiguë, qui ne manqua pas de créer certaines tensions parmi les pensionnaires de la maison, encore que le tempérament chaleureux d'Etty contribuât à les apaiser. Elle se considère en effet dès lors comme « investie de la mission de préserver l'harmonie au sein de cette maisonnée composée d'éléments plutôt disparates » : la servante allemande, Christin (Käthe), « une chrétienne d'origine paysanne qui est pour moi une émouvante seconde mère » ; une étudiante juive d'Amsterdam » (Etty elle-même) ; « un vieux social-démocrate calme et solide » (Han Wegerif, cinquante-huit ans en 1937) ; « le petit-bourgeois Bernard (Meylink, étudiant en biochimie), juste et assez compréhensif », et « le jeune étudiant en économie, sincère, bon chrétien doué de la douceur et de la compréhension, mais aussi de la combativité et du sens de l'honneur que les chrétiens nourrissent aujourd'hui » (Hans Wegerif, le plus jeune des fils de Han) (*15 mars 1941, p. 20*).

Entre-temps, Etty avait terminé, en juillet 1939, ses études de doctorat en droit public, avec des résultats très moyens, car, selon le témoignage d'un de ses professeurs, elle ne s'intéressa jamais sérieusement à cette branche [6]. Mais son *Journal* attestera bientôt que si elle ne fut pas une lycéenne ni une universitaire des plus appliquées, elle avait acquis durant ces années une vaste culture philosophique et littéraire, ainsi qu'une excellente connaissance du français, du russe et surtout de l'allemand. Elle avait d'ailleurs suivi des cours de langues slaves à Amsterdam et à Leyde, bien que la guerre et l'occupation ne lui aient pas permis de les conclure par des examens, dont les personnes d'origine juive étaient alors exclues. En outre, au cours de ces études universitaires, elle fréquenta des groupes d'étudiants antifascistes, et montra de l'intérêt pour les questions politiques et sociales, sans pour autant s'engager dans un parti. Ceux qui l'ont connue à cette époque furent très surpris de son évolution spirituelle ultérieure. Ils se souviennent avant tout de son caractère enjoué et spontané, de sa vive intelligence, de son humour. « Chaleureuse et boute-en-train, témoigne une de ses anciennes condisciples, elle était tout naturellement au centre de notre groupe, tout en restant attentive à chacun, avec beaucoup de délicatesse[7]. »

En dépit des souvenirs pénibles qu'elle avait gardés de son milieu familial, Etty, devenue adulte, a évoqué avec une certaine nostalgie les années passées à Deventer :

> « À Deventer, les jours étaient comme de larges étendues ensoleillées. Chaque journée formait un grand tout, sans brisures. Je vivais en contact avec Dieu et avec tous les hommes, sans doute parce que je ne voyais presque personne. Il y avait ces champs de blé que je n'oublierai jamais et devant lesquels je me serais bien agenouillée. Il y avait l'IJssel et, sur ses rives, les parasols aux couleurs vives et les chevaux si patients. Et le soleil, que j'accueillais en moi par tous mes pores. Ici [à Amsterdam], au contraire, chaque jour est morcelé en mille fragments, la vaste étendue a disparu et Dieu est devenu introuvable. Si cela continue, je vais recommencer à me poser des questions sur le sens des êtres et des choses. Cela n'a rien à voir avec un souci de profonde réflexion philosophique, mais c'est tout simplement la preuve que je ne vais pas bien » (*4 juin 1941, p. 72*).

Effectivement : sous des allures gaies et primesautières, Etty, au seuil de l'âge adulte, est régulièrement en proie à des malaises physiques éprouvants, qu'elle mentionne à de nombreuses reprises dans les premiers cahiers de son *Journal*, et dont elle découvre peu à peu qu'ils ne sont pas sans rapport avec des tensions d'ordre spirituel :

> Auparavant je pensais que les ennuis d'ordre physique : maux de tête, maux d'estomac, douleurs rhumatismales, n'étaient que physiques. Je dois bien constater aujourd'hui qu'ils sont surtout conditionnés par le psychique. Le corps et l'âme sont très étroitement liés chez moi. Quand quelque chose cloche psychologiquement ou spirituellement, cela agit également sur le corps. L'hygiène spirituelle est donc terriblement importante pour moi. Un des aspects positifs de ces six derniers mois est que j'en sois maintenant très consciente, et que je ne puisse plus rejeter sur mon corps la responsabilité de ces malaises (*5 octobre 1941, p. 128*).

Outre les conflits familiaux qui viennent d'être évoqués, Etty avait un autre problème d'ordre relationnel : son comportement sexuel et amoureux qui, dès la fin de ses années d'adolescence, déconcertait les jeunes de son entourage, pourtant peu enclins au rigorisme en ce domaine. Une de ses amies, Hanneke Starreveld-Stolte, s'en expliquait ainsi quelques dizaines d'années plus tard : « Cela faisait partie de son tempérament chaleureux. Elle était quelqu'un qui donne tout et qui prend tout. À cet égard, elle ressemblait à une femme comme Lou Salomé [8], pour qui l'amitié et le contact corporel allaient naturellement de pair. Bien sûr, cela n'allait pas de soi à l'époque. Il est vrai que, dans le milieu de jeunes émancipées "de gauche" qui était le nôtre, nous avions pratiquement toutes une liaison. Mais cela était différent. Il s'agissait d'un homme dont on se disait : "C'est lui que j'épouserai un jour." L'approche d'Etty était tout autre, quasi masculine. Mais n'oublions pas que sa mère était russe. Elle n'était pas faite d'argile hollandaise[9]... » Une autre de ses amies[10], qui suivit ses cours particuliers de langue russe en 1941, le constatait pareillement : « Il y avait chez elle un impressionnant décalage entre ses comportements érotiques et ses sublimes conceptions philosophiques. Lorsqu'elle évoquait ces deux tendances contraires et toujours en conflit, cela me faisait penser à Dostoïevski. C'était tellement russe ! Mais elle bondissait lorsqu'on le lui disait ouvertement ! »

Les premiers cahiers du *Journal* nous livrent plusieurs témoignages pathétiques de cette tension intérieure. Elle avouera, avec cette désarmante sincérité qui sera de plus en plus la sienne : « Il est bien difficile de vivre en bonne intelligence avec Dieu et avec son bas-ventre » (*4 août 1941, p. 74*). Et elle ne se débarrassera pas si aisément des stigmates imprimés en sa chair et en sa mémoire affective par ces liaisons passionnées et éphémères. Mais elle s'oriente désormais vers un autre horizon :

> « Ce que je veux, c'est un seul homme pour toute une vie, et construire quelque chose ensemble. Toutes ces aventures et liaisons m'ont intérieurement déchirée et rendue mortellement malheureuse. Mais je ne me connaissais pas assez de force pour m'en défendre,

c'était la curiosité qui finissait par l'emporter. À présent que mes forces se sont organisées, elles commencent aussi à lutter contre mon envie d'aventures et ma curiosité érotique, qui se porte vers beaucoup d'hommes » (*19 mars 1941, p. 35*).

Entre-temps, elle a fait une rencontre décisive : celle d'un psychologue juif allemand, de vingt-sept ans son aîné, qui sera pour elle bien davantage qu'un thérapeute : un initiateur qui la révèle à elle-même, et qui, à travers les méandres d'une relation complexe, parfois grevée d'ambiguïté, va la conduire au seuil d'un accomplissement humain et spirituel où elle trouve enfin la pleine vérité de sa vocation à l'amour.

CHAPITRE II

«Depuis qu'un homme lourd, sans élégance, est entré dans ma vie...»

C'est le samedi 8 mars 1941 que, d'une écriture rapide et souvent peu lisible, Etty commença à rédiger son *Journal*, sur un cahier d'étudiant à spirale. Les deux premières pages sont la transcription d'une lettre qu'elle adressa à cette date à l'homme qui allait orienter son itinéraire spirituel d'une manière décisive – celui qu'elle désignera désormais, tout au long de ce *Journal*, par la lettre S.

Étrange et fascinant personnage, en vérité. Né à Francfort en 1887, Julius Philipp Spier y avait d'abord fait carrière dans une importante firme commerciale. Après vingt-cinq ans de service, il s'était retiré des affaires pour s'orienter vers la psychologie, ou, plus précisément, la «chirologie», c'est-à-dire l'aptitude à établir un diagnostic psychologique à partir de l'examen de la morphologie et des lignes des mains. Il avait eu, dès 1904, l'attention attirée sur cette discipline à l'occasion d'une conférence d'un médecin qui diagnostiquait de cette manière certaines maladies nerveuses. Sur la base de nombreuses observations, Spier élabora progressivement sa propre méthode, dont il exposa les principes dans

Julius Spier.
« Cet homme aux traits compliqués... »

un article intitulé *Hände sprechen*[1]. Il y qualifiait les mains humaines de « second visage ». Après avoir suivi quelque temps une formation au chant classique (il avait, dans sa jeunesse, rêvé d'être chanteur), il se rendit à Zurich pour y entrer en analyse avec Carl Gustav Jung. On sait que ce dernier, disciple de Freud, s'était séparé de lui à l'âge de trente-cinq ans, et avait opté, en réaction contre l'unilatéralisme de la théorie sexuelle élaborée par son maître, en faveur d'une conception qu'il jugeait plus fondamentale et plus universelle de la psyché humaine : celle des prédispositions fondamentales, notamment religieuses, présentes en tout homme, quelle que soit sa culture d'origine, et qu'il appelle les « archétypes ». Rentré à Berlin, Spier ouvrit vers 1930 un cabinet de thérapeute qui attira bientôt de nombreux patients. Il fut également invité à donner des conférences en Suisse, en Allemagne et aux Pays-Bas. D'origine juive, vu la montée du nazisme, il fut bientôt incité à émigrer, bien qu'il jouît de la protection de certains fonctionnaires nazis qui étaient ses patients. Après avoir vainement tenté d'obtenir un visa d'entrée en Angleterre, où s'était réfugiée une de ses anciennes patientes, Herta Levi, avec laquelle il envisageait de se remarier[2], il obtint des autorités allemandes, moyennant le versement d'une somme importante, de pouvoir émigrer aux Pays-Bas. Il se fixa à Amsterdam, où résidait déjà sa sœur, Alice-Julie Krijn-Spier, qui, trois ans plus tard, devait mourir en déportation à Auschwitz. Il habita d'abord chez elle, avant de louer deux chambres dans un immeuble situé au n° 27 de la Courbetstraat. C'est là qu'il recevait ses patients et faisait régulièrement des exposés sur la chirologie à un groupe de personnes intéressées.

Comme il l'avait fait à Berlin, il ne tarda pas à réunir autour de lui un cercle de familiers dont quelques-uns, après avoir été ses patients, devinrent ses disciples. Il s'agissait surtout de femmes, ce qui lui attirait chez certains la réputation d'être, ainsi que l'appelait une dame de La Haye, « un *ladyman* ». Etty parlera aussi de son « harem ». Mais elle précise : « Cette expression, “un homme à femmes”, est un vieux cliché usé. Pour la plupart, il évoque le domaine de l'érotique et du sexuel. En fait, il est plutôt un homme “pour les femmes”, en ce sens qu'il a sans doute en lui cela même qui incitait les femmes à confier à un poète comme Rainer Maria Rilke leurs secrets les plus profonds... Auprès de lui l'âme féminine trouve un accueil, parce qu'il y a tellement de féminin en lui » (*22 avril 1942, p. 353*). En tout cas, pour la plupart de ceux qui l'approchaient, Spier donnait l'impression, comme le dira trente ans plus tard Hanneke Starreveld, d'être un homme hors du commun, une « personnalité magique ».

C'est effectivement l'impression qu'il produisit sur Etty, dès leur première entrevue[3]. Il lui avait prescrit, à cette occasion, quelques exercices respiratoires à exécuter le matin au réveil. Dans la lettre, rédigée en allemand, qu'elle lui adresse le 8 mars 1941, et qui ouvre son *Journal*, elle l'en remercie et lui dit sa joie de « sentir son sang circuler dans ses veines avec une vivacité nouvelle ». Puis elle poursuit avec cette sincérité qui s'affirmera désormais de plus en plus, et qui en dit long sur le « mal-être » dont elle était alors affligée :

« Hier, alors que je ne pouvais faire autre chose que de vous regarder sottement, je sentais monter en moi un mélange confus de pensées et de sentiments contradictoires dont je me sentais comme écrasée, au point que j'en aurais crié, si j'avais été encore un peu moins capable de me maîtriser. Je ressentais vis-à-vis de vous une puissante attirance érotique, alors que je pensais être devenue capable de dépasser ce genre de pulsion. Mais il y avait aussi en moi une intense aversion à votre égard, puis un immense sentiment de solitude et d'insécurité... Et lorsque après avoir pris congé je rentrais à la maison à bicyclette, j'aurais souhaité me faire écraser par une voiture, et je me disais : "Ah, je suis en train de devenir folle comme le reste de ma famille !" – une pensée qui me vient toujours lorsque je me sens quelque part désespérée. Mais maintenant je vois mieux que cela n'est pas mon vrai moi, que je dois encore travailler très fort sur moi-même pour devenir une personne adulte et pleinement humaine. Et vous allez donc m'y aider ? Cher Monsieur S., au revoir et merci pour tout le bien que vous m'avez déjà fait » (*8 mars 1941, p. 3*).

Manifestement, la jeune femme de vingt-sept ans qui vient d'écrire cette lettre pressent que la rencontre de cet homme, de vingt ans son aîné, va profondément marquer sa vie. Elle ne va pas tarder à le vérifier. Et c'est ce qui lui inspire ce sentiment de responsabilité, non seulement vis-à-vis d'elle-même, mais aussi d'autrui, qui la conduit pour la première fois à rédiger un journal personnel, confrontation quotidienne avec ce qu'il lui est désormais donné de vivre – ce qui ne fut pas, dans un premier temps, sans lui coûter :

«*Dimanche 9 mars.* Eh bien, allons-y ! Moment pénible, barrière presque infranchissable pour moi : vaincre mes réticences et livrer le fond de mon cœur à un candide morceau de papier quadrillé. Les pensées sont parfois très claires et très nettes dans ma tête, et les sentiments très profonds, mais les mettre par écrit, non, cela ne vient pas encore. C'est essentiellement, je crois, le fait d'un sentiment de pudeur. Grande inhibition : je n'ose pas me livrer, m'épancher librement, et pourtant il le faudra bien, si je veux à la longue faire quelque chose de ma vie, lui donner un cours raisonnable et satisfaisant… J'ai reçu assez de dons intellectuels pour pouvoir tout sonder, tout aborder, tout saisir en formules claires. On me croit supérieurement informée de bien des problèmes de la vie. Pourtant, là, tout au fond de moi, il y a comme une pelote agglutinée, quelque chose me retient dans une poigne de fer, et toute ma clarté de pensée ne m'empêche pas d'être bien souvent une pauvre godiche peureuse» (*p. 4*).

Que de raisons nous avons aujourd'hui de savoir gré à Etty d'avoir surmonté ces réticences ! Ce sont ses visites quasi quotidiennes à Spier, dans son modeste appartement du n° 27 de la Courbetstraat, qui lui fourniront désormais l'essentiel de ce qu'elle va noter dans son journal. Voici, par exemple, ce qu'elle écrit après sa seconde visite à notre «chirologue» :

«Me voilà donc chez lui, moi et mon “occlusion de l'âme” [*seelische Verstopfung*]. Il allait remettre de l'ordre dans ce chaos intérieur, en orientant lui-même les forces contradictoires qui agissent en moi. Il me prenait pour ainsi dire par la main, en me disant: "Voilà, c'est ainsi qu'il faut vivre." Toute ma vie j'ai eu ce désir: si seulement quelqu'un venait me prendre par la main et s'occuper de moi ! J'ai l'air énergique, je ne compte que sur moi, mais je serais terriblement heureuse de m'abandonner. Et voilà que ce parfait inconnu, ce monsieur S., cet homme aux traits compliqués, s'occupait de moi, et en une semaine il avait déjà fait des miracles. Gymnastique, exercices respiratoires, quelques paroles lumineuses, libératrices, à propos de mes dépressions, de mes rapports aux autres, etc. Tout à coup j'avais une vie différente, plus libre, plus fluide. La sensation de blocage s'effaçait, un peu de paix et d'ordre s'installaient au-dedans de moi – toute cette amélioration sous la seule influence, pour l'instant, de sa personnalité magique. Mais elle ne tardera pas à se fonder psychiquement, à devenir un acte conscient» (*9 mars 1941, p. 6*).

Quelles étaient donc ces «paroles lumineuses» auxquelles Etty attachait un tel prix ? Elle en cite quelques-unes, en allemand, telles que les formulait son thérapeute :

«L'expression "Parole de Dieu" ne s'applique pas seulement à la Bible : elle désigne aussi, au sens le plus large, la connaissance originelle [*Urwissen*], l'inspiration, l'opération de l'Esprit-Saint qui se révèle au cœur de l'homme.

– La vitalité est une propriété d'ordre purement psychique.

– Dans les temps anciens, les hommes vivaient d'une manière plus transparente, plus naturelle, en pleine nature ; l'inconscient était beaucoup plus en harmonie avec le conscient. C'est au cours des six dernières décennies environ qu'une divergence s'est manifestée entre le vécu conscient et l'inconscient (ce qui était refoulé). Cette nouvelle problématique est à l'origine de la science, du travail qui a pour objet l'inconscient, l'analyse de l'inconscient.

– Le juste milieu entre le puritanisme et la licence est la conscience de sa responsabilité.

– "Aide-toi, le Ciel t'aidera." C'est précisément en s'aidant soi-même, en ayant confiance en soi, en ce qu'il y a en nous, que l'on est capable de faire confiance à Dieu[4].

– Porter les autres en soi, spirituellement, cela peut être une "mémoire priante", une vraie prière. Mais la prière demande que l'on sache se recueillir profondément (*19 mars 1941, p. 34*).

– Le soir, à la fin de chaque jour, il convient de se recueillir pendant une dizaine de minutes, et se rappeler comment s'est passée la journée, ce qu'elle nous a apporté de bon et de mauvais » (*16 mars 1941, p. 28*).

On le voit : certains de ces propos ont une connotation explicitement religieuse. Celle-ci, nous le verrons, trouvera chez Etty un retentissement de plus en plus profond. Ce sera là un des aspects majeurs de l'influence que Julius Spier exercera sur elle, et de ce qu'elle considérera comme une « nouvelle naissance ». Elle écrira en effet un an plus tard, dans le cinquième cahier de son *Journal* :

> « Le 3 février, j'ai eu un an ! Je crois que cette date sera désormais celle de mon véritable anniversaire... Le soir, lorsque je me suis mise au lit, j'avais le sentiment de tenir entre mes bras la riche et surabondante mois-

> son de ce jour. Mais il ne faut pas se reposer sur ce sentiment. Il faut accepter de le dépasser et d'être déporté vers une autre insatisfaction, afin de pouvoir éprouver une autre plénitude plus rassasiante encore » (*20 février 1942, p. 255*).

Ici encore, Etty ne se méprenait pas : son chemin ne serait pas celui de la facilité, mais de la liberté, au prix d'un combat persévérant contre des illusions et des régressions obstinément récurrentes. Elle ne tardera pas à le constater : en dépit de sa vaste culture et de sa riche expérience humaine et spirituelle, Julius Spier demeurait un être partagé. Son visage reflétait d'ailleurs la complexité de son tempérament, ainsi qu'Etty le caractérise avec cette perspicacité féminine à laquelle n'échappe aucun détail d'ordre physique ou esthétique :

> « Ses yeux limpides et purs, sa bouche charnue et sensuelle ; sa silhouette massive de taureau et ses mouvements d'une légèreté aérienne, libérés : l'esprit et la matière sont encore en pleine lutte chez cet homme de cinquante-quatre ans… Deuxième impression : des yeux grisâtres, vieux comme le monde, intelligents, incroyablement intelligents, qui parvenaient à détourner longtemps l'attention de cette bouche charnue, sans y réussir tout à fait… Homme charmant. Rire charmant, malgré toutes ces fausses dents. Impressionnée ce jour-là par une sorte de liberté intérieure qui émanait de lui, par une souplesse, une aisance, une grâce très particulière dans ce corps massif. Visage très différent cette fois-là. D'ailleurs il change à chacune de nos rencontres. Seule chez moi, je ne puis plus me le représenter. J'assemble comme un puzzle tous les traits qui

me sont connus, mais cela ne forme pas un tout, les contrastes brouillent l'image. Parfois, un instant, ce visage s'impose clairement à moi, mais pour s'éparpiller aussitôt en autant de fragments contradictoires» (*9 mars 1941, p. 4*).

Les trois photographies de Spier reproduites en tête du volume des *Nagelaten geschriften* suggèrent nettement cette complexité de sa physionomie, comme c'est généralement le cas lorsqu'il s'agit de riches personnalités, de tempéraments aux multiples facettes. Les divers portraits d'Etty laissent d'ailleurs – et cela ne saurait surprendre à la lecture de son journal – une impression analogue.

Au cours de leurs rencontres quasi quotidiennes – Spier recourait régulièrement à ses services comme secrétaire et rédactrice de ses rapports d'analyse – Etty ne se lasse pas de contempler le visage ridé de son mentor et thérapeute. Dans sa jeunesse, il avait rêvé d'être chanteur. Et s'il avait dû renoncer à cette carrière à la suite d'une infirmité auditive, il interprétait volontiers des lieder, avec un certain talent, dans des cercles d'amis. Auditrice parfois critique, Etty tombe sous le charme lorsqu'il interprète, un soir de juin 1942, le *Lindebaum* (opus 89) de Franz Schubert: «Tandis qu'il chantait (je trouvais ce lied si beau que je lui demandai ensuite de chanter, non plus un, mais une quantité de "tilleuls" !), les rides et les lignes de son visage ressemblaient à de vieux sentiers à travers un paysage, aussi ancien que la création même» (*4 juin 1942, p. 409*).

À mesure que s'approfondit leur relation, Etty est de plus en plus frappée par l'étonnante et riche complexité de son tempérament. Elle s'émerveille notamment de sa capacité de rester concentré sur un même sujet de réflexion à travers les menus événements de la vie quotidienne. Elle évoque à cet égard, avec émotion et enthousiasme, la fête organisée par les membres du Spier-club à l'occasion de son 55e anniversaire – qui, elle était loin de s'en douter, devait être le dernier. Elle imagine que, bien des années plus tard, devenue une « matrone », elle retrouve dans un de ses cahiers, séchée et toute fripée, l'anémone rouge qu'elle portait ce jour-là dans ses cheveux, pour fêter l'anniversaire « du plus grand et du plus inoubliable ami de ses jeunes années ».

> « C'était, écrit-elle au passé, dans la troisième année de la seconde guerre mondiale. Nous mangions du macaroni acheté au marché noir et buvions du vrai *Bohnenkaffee*. Nous étions tous si joyeux, et nous nous demandions si cette guerre durerait encore jusqu'à l'anniversaire suivant, si elle ne serait plus alors qu'un mauvais souvenir. Je portais une anémone rouge dans les cheveux, ce qui fit dire à quelqu'un : "Tu es un mélange d'Espagnole et de Russe. – Oui, opina ce grand Suisse aux cheveux blonds et aux épais sourcils qui était parmi nous, c'est une Carmen russe." »

Mais, ajoute-t-elle, ce qui, pour elle, demeure le plus mémorable dans cette soirée, c'est la manière dont S. répondit à une question posée par Liesl (l'épouse de l'Israélite allemand Werner Levie) :

> « "Ses traits prirent tout à coup cette expression de vitalité intense et disponible qui lui est habituelle. Il commença à expliquer à la jeune femme un point de

psychologie en termes clairs et vivants. Il avait pourtant derrière lui une longue journée faite d'envois de fleurs et de lettres, de visite, de courses, de l'organisation du dîner qu'il devait présider, il avait bu quantité de vin, ce qu'à vrai dire il ne supporte guère, et il était sans doute très fatigué. Mais voilà qu'on lui pose une question sur un sujet grave, et aussitôt ses traits se tendent d'attention : il entre totalement dans le jeu – comme s'il parlait d'une chaire professorale à un auditoire nombreux... Oui, dis-je à Liesl, il est toujours ainsi : toujours présent, toujours prêt à apporter une réponse. Cela vient de sa grande sérénité et de sa grande disponibilité, qui ne se démentent jamais, et c'est pourquoi les heures passées avec lui ont un sens profond et ne sont jamais perdues." S. m'écoutait avec un étonnement d'enfant, avec une expression que je ne saurais décrire... et il finit par dire : "Mais n'est-ce pas ainsi chez tout être humain ?" » (*26 avril 1942, p. 363*).

Spier est devenu davantage pour elle qu'un thérapeute, ou un conseiller : il est un véritable « initiateur » : « Un seul mot, un seul geste de lui confère de l'importance à ce qui apparaissait jusque-là comme des détails banals. Et inversement, ce qui semblait obscur et mystérieux devient tout à coup simple et transparent » (*22 avril 1942, p. 354*). Ou encore : « Il est un livre que je ne cesse de relire et de feuilleter, et dont j'apprends à voir plus profondément que la simple signification des mots... et qui m'ouvre des perspectives toujours plus vastes » (*p. 355*). Après la mort de Spier, elle l'appellera « le grand ami, l'accoucheur de mon âme » (*24 septembre 1942, p. 562*).

Il est non moins remarquable à cet égard que cette

relation révèle peu à peu à Etty la cohérence de ses expériences antérieures :

> « Il est une sorte de ciment entre les morceaux de ma vie et les amitiés que j'ai connues jusqu'ici. Il relie tout cela, et tout mon passé défile dans ses deux petites chambres. À chaque rencontre j'en découvre un aspect, je le recueille et je le lui présente, et il trouve soudain sa place dans l'ensemble. C'est le cas, par exemple, de ma rencontre avec Pieter et Hanneke Starreveld[5], qui surgissent tout à coup dans mon souvenir. Pieter, dans son salon, avec sa tête grise, comme modelée dans l'argile, et Hanneke, aux yeux perçants dans leurs profondes orbites. C'est dans leur appartement haut perché du Stadionkade, orné de si jolies sculptures modelées par Pieter, que j'ai découvert que Hanneke fréquentait également les œuvres de Jung et de Rilke » (*22 avril 1942, p. 354*).

On le voit : sans jamais en avoir été informée auparavant, Etty découvre à partir de sa propre expérience l'importance d'une pratique inculquée par la plupart des grandes traditions religieuses : *l'accompagnement spirituel*. Cette pratique, particulièrement honorée dans le catholicisme, procède de la conviction qu'on ne peut progresser seul dans la vie spirituelle. Dans la plupart des cas, il est indispensable de cheminer avec une personne à qui l'on peut s'ouvrir en confiance de ses pensées, de ses sentiments profonds, et qui nous aide à en percevoir la signification, positive ou négative ; chez qui on peut également trouver réconfort et encouragement dans les moments difficiles. Saint Ignace de Loyola est sans doute celui qui, dans ses *Exercices spirituels*, a déterminé avec le plus de précision et de réalisme (du moins en Occident) les règles de ce qu'il appelle, après d'autres, le « discernement spirituel ».

Cet accompagnement, Etty l'a trouvé chez Julius Spier. Il n'était certes pas un saint, ni un ascète parfaitement maître de lui. Etty ne tarda pas à s'en rendre compte : c'était un homme d'une sensualité à la fois exigeante et raffinée. Mais précisément parce qu'il en était conscient, et percevait la nécessité de la maîtriser et de l'orienter positivement, la nature elle aussi sensuelle et passionnée d'Etty trouva en lui l'accompagnateur à la fois averti et compréhensif dont elle avait besoin pour accéder à une authentique maturité humaine et spirituelle [6].

Ce qui, en effet, émeut particulièrement Etty, c'est le combat que livre cet homme si intensément vivant contre sa propre sensualité. Chez lui, note-t-elle, « la passion s'est tournée vers son travail de thérapeute, mais une lutte titanesque est encore en cours contre la sensualité, contre cette part d'elle-même qui n'a pas encore trouvé son orientation » (*22 avril 1942, p. 354*). Spier lui fait parfois confidence de cette lutte. Dès le début de leur relation, il lui avait avoué, après avoir lu la lettre où Etty déclarait éprouver à son égard « une forte attirance érotique » : « Vous aussi, vous êtes pour moi un défi », en ajoutant que, malgré son « tempérament », il était resté fidèle depuis deux ans à son amie lointaine [7] (*24 mars 1941, p. 49*). Plus tard, alors qu'Etty éprouve elle-même un « désir quasi désespéré de contact corporel avec lui », il lui raconte paisiblement que, depuis des semaines, il vit chastement, sans impression sensuelle ni masturbation, et s'en déclare heureux : « Je me sens bien ainsi, et c'est bon également pour mon travail» (*7 mars 1942, p. 283*).

Sur ce plan, le combat spirituel d'Etty devait connaître encore bien des péripéties. Julius Spier estimait à juste titre que le corps et l'esprit étaient intimement associés. Cette conviction, conforme à l'anthropologie biblique, l'avait amené à tester la force de caractère de certain(e)s de ses patient(e)s en les défiant physiquement. Etty évoque ainsi comment elle a vécu la première de ces expériences «thérapeutiques», qui s'avéra d'ailleurs assez surprenante pour les deux partenaires :

> «*Corps et âme ne font qu'un.* C'est sans doute en vertu de cet axiome qu'il se mit en devoir de mesurer mes forces dans une sorte de lutte. Or mes forces devaient se révéler plutôt grandes. C'est alors qu'est arrivée cette chose étonnante : j'ai envoyé au tapis ce colosse. Toute ma tension intérieure, toute l'énergie accumulée se sont libérées, et je l'ai étendu là, abattu physiquement mais aussi psychiquement, comme il devait me l'avouer ensuite. Jamais personne n'y était parvenu. Il ne comprenait pas comment j'avais fait. Sa lèvre saignait. Il me permit de la nettoyer à l'eau de Cologne. Une petite besogne étrangement familière. Mais il était si "libre", si innocent, si ouvert, si naturel dans ses mouvements, même lorsque nous avons roulé tous deux à terre. Et même lorsque, serrée entre ses bras, enfin domptée, j'étais étendue sous lui, il est resté de marbre, alors même que je m'abandonnais fugitivement au charme physique qui émanait de lui. Pourtant cette lutte n'avait rien que de bon, c'était nouveau pour moi, inattendu, libérateur, même si, par la suite, l'inci-

dent devait agir fortement sur mon imagination» (*8 mars 1941, p. 6-7*).

L'avenir devait cependant révéler que ce genre d'exercice n'était point entièrement innocent. Etty devait en faire l'expérience le soir même, et elle s'en explique avec son honnêteté coutumière, mais aussi avec une remarquable clairvoyance :

> «*Dimanche soir, dans la salle de bain.* J'ai fait une véritable toilette morale. Ce soir, au téléphone, sa voix a mis mon corps en révolution. Mais je me suis reprise en jurant comme un charretier. Je me suis dit que je n'étais plus une fillette hystérique. Tout à coup j'ai fort bien compris les moines qui se flagellent pour dompter une chair impure. Un bref mais violent combat contre moi-même, et ma fureur a fait place à une grande clarté, une grande paix. Maintenant je me sens parfaitement bien, nettoyée de l'intérieur. Une fois encore, S. est vaincu. Pour combien de temps ? Je ne suis pas amoureuse de lui, je ne l'aime pas, mais d'une façon ou d'une autre je sens que sa personnalité, inachevée, encore en lutte avec elle-même, pèse lourdement sur moi. Plus pour l'instant. En ce moment, je le vois avec un certain recul : un être vivant qui lutte, partagé entre ses forces primitives et sa spiritualité, un homme aux yeux limpides et à la bouche sensuelle» (*p. 7*).

Quelle émouvante lucidité chez cette jeune femme marquée par les expériences décevantes de son passé ! Désormais, le combat spirituel a commencé, et il sera, selon le mot de Rimbaud, «plus brutal que la bataille d'hommes». Ce n'est d'ailleurs pas seulement la sexualité qui est en cause :

«*Lundi matin, neuf heures.* Ma fille, ma fille, au travail, cette fois, ou je t'aplatis. Surtout ne va pas penser : ici, j'ai un peu mal à la tête ; là, j'ai un peu mal au cœur et pour l'instant je ne me sens pas très bien. C'est parfaitement indécent. Tu as du travail, un point c'est tout ! Pas de rêveries, pas de pensées grandioses ni d'intuitions fulgurantes. Faire un thème, chercher des mots dans le dictionnaire, voilà ce qui compte[8]. Encore une chose que je vais devoir apprendre, en luttant de toutes mes forces : bannir de mon cerveau tous les fantasmes et toutes les rêveries et faire un grand ménage intérieur pour laisser la place aux choses de l'étude, humbles ou élevées. À vrai dire, je n'ai jamais su travailler. C'est comme pour la sexualité. Si quelqu'un a fait impression sur moi, je suis capable de me plonger des jours et des nuits dans des fantasmes érotiques. Je ne me suis encore jamais vraiment rendu compte, je crois, de la déperdition d'énergie que cela représente. Et si un vrai contact s'établit, la désillusion est grande. La réalité ne rejoint pas une imagination trop enflammée. Cela s'est vérifié avec S. Ce jour-là, je m'étais fait une idée bien précise de ma visite, et j'allai chez lui dans une sorte d'excitation joyeuse. J'avais passé un petit maillot de gymnastique sous ma robe de laine. Mais rien n'alla comme prévu. Il était de nouveau froid et distant, si bien que je me raidis tout de suite. Et la gymnastique fut un vrai fiasco. Quand je fus devant lui en maillot, nous nous lancions des regards aussi gênés qu'Adam et Ève après avoir croqué la pomme. Il tira les rideaux, ferma la porte à clé, toute la liberté coutumière de ses gestes avait disparu. J'aurais voulu me sauver tant c'était affreux. Quand nous avons roulé sur le sol, je me suis agrippée à lui, avec sensualité mais aussi avec dégoût. Ses gestes à lui étaient un peu louches, et tout me dégoûtait. Tout eût été différent si je ne m'étais pas complue d'avance à ces fantasmes. C'était un choc brutal et formidable entre mon imagination exaltée et l'effet dégrisant de la réalité – laquelle prenait cette fois l'aspect d'un homme qui rajustait piteusement sa chemise froissée dans son pantalon et transpirait abondamment» (*10 mars 1941, p. 7*).

Les jours précédents, elle s'était en effet rendu compte, à la faveur de certains gestes experts et de confidences murmurées, qu'elle avait éveillé la sensualité de son thérapeute. «Je dois vous l'avouer franchement, lui déclare-t-il, vous me plaisez beaucoup.» Mais il ajoute: «Je ne veux pas d'une liaison avec vous.» Et il lui avait parlé de sa première femme, avec qui il est resté en relation épistolaire, de son amie, qu'il a l'intention d'épouser, mais qui pour l'instant vit à Londres «solitaire et malheureuse[9]». Etty en est fondamentalement d'accord, mais elle est encore loin de pouvoir l'accepter paisiblement. C'est alors que, pour la première fois, une prière prend forme sous sa plume:

«*Neuf heures du soir*. Mon Dieu, assiste-moi, donne-moi la force, car la lutte promet d'être dure. Sa bouche et son corps étaient si près de moi, cet après-midi, que je ne puis les oublier. Je ne veux pas d'une liaison avec lui. Pourtant on en prend nettement le chemin. Mais *je ne le veux pas.* Sa future femme est à Londres, seule, et elle l'attend» (*19 mars 1941, p. 35*).

Etty se sent dès lors irréversiblement engagée dans une «opération vérité». Elle s'efforce de voir, comme elle l'écrit, «la réalité des faits»:

« Voilà la vérité : je ne suis pas du tout amoureuse de lui, et je ne l'aime pas non plus. Il me passionne, il me fascine parfois comme être humain et il m'apprend énormément de choses. Depuis que je le connais, j'ai entamé un processus de maturation dont je n'aurais même pas pu rêver à mon âge. C'est tout. Mais cette fichue sensualité dont nous sommes bourrés tous les deux vient s'en mêler. Un attrait physique nous pousse irrévocablement l'un vers l'autre contre notre gré à tous deux, comme nous nous le sommes dit au début avec beaucoup de netteté » (*8 mai 1941, p. 58*).

Ainsi que l'observe non sans perspicacité Maria Ter Steeg [10], Spier prend au sérieux les impérieuses requêtes de la sexualité de sa jeune patiente, et, d'une certaine manière, il la provoque, sans pour autant lui consentir un assouvissement qui serait, pour l'un comme pour l'autre, une expérience négative et décevante.

Il reste que cela n'est pas si facile à vivre ! Et après une soirée où, après lui avoir lu certaines pages de la Bible et de Thomas a Kempis [11], Spier s'est permis certaines privautés, Etty s'efforce de faire le point, en s'interrogeant lucidement sur ses motivations secrètes :

« Si j'étais vraiment une femme magnanime et responsable, je renoncerais à tout contact physique avec lui, puisque cela ne fait que me rendre malheureuse au plus profond de moi-même. Mais je ne me sens pas encore la force de renoncer à toutes les possibilités de communication qui se perdraient ainsi. Et je crois que j'ai peur de le blesser dans sa fierté masculine (il doit bien en avoir, comme les autres ?). Pourtant cela “élèverait” notre amitié et, en définitive, il me saurait gré de l’aider à réaliser son idéal de fidélité. Mais je ne suis encore qu’un petit être avide. De temps en temps, l’envie me reprend de me blottir dans ses bras, au risque d’en ressortir malheureuse. Avec aussi, sans doute, cette vanité puérile : “Toutes ces filles, toutes ces femmes qui l’entourent sont folles de lui, mais moi, la dernière arrivée, je suis la seule à avoir pénétré aussi avant dans son intimité.” Si vraiment il y a en moi un sentiment de ce genre, ce serait écœurant ! En fait, je risque fort de gâcher notre amitié par l’érotisme » (*8 mai 1941, p. 58*).

Une des photographies d’Etty, reproduite dans une des pages hors-texte de l’édition des *Nagelaten geschriften*, nous livre une image poignante de son visage comme ravagé par la tension de ce combat. Etty y découvre pourtant, ainsi qu’elle vient d’y faire allusion, que Spier n’est pas seulement pour elle, en l’occurrence, un adversaire, mais aussi, et d’abord, en dépit de quelques faiblesses, un allié, et elle s’en trouve confortée dans sa résolution :

« Je commence à apprécier à sa juste valeur le sens de notre relation. Je ne suis pas vraiment amoureuse de lui, bien que je lui soit très attachée. Il est le premier partenaire vraiment valable auquel je sois confrontée. Auparavant, lorsqu’un homme me plaisait, je me jetais le plus souvent sur lui, mais le contact était généralement décevant. Lui est le premier à lutter vraiment contre des sentiments impurs, et par là même, simplement en étant lui-même, il m’a appris à leur résister. Il y a maintenant entre nous une tension, une plénitude grosse de virtualités pour l'avenir, et un combat loyal, qui me grandit. Au fond de mon cœur je suis fière d'être capable d'une telle relation» (*24 mars 1941, p. 50*).

Avec réalisme, toutefois, Etty analyse finement la complexité de cette relation :

«Cela paraît simple, mais il y aura bien encore quelques petites crises ! Où en sommes-nous, en fait ? Cet après-midi je pédalais jusque chez lui, complètement absorbée par des questions relatives à son travail, sans aucun sentiment d'être "femme". Cette pensée me vient soudain à l'esprit, et je l'accueille avec le plus grand sérieux : "Je travaillerais bien avec lui, en tant que collaboratrice, pendant quelques années. Je suis vraiment branchée sur lui. Il peut m'apprendre une foule de choses et je suis aussi capable de lui rendre pas mal de services." J'arrive chez lui, et tout se passe de façon si plaisante, si intense et si pleine d'humour ! Je me sentais contente de lui et de la qualité de notre relation. Il m'avait d'ailleurs dit lui-même hier soir : "Je suis exactement l'ami qu'il vous faut !" Il voulait dire par là que j'ai moi aussi mes occupations, que je travaille sérieusement et que je ne suis pas tellement préoccupée d'être "femme". Mais il trouve aussi que, de temps en temps, la femme en moi se révèle par surprise, et que cela a un charme particulier… Il est certainement gentil, bon et passionnant, et aussi assez émotif, plein de tempérament, avec, à l'occasion, un brin de fantaisie. Parfois, je puis "avoir envie de lui", comme lui de moi, mais cela est en réalité secondaire. Et lorsque j'ai tendance à laisser ce "secondaire" peser sur la qualité réelle de notre relation, je devrai me reprendre solidement en main ! Sans cela, on abîmerait quelque chose de vraiment précieux» (*29 septembre 1941, p. 113-114*).

Ce souci de dégager la vérité de sa relation avec Spier conduit Etty à découvrir la valeur de la tempérance et d'une certaine ascèse, notamment alimentaire. Elle s'y voit d'ailleurs confirmée par les restrictions croissantes imposées à la population par la guerre et l'occupation :

> « *Dimanche matin, huit heures.* Mon petit déjeuner est à côté de moi : un verre de petit-lait, deux tranches de pain bis avec tomates et concombre. J'ai renoncé au gobelet de cacao dont je me régale toujours en douce le dimanche matin et je veux me faire à ce petit déjeuner plus monacal, qui me conviendra mieux. C'est ainsi que je traque ma sensualité jusqu'en ses recoins les mieux cachés, les moins apparents, et que je l'extirpe. Cela vaut mieux. Nous devons apprendre à nous affranchir, et de plus en plus, des besoins physiques autres que les plus fondamentaux. Nous devons éduquer notre corps à ne rien nous réclamer qui ne soit le strict nécessaire, surtout en fait de nourriture, car les temps vont devenir extrêmement durs à cet égard, semble-t-il. Non, ils ne vont pas le devenir, ils le sont déjà. Et pourtant je trouve que nous nous en tirons encore étonnamment bien. Mais mieux vaut se former soi-même volontairement à l'abstinence en temps de relative abondance, que de le faire contraint et forcé en temps de disette. Ce qu'on a obtenu librement de soi-même est plus solidement fondé et plus durable que ce qui s'est développé sous la contrainte… Nous devons nous affranchir suffisamment des choses matérielles et extérieures pour permettre à l'esprit de poursuivre sa voie et de faire son œuvre en toutes circonstances. Donc : fini le chocolat, place au petit-lait. Mais oui ! » (*21 juin 1942 p. 459*).

Une des photographies les plus expressives d'Etty, prise en 1937, alors qu'elle était encore étudiante en droit, la représente assise à sa table de travail dans une attitude méditative, la main au menton, une cigarette allumée entre les doigts. Son éveil spirituel l'amènera à se défaire de cette habitude. Elle n'hésitera pas non plus, à l'occasion, à mettre d'autres personnes devant leur responsabilité à cet égard. Ainsi, au cours d'une soirée chez des amis, elle prend à partie Werner Levie, réfugié juif allemand, sioniste et idéaliste, qui fume cigarette sur cigarette. Et lorsqu'il lui lit le lendemain un passage du philosophe juif Maïmonide, elle lui lance : « Ce n'est pas très sérieux de lire Maïmonide et de prétendre refaire le monde après la guerre, si l'on s'empoisonne systématiquement et sciemment en fumant autant de paquets de cigarettes par jour ! C'est tout de même vrai : si l'on ne s'efforce pas jusque dans les plus petits détails de mettre sa vie quotidienne en harmonie avec les nobles idées que l'on professe, alors ces idées n'ont aucun sens » (*16 avril 1942, p. 349*). On peut se demander si cette véhémence ne s'adressait pas aussi à elle-même, aux prises avec un semblable défi !

Etty revient d'ailleurs à de nombreuses reprises sur la nécessité de se discipliner, et cela dans les choses les plus humbles et les plus concrètes. Ainsi, le 20 octobre 1941 :

> « Cela me demande parfois un tel effort d'accomplir fidèlement les gestes qui doivent structurer ma journée : me lever, faire ma toilette, ma gymnastique matinale, enfiler des bas sans trous, mettre la table, bref,

Etty photographiée par Han Wegerif (vers 1940).
« Ce qui importe, en définitive, c'est l'âme, ou l'être, qui rayonne à travers la personne. »

m'insérer dans la vie quotidienne, que c'est à peine s'il me reste des forces pour autre chose. Mais lorsque je me suis levée à temps, comme n'importe quel citoyen, j'éprouve déjà un sentiment de fierté, comme si j'avais fait quelque chose de magnifique. Si, par contre, je reste au lit une heure de plus le matin, cela ne signifie pas pour moi un repos supplémentaire, mais que je n'ai pas été à la hauteur de ce que je dois vivre, que je m'y suis dérobée » (*p. 138*).

Elle éprouve aussi le besoin de réagir contre un instinct de coquetterie qu'elle juge excessive. C'est un aspect particulièrement savoureux de la personnalité d'Etty qui se révèle à travers cette page d'une sincérité désarmante :

« Je voudrais te demander de ne pas trop te regarder dans la glace, tête de linotte ! Ce doit être affreux d'être une beauté ! On est coupée de sa vie intérieure parce que aveuglée par cette apparence éclatante. Et vos semblables ne réagissent d'ailleurs qu'à cette beauté extérieure, si bien qu'intérieurement on se ratatine peut-être complètement. Le temps que je passe devant le miroir, frappée tout à coup par une expression amusante, captivante ou intéressante de ce visage pourtant loin d'être beau, ce temps-là, je pourrais l'employer plus utilement. Ce narcissisme m'exaspère. Il m'arrive de me trouver jolie, même si c'est dû à la lumière tamisée de la salle de bain. Mais à ces moments-là, je ne peux plus me détacher de mon image, je m'adresse toutes sortes de minauderies. Je présente mon visage sous ses meilleurs angles à mes regards admiratifs. Mon fantasme préféré est alors de me figurer dans une salle, assise à une table, face au public qui me regarde et me trouve jolie.

Tu dis toujours que tu veux t'oublier totalement,

mais tant que tu seras gonflée de cette vanité, pleine de ces fantasmes, tu n'avanceras pas beaucoup dans la voie de l'oubli de toi. Même quand je travaille, je ressens parfois le besoin soudain de voir mon visage. J'enlève mes lunettes et je me regarde dans les verres. Parfois, c'est une vraie compulsion. J'en suis très malheureuse, parce que je sens combien je me fais encore obstacle à moi-même. Et rien ne sert de me contraindre de l'extérieur à ne plus me complaire à mon image dans le miroir. C'est de l'intérieur que doit venir une certaine indifférence à mon apparence. Je ne dois pas me soucier de mon allure, mais "intérioriser" encore ma vie. Chez les autres aussi je prête parfois trop d'attention à l'apparence, à la séduction. Ce qui importe en définitive, c'est l'âme, ou l'être, comme on voudra, qui rayonne à travers la personne » (*8 juin 1941, p. 60-61*).

Mais c'est sa relation à Julius Spier qui demeure l'enjeu de son combat spirituel et l'objet privilégié de sa réflexion. Elle y trouve notamment matière à interrogation sur la condition féminine :

« Il [Spier] dit que l'amour de tous les hommes vaut mieux que l'amour d'un seul homme. Car l'amour d'un seul homme n'est jamais que l'amour de soi-même.

C'est un homme mûr de cinquante-cinq ans, parvenu au stade de l'amour universel après avoir, durant sa longue vie, aimé beaucoup d'individus. Je suis une petite bonne femme de vingt-sept ans, et je porte en moi un amour très fort de l'humanité, mais je me demande si, toute ma vie, je ne serai pas à la recherche d'un homme unique. Et je me demande s'il ne s'agit pas là d'une limitation, d'un enfermement pour la femme. N'est-ce pas une tradition séculaire dont elle devrait s'affranchir, ou bien, au contraire, un élément si essentiel à la nature féminine que la femme devrait se faire violence pour donner son amour à toute l'humanité, et non plus à un seul homme ? (la synthèse des deux amours n'est pas encore à ma portée). Cela explique peut-être qu'il y ait si peu de femmes importantes dans les sciences et les arts. La femme cherche toujours l'homme unique à qui elle donnera son savoir, sa chaleur, son amour, son énergie créatrice. Elle cherche l'homme, non l'humanité » (*4 août 1941, p. 72-73*).

En reconnaissant qu'elle porte en elle « un amour très fort de l'humanité », Etty implique qu'elle est bien consciente que ce clivage homme-femme est sans doute moins rigide qu'il n'y paraît. Mais l'expérience complexe de sa relation à Spier lui suggère que la question demeure posée :

« Cette question féminine n'est pas si simple. Parfois, en voyant dans la rue une jolie femme, élégante, soignée, hyper-féminine, un peu bête, je sens mon équilibre vaciller. Mon intelligence, mes luttes avec moi-même, ma souffrance m'apparaissent comme un poids oppressant, une chose laide, anti-féminine, et je voudrais être belle et bête, une jolie poupée désirée par un homme. Étrange, de vouloir ainsi être désirée par un homme, comme si c'était la consécration suprême de notre condition de femmes, alors qu'il s'agit d'un besoin très primitif. L'amitié, la considération, l'amour qu'on nous porte en tant qu'êtres humains, c'est bien beau, mais tout ce que nous voulons, en fin de compte, n'est-ce pas qu'un homme nous désire en tant que femme ? Il me semble encore trop difficile de noter tout ce que je voudrais dire sur ce sujet... Peut-être la vraie, l'authentique émancipation féminine n'a-t-elle pas encore commencé. Nous ne sommes pas tout à fait encore des êtres humains..., encore ligotées et entravées par des traditions séculaires. Encore à naître à l'humanité véritable. Il y a là une tâche exaltante pour la femme» (*4 août 1941, p. 73*).

Cette appréciation d'Etty est également influencée par une autre relation, beaucoup plus «primitive»: celle qui la lie depuis plusieurs années à Han Wegerif, qu'elle appelle familièrement *Pa Han* (papa Jean). Peu de temps après avoir été engagée par ce dernier comme «femme d'honneur», ou gouvernante, elle était devenue sa maîtresse, un peu par compassion pour ce veuf de soixante-deux ans (en 1941), expert-comptable retraité, taciturne et de tempérament peu communicatif. Sans doute avait-elle également trouvé en lui un substitut paternel qui compensait pour elle le relatif effacement de Louis Hillesum au sein de son foyer. Elle allait parfois rejoindre Han la nuit dans son grand lit conjugal, mais cela ne l'empêchait pas de se poser certaines questions. Un jour, elle avait posé à brûle-pourpoint à son amie Henny Tideman[12] la question suivante: «Dis-moi, Tide, n'as-tu donc jamais voulu te marier ?» Elle répondit: «Dieu ne m'a pas encore envoyé de mari.» Cette phrase avait poursuivi Etty toute la journée. Elle s'en explique en ces termes:

«Si je voulais appliquer cette réponse à moi-même et en faire mon profit, je devrais la traduire ainsi: si je veux vivre selon mes sources véritables, je devrais sans doute rester célibataire. Inutile en tout cas de me casser la tête là-dessus. Si j'écoute en toute sincérité ma voix intérieure, je saurai bien le moment venu si un homme m'est "envoyé par Dieu". Mais ce n'est pas un sujet à remâcher constamment. Ne pas non plus transiger, ni s'embarquer dans un mariage en vertu de toutes sortes de théories mensongères. Je dois avoir confiance, bien me dire que je dois suivre un chemin particulier, et surtout ne pas avoir la hantise de finir dans la solitude si je ne prends pas un mari tant qu'il en est encore temps» (*Lundi matin, 6 octobre 1941, p. 129*).

Le soir du même jour, elle revient sur ce sujet en présence de Han Wegerif :

« Hier soir au lit, j'ai dit à Han : "Crois-tu que quelqu'un comme moi a le droit de se marier ? Suis-je une vraie femme ?" – En fait, la sexualité ne joue pas un grand rôle chez moi, même si, vue de l'extérieur, je donne parfois l'impression du contraire. N'est-ce pas une forme de tromperie que d'attirer les hommes sur la foi de cette impression extérieure et de ne pas leur donner pour autant ce qu'ils désirent ? Je ne suis pas fondamentalement féminine, du moins sexuellement. Je ne suis plus une "femelle" et j'en éprouve souvent un sentiment d'infériorité. Chez moi, le physique pur est contrarié et affaibli à divers titres par un processus de spiritualisation. Et l'on dirait vraiment, parfois, que j'ai honte de cette spiritualité. Ce qui est originel et premier en moi, ce sont les sentiments humains. Il y a en moi comme une source mystérieuse d'amour et compassion pour les êtres humains, pour tous les êtres. Je ne crois pas que je sois faite pour être la compagne d'un seul homme. C'est comme si j'avais parfois l'impression qu'il est un rien puéril de n'aimer qu'une seule personne. Je ne pourrais pas non plus rester fidèle à un seul homme. Non pas tant à cause d'autres hommes, mais parce que je me sens moi-même habitée par tant de présences. J'ai vingt-sept ans, et il me semble que j'ai aimé et que j'ai été aimée à satiété. Je me sens très vieille. Ce n'est sans doute pas un hasard si l'homme avec lequel je vis maritalement depuis cinq ans a atteint un âge interdisant tout projet d'avenir, et si mon meilleur ami a l'intention d'épouser un jour une jeune fille qui vit à Londres. Un seul homme, un seul amour, ce ne sera jamais ma voie, du moins je le crois. Il reste que j'ai un fort tempérament érotique, et un grand besoin de caresses et de tendresse. Et elles ne m'ont jamais manqué jusqu'ici. Mais je dois bien constater que ce que j'écris ici ne correspond pas exactement à ce que je ressentais hier soir et ce matin.

"Dieu ne m'a jamais encore envoyé de mari." Jamais encore mon intuition intérieure ne m'a fait dire "oui" pour la vie à un homme, et cette voix intérieure doit être mon seul fil d'Ariane, en tout, certes, mais particulièrement en cette affaire. Je veux dire simplement qu'une sorte de paix doit descendre en moi, avec la certitude de suivre ma voie personnelle, confirmée par une voix intérieure» (*6 octobre 1941, p. 130*).

Qui a pratiqué les *Exercices spirituels* de saint Ignace de Loyola ne peut manquer d'être frappé par l'affinité de l'expérience ici évoquée par Etty et les conditions d'une bonne «élection», c'est-à-dire d'un choix de vie, formulées dans le livret ignacien, en particulier ce qui concerne le «second temps» de l'élection: le signe d'une décision existentiellement valable est la paix, la joie, le sentiment de cohérence intérieure qu'elle engendre chez celui qui l'a prise (*Ex. sp.*, 176). À cet égard, on peut dire que le *Journal* d'Etty est, dans son ensemble, la trace écrite d'une démarche décisive de « discernement spirituel », au sens ignacien du terme.

Un sain discernement consiste également à démasquer les mauvaises raisons qui risquent d'influencer la décision. Ici encore, Etty fait preuve d'une remarquable lucidité :

> « Surtout, ne pas fuir le mariage en te disant : "On voit si peu de ménages heureux autour de soi." On n'est alors guidé que par une forme d'opposition, de peur et de manque de confiance en soi. Mais refuser le mariage, en revanche, parce qu'on sait que ce n'est pas sa voie. Et ne pas se consoler par cette observation sarcastique chère à toutes les vieilles filles : "Ce qu'on voit dans les ménages, merci bien, c'est du joli !" Je crois vraiment aux mariages réussis, et je serais peut-être capable d'en réussir un, mais laissons les choses aller leur train, ne nous lançons pas dans les théories, ne nous demandons pas ce que nous pouvons faire de mieux, ne calculons pas en ce domaine. S'il plaît à Dieu de "t'envoyer un mari", tant mieux. Sinon, c'est que ta voie est autre. Mais ne te laisse pas aller rétrospectivement à l'amertume, et ne va pas dire un jour : "À cette époque-là, j'aurais dû faire telle ou telle chose." On n'a pas le droit de dire cela. C'est pourquoi tu dois prêter maintenant l'oreille la plus attentive au murmure de ta source intérieure, au lieu de te laisser toujours égarer par les propos de ton entourage et par ceux qui prétendent t'influencer » (*Lundi matin, 6 octobre 1941, p. 130-131*).

Langage lucide et vigoureux, qui n'est autre que celui d'une liberté responsable et capable de remettre en question les conditionnements culturels : « Les sentiments universellement humains sont en moi plus forts et plus profondément enracinés que ceux qui sont propres à la femme comme telle. Mais il me faudra encore de fameux combats pour prendre distance de moi-même en tant que femme (comme épouse potentielle), si c'est cela qui m'apparaît comme la voie à laquelle je suis appelée» (*p. 131*).

Etty n'en est pas moins consciente de l'étrangeté de sa situation. Elle écrit, au retour d'une brève promenade avec Spier dans la fraîcheur d'un après-midi de décembre :

> «Il y avait chez lui quelque chose de rayonnant et de juvénile. Il rayonnait de bonté pour tous les êtres. J'en sentais les effluves, et je devenais rayonnante à mon tour. J'avais acheté une gerbe de chrysanthèmes, "d'une blancheur nuptiale", me dit-il. Je lui suis fidèle au-dedans. Et je suis aussi fidèle à Han. Je suis fidèle à tous et à chacun. Je marche dans la rue aux côtés d'un homme, avec ces fleurs blanches comme un bouquet de mariée, et je le regarde avec des yeux rayonnants, et, douze heures auparavant, j'étais dans les bras d'un autre homme, je l'aimais et je l'aime. Est-ce vulgaire ? Est-ce décadent ? Pour moi, rien que de normal. Peut-être parce que le physique n'est pas, n'est plus pour moi l'essentiel. Il s'agit d'une autre espèce d'amour, plus large, plus ouvert. Mais ne serais-je pas en train de me leurrer ? Ne suis-je pas dans le flou en ce qui concerne ces relations ? Je ne le crois pas. Mais pourquoi, alors, suis-je tout à coup en train de ruminer tout cela, alors qu'il s'agit de quelque chose de si familier ? » (*Vendredi matin, 5 décembre, p. 175*).

Cette «rumination» dont s'étonne Etty n'est évidemment pas sans quelque fondement. Mais il faut du temps pour voir clair en soi. De grands saints, de grands spirituels ont, eux aussi, connu des périodes d'ambiguïté et de tâtonnements. Et certains autres, qui passaient pour mystiques (tel Molinos, au XVIIe siècle), se sont fourvoyés dans des aberrations morales au nom du « pur amour ». Dans le cas d'Etty – comme chez pas mal de jeunes Européens de cette fin de siècle –, une carence éducative n'est certainement pas étrangère à des comportements à risque. Elle la déplore d'ailleurs une quinzaine de jours plus tard :

> « Beaucoup de gens ont une vision des choses trop arrêtée, trop figée, et c'est pourquoi ils figent à leur tour leurs enfants par le biais de l'éducation. Ils leur laissent trop peu de liberté de mouvement. Chez nous, c'était exactement le contraire. Il me semble que mes parents se sont laissé submerger par la complexité infinie de la vie, qu'ils s'y enfoncent même chaque jour un peu plus, et n'ont jamais su faire un choix. Ils ont laissé à leurs enfants une trop grande liberté de mouvement, ils n'ont jamais pu leur donner des points de repères, parce qu'eux-mêmes n'en avaient pas trouvé. Et ils n'ont pas pu contribuer à notre formation parce qu'eux-mêmes n'avaient pas trouvé leur forme... En réaction à cette absence de forme (qui, loin de laisser le champ libre à la personnalité, n'est que négligence et incertitude), on se lance dans une recherche forcenée d'unité, de délimitation, de système. Mais la seule unité positive est celle qui intègre tous les contraires et toutes les forces irrationnelles, sous peine de s'acharner à imposer une norme qui fait violence à la vie » (*Lundi 22 décembre 1941, p. 207-208*).

Il est d'autres manières de faire violence à la vie. Même occasionnels, et subjectivement valorisés au nom d'une certaine forme d'amour, les rapports sexuels extraconjugaux n'échappent pas aux lois de la nature. Le matin du 3 décembre 1941, Etty s'éveille avec une impression de nausée et de vertige. « Pendant cinq minutes, écrit-elle, je ressens l'angoisse de toutes les jeunes filles qui, tout à coup, paniquent en constatant qu'elles attendent un enfant qu'elles n'ont pas désiré. » Elle ajoute – et ceci témoigne chez elle d'une rationalisation simpliste dont son *Journal* n'est guère coutumier, qu'il ne cessera d'ailleurs de démentir, mais qui devait être assez commune dans son entourage : « Je suis, me semble-t-il, dépourvue de tout instinct maternel. Et je me l'explique à moi-même comme suit : je trouve qu'au fond la vie est un chemin de souffrance, et que tous les hommes ne sont que des êtres malheureux. Je ne puis prendre la responsabilité d'augmenter encore le nombre de ces créatures malheureuses » (*3 décembre 1941, p. 173*). Les jours suivants, les indices d'une grossesse se confirment. « Quelque chose se passe en moi secrètement, à l'insu de tous les autres », note Etty. Parfois elle interrompt son travail sur *L'Idiot* de Dostoïevski pour sauter quelques marches jusqu'au bas de l'escalier, ou injecter de l'eau bouillante dans son utérus. Le samedi 6 décembre au matin, elle note : « Tout d'abord, se dorloter un peu pour trouver le courage d'affronter la journée. Ce matin au réveil, oppression accablante, angoisse noire. Ce n'est pas une mince affaire ! » confesse-t-elle. Et elle s'adresse à ce petit être qui a commencé de prendre corps en elle, en essayant, mais non sans quelque réticence, de se justifier :

> « J'ai le sentiment de m'employer à sauver la vie d'un être. Non, c'est ridicule : sauver la vie d'un être en lui barrant à toute force le chemin de cette vie ! Je veux lui éviter d'entrer dans cette vallée de larmes. Je vais te laisser, petit être en devenir, dans la sécurité de la "non-naissance". Tu devrais m'en savoir gré. Je ressens presque de la tendresse pour toi. Je t'agresse avec de l'eau bouillante et d'horribles instruments. Je te combattrai avec patience et ténacité jusqu'à ce que tu sois dissous dans le néant. Alors j'aurai le sentiment d'avoir accompli une bonne action, d'avoir agi de façon responsable. Je ne peux te donner assez de force, et il y a trop de germes morbides dans cette famille à l'hérédité chargée – ma famille. Lorsque Mischa [son frère cadet], l'esprit complètement dérangé, fut récemment emmené de force dans une institution, je me suis juré, en présence de cette scène de violence, de ne jamais laisser sortir de mes entrailles un malheureux comme lui » (*Samedi 6 décembre 1941, p. 177*).

Après une semaine de tentatives abortives, Etty avoue son épuisement. Finalement, le matin du 8 décembre, le fœtus est expulsé. Étrangement, mais non sans signification subconsciente, Etty note l'événement dans son *Journal* comme s'il s'agissait d'une naissance : « Ce matin à six heures, l'enfant non né [*ongeboren*] est né. Il était âgé de dix jours. » « Käthe [la servante allemande], note encore Etty, en fut beaucoup plus impressionnée que moi-même et que Han [le géniteur de l'enfant]. » Ce dernier, ajoute-t-elle, « avait été beaucoup plus inquiet à ce sujet, m'avoua-t-il ensuite, qu'il n'avait voulu me le montrer » (*p. 180*). Par ailleurs, on ne relève dans le *Journal* aucune indication qu'Etty ait parlé à Spier de ce qui s'était passé ce matin-là.

Etty a donc éprouvé dans sa chair, de sa propre volonté, ce drame auquel tant de femmes ont été et sont toujours acculées, victimes de l'irresponsabilité de leurs hommes et de la solitude dans laquelle elles sont trop souvent enfermées, sans recours. Pas plus que celles qui choisissent ou subissent aujourd'hui le même sort, il ne nous appartient pas de la juger. Constatons que cet acte mortifère n'a pas empêché cette jeune femme, leur sœur, de s'ouvrir ensuite à une espérance porteuse de vie, et dont personne, quels que soient ses échecs et ses blessures, ne doit se sentir exclu.

Cinq jours plus tard, Etty se plaint de maux de tête et d'angoisse. Elle doit s'aliter en pleine journée, ce qui la rend « misérable » et lui inspire un sentiment de culpabilité, du fait que cette prostration alourdit le travail quotidien de son entourage. Un appel surgit alors en elle, et elle y fait écho dans cette prière – la première où elle s'adresse à Dieu avec cette nuance de tendresse :

> « Mon cher Seigneur, je ne puis tout de même pas t'appeler à l'aide dans n'importe quelle circonstance futile ! Mais cette fois-ci, le fait de t'avoir appelé de tout mon être, par une sorte d'élan profond, continue à agir en moi et à me donner de la force » (*11 décembre 1941, p. 182*).

Elle continuera en tout cas à se poser loyalement des questions sur ses relations avec Han et avec

Spier. Ainsi, au sujet des propos tenus par ce dernier au cours d'une conversation : « Si j'exigeais maintenant que vous ne soyez qu'à moi, et que vous cessiez votre relation avec Wegerif, cela créerait certainement une situation de conflit, non pas pour vous, mais pour lui. » Et il ajouta : « Cela n'est rien si on se laisse aller un peu, pourvu qu'on soit créatif [*schöpferisch*], etc. » Il évoqua alors des choses importantes, mais je ne pourrais les rapporter littéralement. Cela doit revenir à ceci : « Pourvu que l'on ne pèche pas contre l'esprit. » Mais Etty se demande précisément si sa relation avec Han peut se poursuivre sans contredire ce principe. Comment situer une telle relation dans le cadre de la « morale générale » ? Elle avoue qu'elle n'y parvient pas. Et elle s'interroge :

> « "Cela n'est rien si on se laisse aller un peu..." – Il y a là une dérogation angoissante aux normes traditionnelles, qui me donne l'impression d'aboutir à un vide. N'ai-je pas peur de jouer avec des valeurs humaines fondamentales ? Mais n'est-ce pas chez lui que les valeurs essentielles de la vie se trouvent le plus en sûreté ?... Pourquoi ne peut-on se donner entièrement à quelqu'un ? Cela n'est-il permis que si l'on peut lui dire : "Je suis ta femme" ? Doit-il toujours s'agir de ce type de relation ? Est-ce que je m'accroche encore trop à des conceptions traditionnelles ? Et ce désir de se donner totalement et corporellement, qui est parfois si fort, en tant qu'il serait l'accomplissement nécessaire de profonds sentiments à son égard ?... Mais tu ne veux pas toujours réaliser ce désir, car tu sais à quels dangers il peut t'exposer ! N'exagères-tu pas encore l'importance de ce bref moment sexuel ? Et puisque la sexualité ne joue pas un si grand rôle dans ta vie, ne te

laisses-tu pas trop influencer par une mentalité conventionnelle au sujet de ces choses ? Et maintenant, il est vraiment temps d'aller dormir, chère enfant, non pas avec Han, car il est trop tard, mais seule. Il est bon, cependant, que j'aie une bonne fois empoigné par les cornes ces choses ténébreuses et confuses qui pourraient, sinon, échapper à mon contrôle comme un taureau devenu fou » (*23 mai 1942, p. 389-390*).

Après cette longue soirée solitaire, où elle a rempli six pages serrées de son cahier, Etty reprend le lendemain, par un « venteux matin de Pentecôte », le 24 mai 1942, ce qu'elle appelle ses « calculs d'épicier », c'est-à-dire ses interrogations d'ordre moral :

« Je suis allée trop loin dans mes sentiments à son égard. Mais on ne peut jamais aller trop loin en aimant quelqu'un ! Lorsque je dis : "Je suis allée trop loin", je veux dire que j'ai peur que cela me détruise. Mais cela devrait encore se prouver. Jusqu'à présent, je n'ai puisé dans ces sentiments que de la vie et de la force. La formule qui m'est venue hier était à peu près celle-ci : "Si j'avais avec lui une relation complète, sa relation avec Herta [sa fiancée] en subirait un dommage et une tension tels qu'ils auraient été plus grands que l'enrichissement relationnel que cela aurait pu signifier pour nous. Et le malaise que cela aurait entraîné dans ses sentiments à l'égard de Herta aurait eu des suites désastreuses pour notre relation à nous. Et si telle est la frontière au-delà de laquelle il se sentirait infidèle, cette frontière est subjectivement la sienne, et je dois la respecter… Et pourquoi ne pas consentir à ce petit geste d'abstinence en pensant à cette pauvre petite créature qui est si malheureuse et qui attend de l'autre côté du *Channel* ? Il s'en est expliqué si clairement et si honnêtement hier après-midi que je lui en suis profondément reconnaissante" » (*p. 389-390*).

Mais avant d'en arriver à cette conclusion apaisée, Etty a connu la veille, dans la solitude de la salle de bain, une crise d'angoisse et de larmes : images de séparation, de renoncement à Spier. Il est vrai qu'elle la relativise ensuite en se rendant compte qu'elle est à la veille de ses règles – une période qu'elle vit toujours difficilement, d'autant plus qu'elle lui survient toutes les trois semaines Il reste qu'elle en a été cruellement affectée : « C'est comme si un chien fou avait planté ses crocs dans mon cœur et le mordait, le secouait sans vouloir le lâcher » (*p. 391*).

Ainsi fait-elle l'expérience, familière à qui pratique les *Exercices spirituels* ignaciens, de l'alternance entre « désolation » et « consolation ». Au cours d'une conversation téléphonique avec Spier, elle lui déclare qu'elle s'est éveillée le matin avec cette phrase : « Je constate en moi un lent mais constant déplacement du physique au spirituel – et cela a un retentissement dans notre amitié » (*1er avril 1942, p. 329*). Et elle explicite cette expérience en ces termes :

> « Auparavant, c'est la sensualité qui imprégnait mon imagination, et je le désirais, sans plus, comme amant. Ce n'est plus le cas maintenant. Je sais que les possibilités du corporel atteignent bientôt leurs limites. Son corps ne m'intéresse aujourd'hui que dans la mesure où il peut servir d'expression à notre amitié. Autrement, je n'en veux pas. Ce qui me reste de désir purement physique, je puis assez bien le maîtriser maintenant. Du fait

que j'ai vécu tant d'années une vie intensément physique, un grand calme m'est venu. Je n'ai plus besoin de satisfaire mon corps *coûte que coûte*[13] – et je suis si reconnaissante d'y être parvenue !... Je dois donc et je vais donc obstinément, avec patience, prudence et maîtrise de soi, éviter les contacts qui ne sont ni aussi vrais ni aussi harmonieux que je le désire» (*p. 330*).

Elle revient sur ce sujet quelques semaines plus tard, à l'occasion d'une réflexion de son amie Hanneke Starreveld :

«Lorsqu'elle m'a dit : "Non, je serais incapable de vivre sans lien affectif, sans mari, sans enfants", j'ai réalisé tout à coup, à ma réaction instinctive, que ce n'était pas mon cas. Oui, parfaitement, je pourrais vivre sans cela. Je pourrais peut-être tenir le coup pendant des années, seule, agenouillée sur la dure, dans une froide cellule. Même alors il y aurait en moi une vie intense et féconde. Tout ce que la vie rend possible, cela serait toujours en moi» (*23 mai 1942, p. 388*).

Ce que Spier confirme, s'avise-t-elle, par l'attitude de fond qu'il adopte à son égard : «Il m'éduque à un amour plus large que celui qui se concentre sur une seule personne» (*7 janvier 1942, p. 230*). Et elle se rend compte que cela influence depuis le début son comportement à son égard : entre lui et sa «secrétaire russe» se développe une amitié qui s'enracine de plus en plus profondément dans son cœur impatient. Elle lui dit encore «vous» [*Sie*], et cela recrée chaque fois la distance qui permet de rester attentive au «tout» de l'autre. «Le sentiment fou et passionné de vouloir me perdre en lui a régressé depuis longtemps.

Il est devenu plus sage. Se donner à un être humain jusqu'à se perdre en lui, ce serait disparaître de ma propre vie. Seul subsiste en moi, peut-être, le désir de me perdre en Dieu – ou dans un poème» (*17 décembre 1941, p. 197*).

Quelques mois plus tard, Etty notera cette autre confidence de Spier :

> «Tandis qu'il me parlait de son intense activité de thérapeute (car il recevait de plus en plus de patients), je m'étais accroupie sur le sol à ses pieds, accoudée à ses genoux. Il me considéra soudain d'un air pensif et me dit : "Il y a un an et demi, il aurait été impensable que je laisse une fille comme vous vivre ainsi, sans coucher avec elle. Maintenant, je m'étonne d'être devenu comme je suis. Mais si ce n'était pas le cas, je ne pourrais sans doute pas travailler avec la même intensité." Et je lui dis : "Je respecte tout à fait ce choix de vie, oui, je le respecte profondément." Et j'ajoutai, en substance : "On apprend la patience. Il me semble que les contacts corporels ont souvent quelque chose de forcé. Je puis vivre bien longtemps d'une seule marque de tendresse de votre part"» (*15 avril 1942, p. 347*).

Trait non moins significatif : alors qu'elle n'a jamais eu aucun contact avec un prêtre ou un pasteur, il lui arrive d'évoquer le travail thérapeutique de Spier en termes quasi sacerdotaux :

> «Il reçoit encore six patients par jour et leur consacre des heures intenses. Il les aide à s'ouvrir pour qu'il puisse en extraire les humeurs purulentes, et creuse en eux jusqu'aux sources où Dieu, à leur insu, se tient caché, jusqu'à ce que l'eau vive irrigue enfin leurs âmes

desséchées. Les “confessions” écrites s’accumulent sur sa petite table, et chacune d’elles, ou presque, se termine par un appel au secours : “Aidez-moi donc !” Il est là pour chaçun, prêt à aider » (*13 juin 1942, p. 431-432*).

Et ce rapprochement s’impose aussitôt à Etty : « Hier, dans le roman que je garde dans ma salle de bain [14] [une pièce où elle se recueillait volontiers, seule], j’ai lu cette évocation d’un prêtre : “Il était fidèle à sa mission de médiateur entre Dieu et les hommes. Aucune circonstance de la vie quotidienne n’était capable de l’émouvoir. C’est pourquoi il comprenait si bien les besoins de tous ceux qui venaient le trouver” » (*p. 432*).

Cette relation ne cessera pas pour autant de lui faire question, avec des alternances de grand bonheur. Elle se demande, par exemple, si elle « n’est pas inconsidérée », « imprudente jusqu’à la témérité » (*5 avril 1942, p. 341*). Elle lui découvre pourtant, en dépit de ses ambiguïtés, une qualité dont elle n’avait jamais fait l’expérience auparavant. Alors que d’autres liaisons, vécues au cours des années chaotiques et mouvementées de sa prime jeunesse, ne lui ont laissé, après l’éblouissement initial, qu’une nostalgie résignée, sa relation à Spier a été « de plus en plus riche et passionnante et intérieure ». Et pour la caractériser, c’est, une fois encore, le mot « amitié » qui s’inscrit sous sa plume :

« Alors que je ne le croyais plus possible, une nouvelle avancée se présentait du fait que tout à coup une forme d’amitié encore en friche se mettait à fleurir. Et cette amitié peut encore croître et s’étendre, parce que nous sommes l'un et l'autre conscients des forces qui sont en nous ; parce que nous mettons l'accent sur les mêmes valeurs ; parce que nous sommes, chaque jour davantage, ouverts l'un vis-à-vis de l'autre et vis-à-vis du monde entier. Parce que nous comprenons si bien l'art de jouir des petites joies de chaque jour, et parce que nous croyons de la même manière en Dieu » (*5 avril 1942, p. 342*).

L'amitié, au-delà de la passion : Etty en avait déjà fait l'expérience, quelques semaines auparavant, en revoyant un ancien compagnon d'études, Max Witmont, avec qui elle avait connu, au cours de sa dix-neuvième année, une liaison dévorante, à laquelle, de son propre aveu, elle s'était raccrochée « avec l'énergie d'un désespoir inhumain » – qui n'était sans doute, selon une expression de Marguerite Yourcenar, « qu'une exigence d'absolu qui se trompe d'adresse ». Et voici que, neuf ans plus tard, le 12 mars 1942, elle reçoit la visite de ce partenaire d'une passion juvénile, et engage avec lui un dialogue à la fois paisible et intense, dont elle éprouve aussitôt le besoin de confier l'expérience à son *Journal*. C'en est certainement une des pages les plus attachantes et les plus révélatrices de ce qui se joue dès ce moment dans les profondeurs de sa personnalité :

« *Jeudi 12 mars 1942, onze heures et demie du soir.* "Quelle beauté, Max, quelle beauté indicible, dans cette tasse de café, cette mauvaise cigarette, dans notre promenade, bras dessus, bras dessous, à travers la ville plongée dans l'obscurité du black-out, et tout simplement dans le fait d'être deux et de marcher ensemble. Ceux qui connaissent notre histoire, comme ils la trouveraient bizarre et singulière, cette rencontre pour le plaisir, sans raison – sinon que Max a des projets de mariage et voulait me consulter, moi précisément: n'est-ce pas drôle ? Et c'était si beau de revoir l'ami de ma jeunesse et de le confronter à ma propre maturité, une maturité accrue. Il me dit au début de la soirée : "Je ne sais ce qui a changé en toi, mais tu as changé. Je crois que tu es devenue une vraie femme." Et à la fin : "Non, tu n'as pas changé à ton désavantage, ce n'est pas ce que je veux dire. Tes traits, tes expressions sont toujours aussi mobiles, aussi parlants qu'autrefois, mais on sent au-delà une plus grande sérénité. On se sent bien avec toi."

Avant de me quitter, il dirigea sur mon visage le faisceau de sa petite lampe de poche, eut un petit rire, hocha la tête en signe de reconnaissance et dit d'un ton convaincu : "Oui, c'est bien toi." Puis nos joues se sont effleurées avec un mélange de gaucherie et de longue intimité, et nous nous sommes dirigés chacun de notre côté. C'était vraiment d'une beauté indicible. Et si paradoxal que cela puisse paraître, notre premier tête-à-tête vraiment réussi, peut-être. Tandis que nous marchions, il m'a dit tout à coup : "Je pense qu'un jour, dans des années, nous pourrons devenir de vrais amis." Ainsi, rien ne se perd. Les gens vous reviennent, et, au fond de soi, on continue à vivre avec eux, jusqu'à ce qu'ils vous rejoignent quelques années plus tard.

Le 8 mars, j'ai écrit à S. : "Mon caractère passionné d'autrefois n'était qu'une façon de me raccrocher désespérément – à quoi, au juste ? À quelque chose, en tout cas, auquel on ne saurait se raccrocher par le corps." Or, c'était justement au corps de l'homme qui marchait fraternellement à côté de moi, ce soir, que je me raccrochais à l'époque avec l'énergie d'un désespoir inhumain. Mais le plus réconfortant, c'est qu'il en restait tout de même cet échange heureux et confiant de nos pensées, cette brève réunion de nos deux atmosphères, l'évocation de souvenirs qui ne faisaient plus souffrir, alors qu'autrefois notre vie commune nous avait littéralement détruits. Et aussi cette constatation tranquille : oui, sur la fin, nous étions complètement à bout." »

Cette évocation paisible du passé rend même possible un aveu que la passion avait refoulé :

« J'ai retrouvé Max lorsqu'il a demandé : "Et à l'époque, tu avais une autre liaison ?" Et moi de lever deux doigts sans rien dire. Un peu plus tard, comme j'évoquais la possibilité d'épouser un Juif allemand émigré[15] afin d'être à ses côtés s'il venait à être déporté, il s'est rembruni un instant. Et en me quittant : "Tu ne vas pas faire des bêtises ? J'ai tellement peur que tu te détruises." Moi : "Rien à craindre !" J'ai voulu ajouter quelque chose, mais nous étions déjà trop loin l'un de l'autre. Je voulais dire : "Quand on a une vie intérieure, peu importe, sans doute, de quel côté des grilles d'un camp on se trouve." »

Elle se reprend, toutefois, par un humble souci de vérité :

« Est-ce que je saurai être à la hauteur de ces paroles ? Serai-je capable de les vivre ? Ne nous faisons pas trop d'illusions. La vie va devenir très dure. Nous serons de nouveau séparés de tous ceux qui nous sont chers. Je crois que le moment n'en est plus très éloigné. On doit s'y préparer intérieurement avec une intensité croissante. »

Puis elle revient sur cette touchante conversation d'un soir de printemps, à travers la ville plongée dans l'obscurité comme toutes les autres cités européennes en ces années de guerre :

> « Il est tout de même réconfortant de penser que de tels moments sont possibles dans ce monde déchiré. Et il y a peut-être bien plus de choses possibles que nous ne voulons nous l'avouer. Qu'on puisse retrouver ainsi un amour de jeunesse en jetant un regard souriant sur le passé. Une réconciliation avec le passé. C'est ce que j'ai éprouvé. C'est moi qui donnais le ton ce soir. Max me suivait – et c'était déjà beaucoup… Quand je nous revois marchant dans la ville obscure, mûris et attendris par notre passé, sûrs d'avoir encore beaucoup à nous dire mais laissant dans le vague la date de notre prochaine rencontre (dans quelques années peut-être ?), la possibilité de tels moments dans une vie m'emplit d'une grave et profonde gratitude. Il est près de minuit et je vais me coucher. Oui, c'était très beau. À la fin de chaque jour, j'ai envie de dire : tout de même, la vie est très belle. Oui, je suis en train de me faire une opinion personnelle sur cette vie, et même une opinion que je me sens capable de défendre face à d'autres gens, et ce n'est pas peu dire pour la fille timide que j'ai toujours été » (*p. 288-290*).

Le soir du 31 décembre 1941, après une promenade en compagnie de Spier, Etty esquisse en ces termes le bilan spirituel d'une année de rencontres presque quotidiennes avec lui :

> « Il est presque vingt heures trente, en ce dernier soir de cette année qui fut pour moi la plus riche et la plus

féconde, mais aussi la plus heureuse de toutes celles qui l'ont précédée. Et s'il fallait la résumer d'un mot – depuis ce 3 février, lorsque je fis tinter timidement la sonnette du n° 27 de la rue Courbet, et qu'un affreux bonhomme se mit à examiner mes mains – je dirais tout simplement "une profonde prise de conscience". Prendre conscience, profondément et lucidement et, de ce fait, devenir capable de disposer des forces les plus profondes qui sont en moi» (*31 décembre, p. 221*).

Cette prise de conscience allait peu à peu conduire Etty à un éveil spirituel dont il nous faut maintenant repérer les étapes les plus significatives.

CHAPITRE III

« Eux aussi sont entrés dans ma vie, ils peuplent ma vie... »

Ainsi qu'il a été rappelé plus haut, le père d'Etty représente le cas classique de l'Israélite pleinement assimilé à la culture européenne occidentale, ainsi qu'il en était tant d'exemples, surtout aux Pays-Bas et en Allemagne, avant qu'y sévisse la méticuleuse et meurtrière barbarie nazie. Sa mère, au contraire, appartenait à une famille juive traditionnelle, implantée en Russie, qu'un pogrom avait décidée à émigrer au début du siècle. Mais, selon toute apparence, Riva Bernstein n'avait eu aucune peine à adopter le style de vie de ce respectable et sécularisé professeur hollandais qu'était, que voulait être, son mari. Il est vrai qu'un jour, lors d'une conversation avec sa fille à Amsterdam, elle lui avait déclaré : « Oui, au fond, je suis croyante. » Mais Etty observait, après l'avoir noté dans son journal : Que voulait-elle dire par cet « au fond » ? Elle avait néanmoins transmis à sa fille certains traits de son tempérament slave, ainsi que le constataient plusieurs des amis d'Etty. Nous avons vu que Spier l'appelait sa « secrétaire russe ». Et il ajoutait : « Vous me faites davantage penser à une Russe qu'à une Hollandaise. »

On comprend dès lors qu'Etty n'ait jamais été attirée par le sionisme, dont, nous l'avons vu, elle avait fréquenté, brièvement, il est vrai, un petit groupe d'adhérents durant ses années de gymnase à Deventer. Plus tard, en 1941, un Juif allemand émigré à Amsterdam, Werner Levie, qui avait pris contact avec Spier et possédait un grand nombre d'ouvrages sur le judaïsme, tentera d'y intéresser Etty, mais sans succès[1]. Elle écrira bien, au moment où les Juifs sont contraints de porter l'étoile jaune, en avril 1942 : « Je suis si heureuse qu'il [Spier] soit un Juif et que je sois juive moi-même » – mais cela ne signifie pour elle qu'une communauté de destin qui contribue à les rapprocher l'un de l'autre : « Cela aussi est une raison de rester à ses côtés et de vivre avec lui cette dure époque » (*29 avril 1942, p. 372*). À plusieurs reprises, Etty déclare d'ailleurs son bonheur d'être hollandaise. « Le peuple hollandais m'est très cher », écrit-elle en faisant allusion à la bonhomie des fonctionnaires qui, sur ordre de l'occupant et à leur corps défendant, procèdent à l'enregistrement des personnes « complètement ou partiellement de sang juif » (*19 mars 1941, p. 33*). Elle n'en est pas moins indemne de tout virus nationaliste :

> « L'âme n'a pas de patrie, ou, plutôt, elle n'a qu'une seule grande patrie sans frontières. Il est possible de se comprendre mutuellement et de se rapprocher. Je dois y contribuer pour ma part, car j'éprouve en mon âme et en ma raison un sentiment de solidarité avec toutes les époques et tous les pays » (*3 mars 1942, p. 281*).

Ses références culturelles et esthétiques sont, certes, typiquement européennes[2], mais il s'agit toujours d'écrivains et d'artistes ouverts à l'universel. Elle cite ainsi en vrac parmi ses lectures familières : « Michel-Ange et Léonard de Vinci. Eux aussi sont entrés dans ma vie, ils peuplent ma vie. Comme Dostoïevski, et Rilke, et saint Augustin. Et les évangélistes. Je suis vraiment en excellente compagnie. Et sans ce snobisme intellectuel que j'y mettais autrefois. Chacun d'eux a quelque chose à me dire et qui me touche de près » (*29 mai 1942, p. 401*).

C'est donc bien en Europe qu'Etty situe son lieu spirituel et culturel – en négligeant toutefois, on peut le regretter, l'apport de la diaspora juive à cette culture. Mais son Europe s'étend (pour reprendre un célèbre mot « gaullien ») « de l'Atlantique à l'Oural » – encore que, curieusement (mais c'était concevable dans la conjoncture géopolitique de l'époque), elle évoque encore la Russie et l'Europe comme deux entités distinctes, tout en étant vouées à se rencontrer. Après avoir transcrit dans son journal un long extrait d'une lettre de Rilke à Lou Salomé [3], elle formule, « comme par une inspiration soudaine », cette résolution qui ne s'était jamais cristallisée aussi nettement jusque-là :

> « Plus tard, j'irai en Russie, en tant qu'ambassadrice de l'Europe. Puis je reviendrai en Europe, comme ambassadrice de la Russie. L'Europe est en moi, et, bien plus tard, tout ce que je connais, ce que je ressens, ce que je découvre par intuition, je l'utiliserai pour comprendre la Russie et pour la raconter ensuite à l'Europe, telle qu'elle est. Je crois que, finalement, cela aboutira à ceci : tout ce que j'accumule en moi, et en vue de quoi je me construis moi-même, aura pour but

de comprendre ce vaste pays, de me l'assimiler et de donner forme aux expériences que je pourrai y faire. [Et elle conclut en russe :] *Kto znatchet* [ce qu'on pourrait traduire : "Qui sait ?"] » (*3 avril 1942, p. 338*).

Elle ajoute un peu plus loin : « Je voudrais, par exemple, ramener Rilke en Russie. Il a toujours eu une telle nostalgie de la terre russe ![4] Et j'amènerai les Russes en Europe. Devenir une figure médiatrice entre ces deux mondes qui ont tout de même tant de points de rencontre ! Mais pour cela j'ai encore tellement à apprendre, à mûrir et à comprendre ! » (*p. 339*).

Rilke : ce nom est, sans conteste, celui qui est le plus fréquemment cité (avec celui de Spier) dans les sept cents pages des *Nagelaten geschriften*, au point que l'éditeur en soit réduit à l'accompagner de la simple mention *passim* dans l'index des noms de personnes. Rilke est aussi l'auteur dont Etty transcrit le plus largement des textes, presque toujours dans la langue originale. Elle l'avait d'ailleurs fréquenté avant sa rencontre avec Julius Spier, mais « plutôt, précise-t-elle, par curiosité lyrique, comme une sorte de luxe, pour occuper une heure de temps libre » (*20 février 1942, p. 256*).

Né en 1875 à Prague, qui appartenait alors à l'Empire austro-hongrois, d'une famille d'origine allemande, Rilke commence à publier dès 1891. Son œuvre est immense, sa correspondance gigantesque[5]. Etty ne put évidemment en prendre connaissance que de façon partielle. En fait, elle cite ou évoque presque exclusivement les écrits de la première période, antérieure à la guerre de 1914-1918, et rien n'indique qu'elle ait eu accès aux œuvres ultérieures – celles auxquelles Rilke se déclare le plus attaché, et dont il récuse expressément toute interprétation chrétienne[6]. Le premier poème qu'elle recopie dans son journal, le 24 mars 1941, est tiré des *Neue Gedichte* (1907), et intitulé *Die Entführung* («L'enlèvement»). Il évoque un thème familier à Rilke : celui de l'irréductible distance, qui, au-delà de l'illusion fusionnelle, s'impose aux amants. Etty se souvient que le dernier vers de ce poème lui avait été cité par Abrasha, un jeune Juif avec lequel elle avait eu une relation amoureuse avant la guerre[7], «sans doute, écrit-elle, parce que, malgré nos relations intimes, je le ressentais toujours comme étranger – une ambivalence dont je commence à être consciente dans ma relation avec Spier» (*p. 49-50*) :

Und hörte fremd einen Fremden sagen :
Ich bin bei dir[8].

Elle revient sur ce thème le 13 mars 1942, en citant un critique allemand, Fritz Klatt :

> «Rilke comprend plus profondément que la plupart des maîtres du passé et des auteurs contemporains ce que l'amour est en vérité. Il exprime ce caractère immémorial et tragique de l'amour d'une manière neuve : "Ne jamais être un avec celui (celle) que l'on aime." Selon lui, le sommet de l'amour, que nous devons apprendre à atteindre, consiste en ceci : sauvegarder la liberté de celui qu'on aime. S'il y a quelque chose de coupable en amour, c'est de ne pas augmenter la liberté de l'aimé de toute la liberté que l'on porte en soi. Si

nous aimons vraiment, une seule exigence s'impose : se respecter mutuellement dans sa liberté » (*p. 292*).

Ce qu'Etty transpose dans son langage à elle, en élargissant le propos : « Accueillir l'autre dans mon espace intérieur, et le laisser s'épanouir, lui ménager en nous une place où il puisse grandir et déployer ses propres virtualités. Oui, vivre avec l'autre, même si on ne le voit plus pendant des années. Le laisser continuer à vivre en nous et vivre avec lui, voilà l'essentiel. Ainsi peut-on continuer à cheminer avec quelqu'un, sans se laisser déporter par les vicissitudes de l'existence… C'est pourquoi l'on doit pouvoir souffrir, lorsqu'on aime vraiment. Il s'agirait, sinon, d'un amour inauthentique, d'un amour centré sur soi, d'un amour possessif » (*ibid.*). C'est pourquoi, ajoute-t-elle, bien que « tu ne sois plus en ce monde, Rainer Maria, alors que j'aurais tant aimé t'écrire de longues lettres, tu es toujours vivant ! ».

Elle affectionne cette idée rilkienne d'un univers intérieur qu'elle est précisément en train de découvrir en elle-même :

Durch alle Wesen reicht der eine Raum :
Weltinnenraum[9].

« Il me semble que ce sont les plus beaux mots que je connaisse, sans doute parce que, dans leur harmonie et perfection, ils expriment ce que je suis en train de vivre de plus en plus fort. Je lis précisément encore quelques poèmes de Rilke. Il n'y a pas un mot à y ajouter »… (*13 mars 1942, p. 291*).

Cette fréquentation de Rilke est, pour elle, quelque chose de vital: «Ces derniers mois, écrit-elle, je “tète”, je me nourris lentement de cet homme, de son œuvre, de sa vie: Rilke» (*1er avril 1942, p. 328*). Désormais, elle consacre régulièrement du temps à lire les *Lettres à un jeune poète* «quand, écrit-elle, je cherche les mots qui peuvent traduire ce que je ressens au moment même» (*ibid.*). Ou encore[10]: «Les lettres de Rilke sont pour moi comme une mer dans laquelle je me plonge de plus en plus profondément» (*Vendredi saint, 3 avril 1942*). Ces lettres dont elle parle, et dont elle transcrit parfois de longs passages, sont essentiellement les *Lettres à un jeune poète* (Franz Xaver Kappus), les *Lettres à une jeune femme* (Ilse Blumenthal) et les *Lettres à Lou Andreas Salomé*, qui sont sans doute les écrits du poète les plus connus du public francophone. Etty y trouve de précieuses confirmations de son appel intérieur à un engagement plus déterminé dans le travail et à l'acceptation de sa solitude.

Dans le travail: entrouvrant un recueil des lettres de Rilke, qu'elle a toujours à portée de main sur son petit bureau, elle se sent interpellée par ce passage d'une lettre à Lou Andreas Salomé, où le poète évoque une de ses conversations avec le sculpteur Auguste Rodin, dont il fut quelque temps le secrétaire durant l'année 1903, et elle le recopie aussitôt :

> «Il m'est devenu évident qu'il me faut imiter Rodin – non pas en transposant en sculpture ma capacité de créer, mais en réorientant de l'intérieur ma démarche artistique. Je ne dois pas apprendre de lui à sculpter, mais *à me recueillir en profondeur pour donner forme*

à ce que je fais [souligné dans le texte]. Je dois apprendre à travailler, Lou, à travailler – j'en ai bien besoin ! "Il faut toujours travailler – toujours"[11], me disait-il, un jour que je lui parlais de mes angoisses qui surgissent dans l'intervalle de mes bonnes périodes. »

Etty s'interroge à ce sujet, et conclut sur un constat positif :

« Je m'en rends compte tout à coup : j'éprouve à nouveau ce sentiment de détente et de sérieux qui ne me quitte plus guère depuis pas mal de temps, même pas dans les moments de grande émotion. Je parcours du regard mon bureau. Il y a là quelques volumes de la correspondance de Rilke, que j'aimerais pouvoir lire à fond, systématiquement, sans trop attendre. Il y a aussi l'ouvrage de Jung[12], que je viens de commencer. Et puis, *L'Idiot,* de Dostoïevski, qui demande à être étudié à fond, tant en ce qui concerne la langue que le contenu. Et puis il y a les élèves de mes cours de russe, dont le nombre augmente, ce qui m'oblige à étudier la langue de plus en plus à fond. Il y a encore ma collaboration au travail de S., ce qui suppose une disponibilité constante, une grande ouverture d'esprit à son égard, à partager sa vie et à apprendre de lui, toujours plus – mais d'autre part, je ne veux pas que cela soit aux dépens de mon étude du russe. Il y a encore et toujours ma seconde patrie, la littérature, à travers laquelle j'entreprends mes explorations. Et les gens, les amis, les nombreux amis. Il n'en est pratiquement aucun avec qui j'aie une relation superficielle. Chacune de mes relations a son caractère propre et comporte sa nuance particulière. Il ne peut s'agir d'être infidèle à l'une au bénéfice de l'autre. Fini le temps perdu et les minutes d'ennui ! On doit apprendre de mieux en mieux à se détendre entre deux respirations profondes, ou en se recueillant pour une prière de cinq minutes. Malgré toutes ces rencontres, toutes ces questions, toutes ces matières à étudier, il faut arriver à se ménager un grand espace de silence intérieur, où l'on puisse se retirer et se ressourcer, même au milieu d'une grande agitation ou d'un intense entretien» (*29 mars 1942, p. 323*).

On mesure, à lire ces lignes, combien cette personnalité «chaotique» que se découvre Etty au début de son journal est parvenue à se structurer et à discerner peu à peu les voies de son propre accomplissement. Elle en demeure toutefois consciente: «Pour comprendre les gens et les idées, il faut aussi connaître le monde réel et les arrière-fonds à partir desquels tout vit et s'est développé» (*4 septembre 1941, p. 100*). L'épreuve ultime, dont les signes avant-coureurs se précisent et se multiplient, ne manquera pas – nous le verrons – de l'affronter à ce défi.

Dès les premiers mois du cheminement où elle s'est engagée à la suite de sa rencontre avec Julius Spier, l'idée qu'une certaine solitude est inhérente à toute vie intérieure et, en particulier, à l'apprentissage de la vraie liberté, affleure à plusieurs reprises dans le *Journal*. Ainsi distingue-t-elle avec lucidité l'isolement, qui est repli sur soi, et, d'autre part, la solitude inhérente au mystère de la personne:

«Je connais deux espèces de solitude. L'une me rend triste à en mourir, et me donne le sentiment d'être perdue sans direction. L'autre, au contraire, me rend forte et heureuse. La première provient du fait que j'ai l'impression de ne plus avoir de contact avec mes semblables, que je suis totalement séparée de chacun d'eux et de moi-même, au point de ne plus comprendre quel sens la vie peut avoir. Il me paraît qu'elle n'a plus de cohérence et que je n'y trouve plus ma place. Mais l'expérience d'une autre solitude me rend forte et sûre de moi : je m'y sens en communion avec un chacun, avec tout et avec Dieu... Je me sens insérée dans un grand tout rempli de sens, et j'ai le sentiment que je peux aussi partager avec d'autres cette grande force qui est en moi » (*9 août 1941, p. 87*).

C'est là une découverte qui l'intrigue, et sur laquelle sa réflexion se concentre durant les semaines qui suivent :

« Tu dois savoir que tu es seule, et qu'en un certain sens, personne ne peut t'aider... Tout être humain doit suivre son propre chemin, toujours plus avant. Cette expression si simple et si banale est, en fait, lourde de sens, pour peu qu'on réfléchisse à son origine » (*5 septembre 1941, p. 102-103*).

« Hier, j'avais tout à coup envie de m'exclamer en ouvrant ce cahier pour y écrire : "Je veux un homme, un homme pour moi seule !" Il m'arrive de le penser. Mais en fait, je ne le veux absolument pas. J'ai le sentiment que je dois tout faire toute seule. Je désire parfois la présence d'un homme comme une sorte de limite, de frontière protectrice de mon être, parce que j'ai peur de me perdre dans un espace dont je ne connais pas le centre. Mais ce centre, je dois le trouver en moi, enfoui au plus profond de moi-même » (*30 octobre 1941, p. 123*).

Elle ouvre alors, une fois de plus, les *Lettres à un jeune poète* [13], adressées par Rilke de 1903 à 1908 à un jeune sous-lieutenant de l'armée impériale et royale d'Autriche-Hongrie, qui se languissait dans la solitude d'une garnison lointaine, et elle y trouve la confirmation de ce qu'elle pressentait :

> « Tout ce qui sera peut-être possible un jour au bénéfice d'un grand nombre, l'homme de solitude peut dès maintenant en jeter la base, la bâtir de ses mains, qui ne se trompent guère. Aussi, cher Monsieur, aimez votre solitude. Supportez-en la peine, et que la plainte qu'elle suscite en vous soit belle » (*Lettre IV, Worpswede [Brême], 16 juillet 1903*).
>
> « Mon salut ne doit pas vous manquer pour le temps de Noël, quand, au milieu de la fête, vous porterez votre solitude plus durement qu'en un autre temps. Si vous sentez qu'alors votre solitude est grande, réjouissez-vous-en. Dites-vous bien : Que serait une solitude qui ne serait pas une grande solitude ? La solitude est une. Elle est par essence grande et lourde à porter... N'en soyez pas troublé. Une seule chose est nécessaire : la solitude. La grande solitude intérieure. Aller en soi-même, et ne rencontrer durant des heures personne, c'est à cela qu'il faut parvenir » (*Lettre VI, Rome, 23 décembre 1903*).
>
> « L'amour, ce n'est pas d'abord se donner, s'unir à un autre... C'est l'occasion unique de mûrir, de prendre forme, de devenir soi-même un monde pour l'amour de l'être aimé (...) Cet amour que nous préparons, en luttant durement : deux solitudes se protégeant, se complétant, se limitant, et s'inclinant l'une devant l'autre » (*Lettre VII, Rome, 14 mai 1904*).

On ne saurait sous-estimer l'importance de la fréquentation des premières œuvres de Rilke dans l'évolution spirituelle d'Etty. Elle s'en montre d'ailleurs constamment convaincue, et cela d'une manière réfléchie et originale, bien au-delà d'un emballement superficiel : « Pour l'instant, écrit-elle le 22 avril 1942 (*p. 352*), j'éprouve un désir passionné de lire *tout* ce que Rilke a écrit, de l'accueillir en moi, puis de m'en détacher, de l'oublier, et de vivre de ma propre substance. De faire ensuite l'expérience de la profonde influence qu'il exerce sur moi, puis de découvrir que les manières dont nous sentons les choses, lui et moi, se rejoignent, au point qu'il n'est même plus question d'influence. » Et elle constatera, cinq mois plus tard : « Je me rends compte de plus en plus que Rilke a été l'un de mes grands éducateurs de l'année écoulée » (*25 septembre 1942, p. 565*).

« *L'un* de mes grands éducateurs » : il n'est pas le seul, en effet. Et il convient de mentionner ici une autre influence majeure : celle de la Bible. Le 8 mai 1941, Etty écrit après une interruption d'un mois et demi :

> « Voilà plus d'un mois que n'ai pas eu besoin d'écrire dans ce cahier. La vie m'était devenue si claire, si lumineuse et si intense : contacts avec le monde extérieur et intérieur ; enrichissement de ma vie, épanouissement de ma personnalité ; le contact avec les étudiants à Leiden [14], l'étude, la Bible… » (*p. 57*).

C'est Julius Spier qui y avait initié cette jeune femme juive, jusque-là complètement ignorante du Livre qui avait modelé l'identité spirituelle et historique de ses ancêtres. « Sur ce plan, déclarait Etty, je suis encore une totale analphabète » (*29 novembre 1941, p. 167*). Sous l'influence de son maître, le psychologue zurichois Carl Gustav Jung, Julius Spier s'était en effet éveillé à l'univers religieux, à partir de l'étude des « archétypes » ou structures psychiques que Jung croyait pouvoir déceler en tout être humain. Parmi ces structures, il avait identifié ce qu'il appelle la « fonction religieuse ». Il en avait condensé la signification en une maxime qu'il avait fait graver au-dessus de la porte de sa maison de Küssnacht, en Suisse : *Vocatus atque non vocatus Deus aderit* (« Qu'on l'ait appelé ou non, Dieu sera présent »). Mais Julius Spier semble être allé plus loin dans ce sens que son Maître, resté en deçà d'une adhésion à une tradition religieuse historique, puisqu'il s'était mis à prier chaque jour, à lire et à méditer la Bible, surtout le Nouveau Testament, et à fréquenter quelques grands témoins de la tradition catholique : Augustin, François d'Assise, Thomas a Kempis.

Etty avait accueilli avec empressement cette initiation spirituelle. Elle prend l'habitude de commencer la journée, seule ou en compagnie de Spier, par une lecture biblique :

> « Excellente pâture pour un estomac à jeun que ces quelques psaumes qui trouvent désormais un écho dans notre vie quotidienne… Il émane de l'Ancien Testament une force primitive, un caractère "populaire". On y voit vivre des natures d'exception. Poétiques et austères. Livre terriblement passionnant, rude et tendre, naïf et sage. Il ne passionne pas seulement par ce qui y est dit, mais par ceux qui le disent. On y voit vivre des lignées entières de figures à découvrir. À le lire une dizaine de minutes avec S., je suis tout à coup touchée en plein cœur par le contenu de ce Livre. Tout ce qui traverse l'esprit et le cœur des hommes, et qui s'est

ensuite cristallisé en -ismes, dans les différentes formes de foi et leurs divisions, tout cela est aussi dans la Bible. Il me faut maintenant retourner à mes mots à moi, si fades et si pâles, après avoir puisé à cette force pleine de couleurs et de tendresse» (*5 juillet 1942, p. 499*).

Il s'agit toutefois d'autre chose que d'impressions purement littéraires. «Il arrive, note-t-elle encore, qu'une simple phrase de la Bible s'éclaire pour moi d'une nouvelle, dense et vivante signification: "Dieu créa l'homme à son image. Aime ton prochain comme toi-même"...» (*28 novembre 1941, p. 165*). Mais c'est surtout l'Évangile de Matthieu qui l'attire – «ce bon Matthieu», comme elle l'appelle (*p. 346*) – et elle prend la résolution de commencer à le lire «chaque jour après le petit déjeuner, systématiquement». Elle ajoute qu'à cette occasion, elle a découvert le sens du tableau où Rembrandt a représenté l'apôtre Matthieu, dont le visage, lui semble-t-il, «est une sorte de superposition de ceux de Tolstoï, de Beethoven et de Rembrandt lui-même: visage d'une force tranquille et concentrée, empreint de sensualité, de cet homme qui est à l'écoute de la Voix immatérielle. Très lentement, conclut-elle, je commence à comprendre les choses» (*4 avril 1942, p. 337*).

Un autre jour, alors qu'elle se sent triste et vaguement jalouse, après que Spier lui a lu une lettre de Herta, sa fiancée qui l'attend à Londres, elle «attrape la Bible» et l'ouvre – «pour la quantième fois!» – au chapitre 13 de la première Lettre de Paul aux Corinthiens, dont elle transcrit les versets suivants (*13*, 1-2.4-6), avant d'exprimer ce qu'elle éprouve à cette lecture[15] :

« “Quand je parlerais les langues des hommes et celles des anges, s’il me manque l’amour, je suis un métal qui résonne, une cymbale retentissante. Quand j’aurais le don de prophétie, la connaissance de tous les mystères et de toute la science, quand j’aurais la foi la plus totale, celle qui transporte les montagnes, s’il me manque l’amour, je ne suis rien… L’amour prend patience, il est généreux, il ne jalouse pas, il ne s’enfle pas d’orgueil, il ne fait rien de laid, il ne cherche pas son intérêt, il ne s’irrite pas, il ne pense pas à mal…” Tandis que je lisais ce texte, que se passait-il en moi ? Je ne puis pas encore l’exprimer très bien. J’avais l’impression qu’une baguette de sourcier venait frapper la surface durcie de mon cœur et en faisait aussitôt jaillir des sources cachées. Et me voilà agenouillée tout à coup près de ma petite table, tandis que, comme libéré, l’amour me parcourait tout entière, délivré de l’envie, de la jalousie, des antipathies… » (*27 février 1942, p. 266*).

Elle transcrit, quelque temps plus tard, une page qui l’a frappée dans un livre intitulé *L’Europe et l’âme orientale*[16]. L’auteur croit pouvoir y affirmer que « l’idée centrale [*Kernidee*] du christianisme, qui, dit-il, rencontre aujourd’hui, comme à son origine, de si violentes résistances, a été plus facilement acceptée et pratiquée par l’élite spirituelle de la Russie qu’en Europe occidentale, où la primauté du droit l’emporte sur toute autre valeur ». Et il ajoute – ce à quoi, apparemment, Etty souscrit sans réserve[17] : « Peut-être était-ce la volonté de la Providence que les Russes attachent moins d’importance au droit, de telle manière que l’enseignement du Christ sur la primauté de l'amour soit davantage honoré quelque part sur la terre» (*24 juillet 1942, p. 531*).

C'est en tout cas sous l'influence de ce qu'on appelle communément l'*Hymne à la charité* de 1 Co *13*, dont elle fait mention à de nombreuses reprises, qu'Etty parviendra à surmonter le ressentiment qu'elle a longtemps éprouvé à l'égard de ses parents. Elle s'en explique avec une lucidité sans complaisance, en ces termes à la fois émouvants et pleins de verve :

> «Il est temps que je me décide à m'occuper avec autant d'énergie que d'amour de mes rapports avec mon père. Mischa [son frère cadet] m'a annoncé pour samedi soir la venue de papa. Première réaction : "Quelle guigne ! Ma liberté menacée. Quel ennui ! Qu'est-ce que je vais faire de lui ?" Au lieu de : "Quel bonheur que cet excellent homme ait pu échapper quelques jours à sa furie de femme et à ce trou de province ! Comment faire, avec mes faibles moyens, pour lui rendre ces quelques jours les plus agréables possible ?" Dévergondée, sale petite égoïste ! Touché : tu ne penses qu'à toi. À ton temps précieux. Que tu passes à pomper encore un peu plus de savoir livresque dans une tête déjà bien embrouillée. "Et de quoi me servent toutes ces choses si je n'ai pas l'amour ?" [Voir 1 Co *13,* 1-3]. Toujours une belle théorie sous la main pour te complaire dans le sentiment de ta noblesse d'âme, mais le plus petit geste d'amour à mettre en pratique te fait reculer. Non, ceci n'est pas un petit geste d'amour. C'est un acte de principe, très important et très difficile. Aimer ses parents au plus profond de soi. C'est-à-dire leur pardonner toutes les difficultés qu'ils vous ont fait endurer du seul fait de leur existence : par la dépen-

dance, le dégoût, le poids de la complexité de leur vie, ajouté au fardeau déjà lourd de vos propres difficultés. J'écris les pires sottises, je crois. Enfin, ce n'est pas grave. Et maintenant, il faut songer à faire le lit de Han et à préparer la leçon pour notre disciple Lévi. Mais voici en tout cas le programme du week-end : aimer mon père au plus profond de moi et lui pardonner de venir m'expulser de ma tranquillité égoïste. En fait, je l'aime beaucoup, mais d'un amour compliqué (ou qui l'a été) : forcé, crispé et mêlé de pitié, à me briser le cœur. Mais une pitié aux tendances masochistes. Un amour qui se résolvait en débauches de pitié et de chagrin, sans inspirer le plus petit geste d'amour. Beaucoup de marques d'affection, en revanche, mais d'une telle intensité que chaque jour qu'il passait ici me coûtait un plein tube d'aspirine. Mais c'est du passé déjà lointain. Ces derniers temps tout allait beaucoup mieux. Avec tout de même un sentiment de contrainte. Dérivant plus ou moins du fait que je lui en voulais de venir me voir de la sorte. C'est cela que je dois maintenant lui pardonner au fond de moi. En me disant (et en le pensant vraiment) : "Quelle chance qu'il puisse se changer les idées pour quelques jours !" Et voilà une prière du matin qui en vaut bien une autre » (*28 novembre 1941, p. 165*).

Cet élan filial d'affection et de pardon rejoint aussi sa mère, alors que leurs relations sont encore plus tendues que celles de père à fille :

« Maman. Un déferlement d'amour et de pitié a emporté avec lui toutes mes petites irritations. Elles étaient naturellement de retour cinq minutes après ! Mais, plus tard dans la journée, et le soir encore, ce sentiment : un jour viendra peut-être (quand tu seras très vieille) où je resterai un moment avec toi et pourrai t'expliquer tout ce qu'il y a en toi et te libérer ainsi de ton angoisse, car peu à peu je commence à apprendre comment tu es faite» (*31 décembre 1941, p. 218*).

Et trois mois plus tard:

«Lorsque je vois mes parents ou que je pense à eux, je ne m'épuise plus en commisération narcissique ni en culpabilisation. Je vois leur vie de façon plus objective: c'est leur vie, telle qu'elle s'est constituée au long des années, et je ne puis pas y changer grand-chose. Ma relation à mes parents a profondément évolué. Bien des crispations se sont dénouées, et des forces neuves se sont ainsi libérées qui me permettent de les aimer vraiment» (*16 avril 1942, p. 350*).

Etty n'avait pas tort de le noter, quelques mois auparavant: depuis quelque temps, «j'ai l'impression de vivre un processus continu de croissance qui suffirait à occuper des années» (*13 décembre 1941, p. 191*). L'initiation biblique qu'elle recevait de Julius Spier, en particulier l'importance particulière qu'il accordait au Nouveau Testament, ne manquait pas, de son propre aveu, d'y contribuer. Si cet «accoucheur de son âme» n'était décédé prématurément [18], n'aurait-elle pas découvert plus explicitement cette Présence qui rayonne dans les évangiles et les lettres de Paul? Une des dernières paroles de Julius Spier permet peut-être de le supposer. Voici en tout cas ce qu'Etty écrit, le 15 septembre 1942, à treize heures, à la troisième page du onzième et dernier cahier de son journal, quelques heures après la mort de Spier :

« Une fois que l'on est parvenu à trouver la vie belle et pleine de sens, même et surtout à notre époque, on a l'impression que tout ce qui advient devait être ainsi et non autrement… Je ne suis pas en état de retourner à Westerbork[19], et j'aurai au moins une occasion de retrouver tous mes amis, lorsque nous porterons en terre ta dépouille. Eh oui, tu sais, on n'y échappe pas, c'est une vieille habitude d'hygiène humaine. Mais nous serons tous réunis, ton esprit sera parmi nous et Tide chantera pour toi. Si tu savais mon bonheur de pouvoir être là ! Je suis rentrée juste à temps pour embrasser ta bouche desséchée, mourante, et une fois encore tu as pris ma main et tu l'as portée à tes lèvres. Tu as dit aussi, comme j'entrais dans la pièce : "La jeune voyageuse !" Puis tu as dit encore : "Je fais des rêves si étranges : j'ai rêvé que le Christ m'avait baptisé" » (*p. 546*).

Sans majorer la portée de cette confidence d'un mourant, il est du moins permis d'y voir un indice que la fréquentation du Nouveau Testament, au cours d'une dizaine d'années au moins, avait conduit Julius Spier, non, certes, à une pleine adhésion à la foi chrétienne, mais à une sorte de relation personnelle avec le Christ.

Huit mois après leur première rencontre, Etty avait noté dans son journal qu'elle s'était lancée avec Spier « dans une discussion passionnée sur la Question juive ». Elle ne nous renseigne malheureusement pas sur les arguments échangés au cours de cette discussion, mais elle fait état du profond retentissement que les propos de son interlocuteur ont produit sur elle : « En l'écoutant parler longuement, j'ai eu de nouveau l'impression de boire à une source vivifiante. J'ai vu se dérouler devant mes yeux toute sa vie. Je l'ai vue évoluer de jour en jour et porter ses fruits, et cette vision n'était plus déformée par mon irritation[20] » (*28 novembre 1941, p. 165*). Il s'agissait manifestement, de la part de Julius Spier, d'un témoignage de vie, celui, sans doute, de son rapport au Christ.

Deux jours plus tard, Etty a l'occasion d'assister à une discussion analogue (peut-être suscitée par elle) entre Spier et Werner Levie, un de ses « patients », militant sioniste, sur « Le Christ[21] et les Juifs » : « Deux conceptions de la vie, écrit-elle ensuite, l'une et l'autre clairement définies, brillamment documentées, aux conclusions nettes, défendues de part et d'autre avec passion et agressivité. » Il s'agissait donc, dans le chef de Spier, d'une interprétation du Christ qui se démarquait clairement de la position juive traditionnelle. Avec sa lucidité coutumière, Etty marque à la fois l'intérêt et l'ambiguïté de ce genre de débat :

> « Je ne puis pourtant me défaire de l'impression que dans toute conception de la vie qui fait ainsi l'objet de ce genre de justification, il y a une forme de violence qui porte atteinte à "la vérité" qui est en cause. Pourtant moi aussi je dois – et je veux – m'approprier un domaine personnel, conquis de haute lutte, puis défendu avec passion. Néanmoins, ce faisant, j'aurai toujours le sentiment de mutiler la vie. Mais, d'un autre côté, peur de m'enfoncer dans l'indétermination et le chaos. Quoi qu'il en soit, à l'issue de ce débat, je suis rentrée chez moi pleine d'énergie et d'excitation intellectuelle. Mais la réaction vient toujours : tout cela n'est-il pas absurde ? Pourquoi les gens s'échauffent-ils si ridicule-

ment ? Ne se prennent-ils pas trop au sérieux ? Il y a toujours une certaine ambiguïté là-dedans » (*30 novembre 1941, p. 167-168*).

Le débat en question se termina d'ailleurs pacifiquement, puisque Etty peut écrire le lendemain : « Résultat : S. rentra chez lui avec, sous le bras, le livre de Josef Kastein[22], tandis que Werner Levie s'engageait à approfondir sa connaissance du Nouveau Testament. » Et elle ajoute, en faisant écho, une fois de plus, à la 1re Lettre aux Corinthiens : « N'est-ce pas vrai : à quoi sert la science, si je n'ai pas l'amour ? Mais l'une n'exclut tout de même pas l'autre ! »

Parmi ces auteurs qui, selon l'expression d'Etty, sont « entrés dans sa vie », il y a également – et, à première vue, étrangement – un illustre Père de l'Église d'Occident, Augustin (354-430), évêque d'Hippone, dans la Tunisie actuelle. Spier possédait plusieurs de ses œuvres dans sa bibliothèque, dont il avait entreposé une partie dans l'appartement d'Etty, et c'est certainement lui qui l'avait encouragée à cette lecture. Celle-ci semble s'être limitée aux *Confessions* d'Augustin – un des best-sellers de la littérature occidentale européenne, dont elle perçoit bien le véritable sens, tel que l'exprime son titre, emprunté au latin biblique : la « proclamation (du verbe *confiteri*) des merveilles de Dieu » dans la vie et la conversion d'Augustin –, une démarche qui est au fond assez proche de celle d'Etty dans son journal. Ainsi qu'elle le fait volontiers pour d'autres auteurs, Etty en transcrit un extrait qu'il est sans doute éclairant de traduire ici, dans la mesure, précisément, où Etty s'y reconnaît[23] :

> « "Dieu de l'univers, fais nous revenir : montre-nous ta Face, et nous serons sauvés !" (Ps *79*, 4). Car de quelque côté que se tourne l'âme humaine, c'est vers les douleurs qu'elle se fixe, si elle le fait ailleurs qu'en toi, même si elle se fixe, hors de toi et hors d'elle-même, dans les créatures pleines de beauté. Il n'y en aurait pourtant aucune si elles ne tenaient leur être de toi. Elles naissent et elles meurent... Elles croissent pour atteindre leur plein développement et, ce développement atteint, elles vieillissent et meurent... Ainsi est faite la loi qui les régit. Tu la leur as donnée pour la seule raison qu'elles sont les parties de choses qui n'existent pas toutes simultanément, mais, en décédant et en se succédant, constituent ensemble le tout dont elles sont parties... Que mon âme te loue à l'occasion de ces êtres, "toi, le créateur de l'univers" (Ps *145*, 2). Ils sont en train d'aller vers le terme fixé, le néant, et ils déchirent l'âme de convoitises malsaines, parce qu'elle-même aspire à l'Être, et aime à se reposer dans les objets qu'elle aime. Mais il n'y a rien en eux où elle puisse trouver son repos, car ils sont instables, ils fuient, et qui pourrait les suivre avec les sens charnels ? Ou qui pourrait les saisir, même quand ils sont à sa portée ? Car ils sont lents, les sens charnels, précisément parce qu'ils sont charnels. Ils sont à eux-mêmes leur limite » (*30 mai 1942, p. 404*).

Apparemment, Etty apprécie cette fréquentation. Elle s'exprime en tout cas au sujet d'Augustin avec enthousiasme et même une sorte de tendresse : « Je vais reprendre ma lecture de saint Augustin. Quelle sévérité, mais quel feu ! Et quelle passion ! Et quel abandon sans réserve dans ses lettres d'amour à Dieu ! À vrai dire, on ne devrait écrire des lettres d'amour qu'à Dieu. » Et elle poursuit en suggérant que cet amour de Dieu n'est nullement exclusif, et prémunit, au contraire, contre l'attachement exclusif à une seule personne :

> « Suis-je vraiment très présomptueuse si je dis que j'ai beaucoup trop d'amour en moi pour me contenter de le donner à un seul être ? L'idée qu'on ait le droit d'aimer, sa vie durant, un seul être, à l'exclusion de tout autre, me paraît bien ridicule. Il y a là quelque chose d'appauvrissant et d'étriqué. Finira-t-on par comprendre à la longue que l'amour de tout être humain apporte infiniment plus de bonheur et est plus fécond que l'amour (exclusif) du sexe opposé, qui enlève de sa substance à la communauté des hommes ? »

En écrivant ces lignes, elle a tout à coup le sentiment de rejoindre une des convictions que lui a inculquées son « éveilleur », et elle se tourne vers lui en esprit, en un geste de « bénédiction » : « Je joins mes deux mains en un geste qui m'est devenu cher, je t'envoie à travers l'obscurité de cette soirée des paroles folles et des paroles graves. J'implore une bénédiction sur ta tête pleine de droiture et de bonté ! En un mot, on pourrait dire que je prie. Bonne nuit, très cher ! » (*9 octobre 1942, p. 579-580*).

Ce thème d'un amour sans frontières est récurrent chez Etty, et affleure à de nombreuses reprises à travers les sept cents pages du *Journal.* Elle y trouve des confirmations dans ce qu'elle appelle son « intense fréquentation de Rilke », mais aussi au cours de ses entretiens avec Julius Spier. Elle cite, par exemple (en allemand, comme de coutume), une de ses réflexions à ce sujet : « On ne doit pas essayer d'apaiser une grande nostalgie par une foule de petites satisfactions. Il faut lui garder toute sa force. Il faut pour ainsi dire l'élever à un plan plus haut, et y puiser ainsi la force et l'élan d'aimer davantage. » Ce qui lui revient soudainement à l'esprit le soir même, « dans la salle de bain », alors qu'elle vient d'enduire son visage de crème : « Cela surgit tout à coup en moi comme une certitude de plus en plus claire : je ne me marierai jamais. Je ne veux pas morceler un grand Désir en une foule de petits assouvissements. Peut-être peut-il trouver une seule fois, grand et intact, un lieu sûr où s'exprimer, une seule nuit d'amour. Mais il faut alors continuer à porter ce grand Désir intact, et y puiser la force d'un amour ouvert à tous » (*8 mars 1942, p. 286-287*).

Quant à l'influence de Rilke – « mais cela vient aussi de moi », précise-t-elle –, elle évoque :

> « … les pays étrangers que je dois encore parcourir – j'en suis de plus en plus certaine : un désir de jeunesse qui est devenu certitude – et tous ces visages qui sont pour moi autant de paysages à parcourir. Je devrais encore mieux apprendre les langues. Et puis, écouter, écouter partout, écouter jusqu'au plus profond des êtres et des choses. Et aimer, puis m'éloigner, accepter ainsi de mourir, mais pour renaître – tout cela est si douloureux, mais aussi si plein de vie. J'ai vingt-huit ans, parfois je me dis que je suis déjà vieille, alors que je ne fais que commencer » (*p. 286*).

Ce « désir de jeunesse », nous le verrons, n'allait pas tarder à être exaucé – d'une manière, il est vrai, plus radicale qu'elle ne l'envisageait alors, non sans, pourtant, le pressentir.

Il est encore un autre auteur qui retient l'attention d'Etty, et lui donne le sentiment d'être personnellement concernée par son message – ce qui devait se vérifier ultérieurement d'une manière poignante : Walther Rathenau. Industriel et homme politique allemand, catholique, né d'une mère d'origine juive, il fut ministre des Affaires étrangères de la République de Weimar, cette fragile promesse d'une Allemagne humaniste et démocratique au lendemain de la première guerre mondiale. Il avait également retenu l'attention par ses écrits aux vues originales et d'une grande élévation de pensée, avant de tomber sous les coups d'un assassin antisémite (à Berlin, en 1922). Etty fut vivement impressionnée par un passage d'une de ses *Lettres à une amante*[24], qu'elle recopia en se reprochant de l'avoir lu au milieu d'une journée de travail : « C'est si noble et si pur, et d'une telle élévation ! C'est presque trop beau pour être lu à un moment perdu. » Il s'agit d'une femme tentée par le suicide :

> « Je vous ai dit ce que je pense d'une mort que l'on s'infligerait volontairement, et je vais maintenant vous dire ce que je n'ai jamais exprimé jusqu'ici. Ensuite, nous n'en parlerons plus jamais.
>
> J'ai moi-même, vers l'époque de votre naissance, envisagé cette éventualité, que je dois aujourd'hui rejeter. Je considère qu'une telle fin est une injustice métaphysique, une offense à l'esprit. C'est un manque de confiance vis-à-vis du Bien éternel, une infidélité à

l'égard de notre devoir le plus intime : celui d'obéir à une loi universelle. Celui qui se tue est un meurtrier, non seulement de lui-même, mais aussi d'autrui. Car l'homme ne se divise pas. Une telle mort, j'en suis profondément convaincu, n'est pas une libération, comme peut l'être une mort naturelle et innocente. Toute violence commise en ce monde prolifère, comme chacun de nos actes. Nous sommes ici pour porter une partie de la souffrance du monde, en lui offrant notre cœur, non pour l'aggraver par un acte de violence.

Je sais que vous souffrez, et je ressens cette souffrance avec vous. Soyez bonne pour votre souffrance, et elle sera également bonne pour vous. Elle s'augmente de nos désirs et de nos refus. Mais si nous l'accueillons avec douceur, elle s'apaise et s'endort comme un enfant. Il y a tellement d'amour en vous ! Tournez-le tout entier vers les hommes, les enfants, les choses, et même vers vous-même et vers votre douleur. Ne vous enfermez pas dans votre solitude, refusez de vous y enfermer. Surmontez cet enfermement. Regardez votre souffrance en face : elle n'est rien » (*20 octobre 1941, p. 139*).

Ce texte a si profondément marqué Etty qu'elle le recopie à nouveau deux mois plus tard, le 15 décembre (*p. 192*), puis, partiellement, une troisième fois, au moment où de nouvelles mesures antijuives font craindre le pire. Elle y ajoute ce commentaire : « L'Occidental n'accepte pas que la souffrance fasse partie de la vie. Aussi est il incapable d'y puiser des forces positives » (*14 juillet 1942, p. 520*). Entre-temps, elle avait noté cette constatation au sujet de Spier : « Si paradoxal que cela puisse paraître, S. guérit les gens en leur apprenant à accepter leur souffrance » (*14 décembre 1941, p. 191*). Un jour plus tard, elle poursuit cette réflexion dont, manifestement, la pertinence l'impressionne de plus en plus :

> « Hier, cette pensée m'est venue : il y a une grande différence entre rechercher la souffrance et accepter la souffrance. Dans le premier cas, il s'agit d'un masochisme morbide ; dans le second, d'un sain acquiescement à la vie. Nous ne devons pas chercher à "souffrir", mais lorsqu'elle s'impose à nous, nous ne devons pas fuir la souffrance. Et elle s'impose à nous à chaque pas – ce qui n'empêche pas la vie d'être belle ! C'est en essayant de jouer à cache-cache avec la souffrance, en la maudissant, qu'on souffre le plus. Naturellement, je n'ai pas toujours été de cet avis. Mais ayons au moins le courage d'écrire de temps en temps ne fût-ce que quelques mots dans ce sens. Peut-être seront-ils plus tard autant de patères où je pourrai accrocher quelque réflexion plus personnellement mûrie » (*15 décembre 1941, p. 192*).

Le même jour, elle tombe sur ces lignes de l'essayiste français André Suarès[25], et les recopie aussitôt : « La douleur n'est pas le lieu de notre désir, mais celui de notre pleine vérité… Je ne prétends pas que nous devions faire de la douleur un état d'élection. On doit au contraire tout faire pour s'en libérer. Mais on doit aussi la connaître. L'homme véritable n'est pas le maître de sa douleur, ni son fugitif, ni son esclave. Il doit en être le rédempteur » (*p. 192*).

Ici encore, on est frappé par la cohérence intellectuelle et spirituelle qui se construit peu à peu en cette jeune femme de vingt-sept ans. Ce processus contribua certainement à lui faire prendre conscience de sa vocation d'écrivain.

CHAPITRE IV

« Les longues nuits que je passerai à écrire, ce seront mes plus belles nuits »

Dans un passage déjà cité [1], Etty reproche à ses parents d'avoir laissé à leurs enfants « une trop grande liberté de mouvement », et de n'avoir jamais pu leur donner des « points de repère ». Elle s'en plaint à plusieurs reprises dans les premiers cahiers de son journal : « Il y a en moi une funeste ambivalence » (*p. 51*). Ou encore : « Je me sens parfois comme une poubelle. Il y a en moi tant de confusion et de vanité et d'inachèvement et de complexe d'infériorité ! » (*p. 75*). Elle avoue plus loin sa « peur de [s'] enfoncer dans l'indétermination et le chaos » (*p. 168*).

Elle aspire néanmoins à se « former », à donner forme et consistance à sa personnalité. « Il y a aussi en moi une authentique sincérité et une volonté passionnée, presque élémentaire, d'apporter un peu de netteté, de trouver l'harmonie entre le dehors et le dedans » (*p. 75*). Ainsi que nous l'avons vu, l'intervention de Julius Spier lui fut, à cet égard, d'une aide précieuse. Mais elle est assez lucide pour se rendre compte qu'elle doit participer activement à ce processus de structuration intérieure, et elle comprend que l'écriture est pour elle, à cet égard, une voie privilégiée. Ainsi que l'observe judicieusement sa compatriote Maria Ter Steeg [2] : « Les mots sont les pierres avec lesquelles elle se construit sa demeure personnelle. »

C'est exactement ce qu'Etty comprend de plus en plus clairement. « Je dois, écrit-elle à propos de sa relation avec Spier, *m'expliquer avec moi-même.* Mais la vie est bien difficile, surtout quand on ne trouve pas ses mots. » Et elle poursuit en se remettant vigoureusement en question, avec une sévérité qui peut nous paraître exagérée, même si nous pouvons tous nous sentir quelque peu concernés :

> « Dévorer des livres, comme je l'ai fait depuis ma plus tendre enfance, n'est qu'une forme de paresse. Je laisse à d'autres le soin de s'exprimer à ma place. Je cherche partout la confirmation de ce qui fermente et agit en moi, mais c'est avec mes mots à moi que je devrai essayer d'y voir clair. Il me faut jeter par-dessus bord beaucoup de paresse, mais surtout beaucoup d'inhibitions et d'incertitudes pour me rejoindre moi-même. Et pour toucher les autres à travers moi. Je dois y voir clair et je dois m'accepter moi-même. Tout est si lourd en moi, quand je voudrais être si légère ! Depuis des années j'emmagasine, j'accumule dans un grand réservoir, mais tout cela devra bien ressortir un jour, sinon j'aurai le sentiment d'avoir vécu pour rien, d'avoir dépouillé l'humanité sans rien lui donner en retour. J'ai parfois le sentiment d'être un parasite, d'où des accès de profonde dépression et de doutes quant à l'utilité de ma vie. Peut-être ma mission est-elle de m'expliquer, de m'expliquer vraiment avec tout ce qui

me harcèle, me tourmente et appelle désespérément en moi solution et formulation.

Car ces problèmes ne sont pas seulement les miens, mais de beaucoup d'autres. Si, à la fin d'une longue vie, je trouve une forme à ce qui est encore chaotique en moi, j'aurai peut-être rempli ma petite mission. En écrivant ces mots, je crois sentir une véritable nausée monter quelque part dans mon subconscient. À cause de ces mots : "mission", "humanité", "solution aux problèmes". Je trouve ces mots prétentieux et, moi-même, je me vois comme un insignifiant petit bas-bleu, mais c'est par manque de courage. Non, ma fille, tu n'y es pas encore, loin de là ! Et je devrais t'interdire de toucher à un seul philosophe un peu profond tant que tu ne te prendras pas toi-même un peu plus au sérieux » (*4 août 1941, p. 75*).

Tout en faisant notre profit de cette algarade, ne négligeons pas d'apprécier l'humour réaliste de sa conclusion : « En attendant, je crois que je vais sortir acheter ce melon que je veux servir ce soir aux Nethe[3]. Cela aussi, c'est la vie ! »

Avec ce réalisme qui, quoi qu'elle en dise, n'est jamais très loin de ses préoccupations, Etty se promet de rester fidèle à ce journal qu'elle a entrepris de rédiger : « Je dois m'efforcer de ne pas perdre contact avec ce cahier, c'est-à-dire avec moi-même, sinon, j'aurai des problèmes. Je cours encore à chaque instant le risque de me perdre et de m'égarer. Je le ressens vaguement en ce moment, peut-être seulement du fait de la fatigue... » (*22 mars 1941, p. 43*). Se rendait-elle compte que cette sage résolution était conforme à l'enseignement de nombre de maîtres spirituels chrétiens, lesquels préconisent la rédaction de

« notes spirituelles » qui permettent de mieux percevoir le cheminement et les aléas de la croissance de la vie dans l'Esprit. Ici encore on peut signaler, parmi d'autres références, un point de rencontre avec la spiritualité ignacienne.

Etty ne pouvait demeurer insensible pour autant aux événements dramatiques de ce printemps de 1941. Fin février, à la suite d'incidents dans le quartier juif d'Amsterdam, les Allemands procèdent aux premières rafles. Une grève générale s'étant déclenchée à cette occasion, l'occupant riposta par plusieurs vagues de représailles : arrestations, déportations. Une nouvelle rafle eut lieu le 11 juin. Meurtrie par ce déchaînement de violence, Etty accuse durement le coup : « Cela recommence : arrestations, terreur, camps de concentration, des pères, des sœurs, des frères arrachés arbitrairement à leurs proches. On cherche le sens de cette vie, on se demande si elle en a encore un. » Elle pressent toutefois qu'un appel à « Dieu » – troisième occurrence de ce nom dans le *Journal* – peut faire jaillir quelque lumière dans ces ténèbres : « Mais c'est là une affaire à décider seul à seul avec Dieu. Peut-être toute vie a-t-elle son propre sens, et faut-il toute une vie pour découvrir ce sens. » Il reste que, pour l'instant, elle a le sentiment d'avoir « perdu tout rapport cohérent avec la vie et les choses, le sentiment que tout est l'effet du hasard, qu'il faut se détacher intérieurement de tous et prendre distance par rapport à tout. Tout semble si menaçant et annonciateur de catastrophe – et cette immense impuissance ! » (*14 juin 1941, p. 65*).

Mais grâce à sa fidélité à son journal, Etty trouve

la force de tenir bon dans ce climat de violence et d'angoisse :

« Hier, j'ai cru un moment ne pouvoir vivre plus longtemps, avoir besoin d'aide. J'avais perdu le sens de la vie et le sens de la souffrance. J'avais l'impression de *m'effondrer* sous un poids formidable. Pourtant, j'ai continué à me battre, et voilà que je me sens capable de continuer, plus forte qu'avant. J'ai essayé de regarder au fond des yeux la souffrance de l'humanité, je me suis expliquée avec elle, ou, plutôt, "quelque chose" en moi s'est expliqué avec elle. Des interrogations désespérées ont reçu des réponses. La grande absurdité a fait place à un peu d'ordre et de cohérence, et me voilà capable de continuer mon chemin. Une bataille de plus, brève mais violente, dont je sors enrichie d'un infime supplément de maturité.

Je dis que "je me suis expliquée avec la Souffrance de l'Humanité" (ces grands mots me font toujours grincer des dents), mais ce n'est pas tout à fait juste. Je me sens plutôt comme un petit champ de bataille où se vident les querelles, les questions posées par notre époque. Tout ce qu'on peut faire, c'est de rester humblement disponible pour que l'époque fasse de vous un champ de bataille. Ces questions doivent y trouver un champ clos où s'affronter, un lieu où s'apaiser, et nous, pauvres hommes, nous devons leur ouvrir notre espace intérieur et ne pas les fuir. Je suis peut-être, à cet égard, un peu trop accueillante. Je suis parfois le théâtre d'affrontements sanglants, et j'en paie le prix par une immense fatigue et de terribles migraines. Mais, pour l'instant, je ne suis plus que moi-même, Etty Hillesum, une étudiante appliquée, dans une chambre riante, avec des livres et un vase de marguerites. La rivière est sagement rentrée dans son lit, le contact avec "l'Humanité", “l’Histoire du Monde”, la “Souffrance” est rompu... On ne doit pas se perdre continuellement dans de grandes questions, être un champ de bataille perpétuel. Il est bon de retrouver ses étroites limites personnelles entre lesquelles on peut poursuivre sa petite vie, consciemment et consciencieusement, mûrie et approfondie par les expériences accumulées en ces moments presque “dépersonnalisés” de contact avec l’humanité entière. Un jour peut-être j’exprimerai mieux cette vie intérieure, ou je le ferai par un personnage de nouvelle ou de roman, mais il faudra attendre longtemps encore» (*15 juin 1941, p. 67*).

Ce «peut-être» se mue peu à peu en certitude, et ce long délai, en urgence – ce qui suscite en elle, non plus seulement une référence à Dieu, mais une prière :

«Il y a de l’agitation en moi, une agitation bizarre et diabolique, qui serait productive si je savais qu’en faire. Une agitation *créatrice.* Ce n’est pas celle du corps (une douzaine de nuits d’amour ne suffiraient pas à l’apaiser). C’est une agitation presque “sacrée”. *O Dieu, prends moi dans ta grande main et fais de moi ton instrument, fais-moi écrire !...* – J’ignore comment réaliser ce désir d’écrire. Tout est encore trop chaotique, et il me manque la confiance en moi, ou plutôt l’urgente nécessité de dire quelque chose de précis. J’attends encore le moment où tout sortira et trouvera sa forme naturellement. Mais pour cela il faut d’abord que je trouve moi-même cette forme, ma forme propre» (*4 juillet 1941, p. 71-72*).

La manière dont Etty exprime ici cette effervescence intérieure, cette impression d’être «possédée»

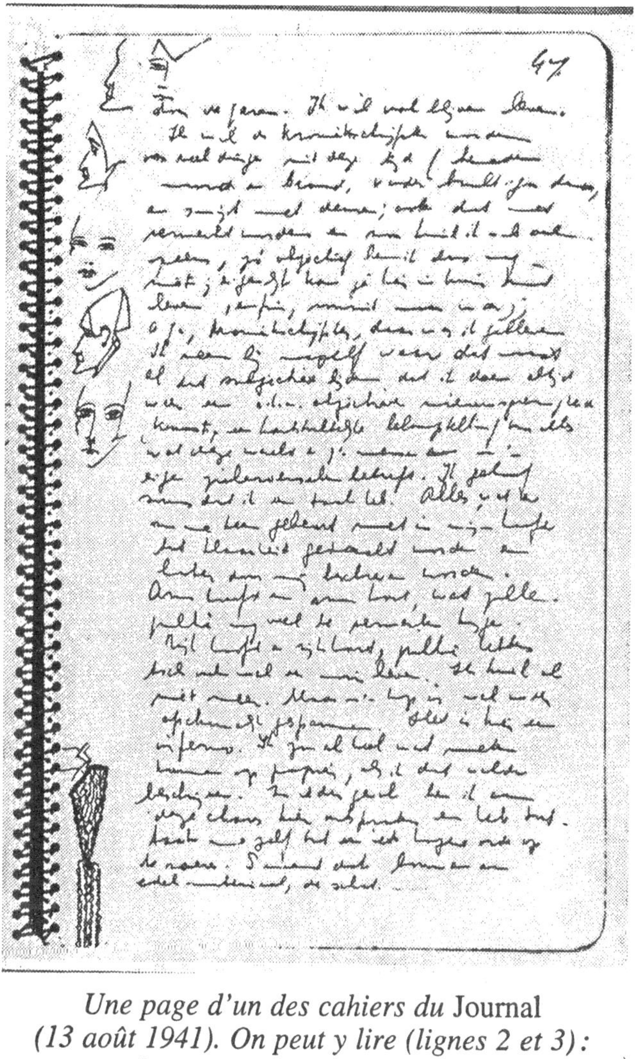

Une page d'un des cahiers du Journal *(13 août 1941). On peut y lire (lignes 2 et 3) : « Je veux être la "chroniqueuse" de beaucoup de choses de ce temps. »*

(c'est le sens de l'adjectif *duivels*, « diabolique ») par un dynamisme non programmé correspond bien à une expérience assez commune de la création littéraire. Elle ajoute qu'en établissant le rapport de certaines analyses pratiquées par Spier, elle a « senti que l'homme ne saurait être absolument saisi par aucune formule psychologique. Que seul l'artiste peut nous livrer le tréfonds irrationnel de l'homme » (*p. 72*).

Elle prendra peu à peu conscience que cette poussée créatrice commence déjà à se concrétiser dans la rédaction de son journal. Et elle perçoit du même coup à quel genre littéraire doivent correspondre ses écrits : non pas œuvre de pure imagination, mais *chronique* : « Je veux écrire la chronique de tant de choses de ce temps[4]. Oui, une chronique. » Et elle analyse avec perspicacité la nature d'une telle démarche :

> « Je m'aperçois qu'au milieu des souffrances – subjectives – que j'endure[5], subsiste toujours une curiosité, qu'on pourrait dire objective, un intérêt passionné pour tout ce qui touche au monde, aux hommes et aux mouvements de mon âme. Je me crois parfois investie de cette mission : tirer au clair tout ce qui arrive autour de moi pour le décrire plus tard… Tu es parfois si distraite par les événements traumatisants qui se produisent autour de toi, que tu as ensuite toutes les peines du monde à refrayer le chemin qui mène à toi-même. Pourtant il le faut bien. Tu ne dois pas le laisser engloutir par les choses qui t'entourent, en vertu d'un sentiment de culpabilité. Les choses doivent s'éclaircir *en toi.* Tu ne dois pas, toi, te laisser engloutir par les choses » (*13 août 1941, p. 91-92*).

Elle revient sur ce sujet trois mois plus tard, un samedi de novembre, en se demandant si elle ne doit pas également honorer d'autres formes littéraires :

« J'espère qu'un moment viendra dans la vie où je serai seule avec moi-même et avec une feuille de papier. Mais je redoute aussi ce moment où je ne ferai rien d'autre qu'écrire. Je n'ose pas encore. Je ne sais pas pourquoi. Mercredi, je suis allée au concert[6] avec S. Quand je vois beaucoup de gens réunis, je voudrais écrire un roman. À l'entracte, j'ai eu besoin d'un crayon et d'un bout de papier pour écrire quelque chose… Je voulais "filer un peu mes pensées"… Rendre compte de soi-même. Avoir un besoin constant d'écrire sans oser encore l'assumer. D'une façon générale, je refoule trop de choses, je crois… Il y a quelque part en moi de la mélancolie, de la tendresse et aussi un peu de sagesse qui cherchent une forme. Parfois, des bribes de dialogue me traversent. Des images et des personnages. Des atmosphères. Une percée soudaine vers ce qui doit devenir ma vérité personnelle… »

Mais selon son habitude, elle se corrige et nuance sa pensée, tout en s'interrogeant sur ses motivations secrètes : « J'ai dit des bêtises. J'ai tout le temps qu'il faut pour écrire. Plus de temps que d'autres, probablement. Mais il y a cette incertitude au-dedans de moi. Pourquoi au juste ? Parce que tu te crois tenue de dire des choses géniales ? Parce que tu es finalement incapable d'exprimer ce qui importe vraiment ? Mais cela vient par degrés. Être "fidèle à soi-même". Décidément, S. a toujours raison » (*22 novembre 1941, p. 155-156*).

Il avait raison, en tout cas, lorsqu'il déclarait à sa

« secrétaire russe », en son allemand cérémonieux : « Vous êtes un écrivain-né. » Et contrairement à l'apparence, Etty en fournit une confirmation lorsqu'elle fait part à son journal de son insatisfaction à cet égard :

> « Je ne suis pas encore capable d'écrire. Je veux écrire ce qu'il y a au cœur de la réalité, et cela, je ne parviens pas encore à le rejoindre. Ce qui m'intéresse pour l'instant, c'est l'atmosphère des choses, on pourrait presque dire leur "âme" – mais leur réalité substantielle m'échappe. Je n'ai pas prise sur elle. On doit arriver à décrire le concret, le terrestre, et l'éclairer de l'intérieur avec ses mots, avec son esprit, de telle manière que l'âme des choses en soit révélée. Si l'on veut aller directement à "l'âme", elles restent vagues et sans forme. Lorsque je me serai bien mis dans la tête que je veux écrire, écrire vraiment, cela deviendra pour moi un long chemin de souffrance, je le sens bien, et cela m'inspire un certain effroi. La question est de savoir si j'aurai assez de talent pour le faire. »

Et pour mieux exprimer son souci d'atteindre cette « forme » dont elle ressent si fort la nécessité, elle évoque l'art du sculpteur : « Il faut commencer à tailler le grand bloc de granit brut que l'on porte en soi, et à en tirer quelques modestes figures, si l'on ne veut pas à la longue en être écrasé. Si l'on ne s'efforce pas de trouver sa "forme", on s'engloutira dans la nuit et le chaos – j'en suis de plus en plus convaincue » (*5 août 1941, p. 77-78*).

Cet « effroi » que tout apprenti écrivain ressent, par moments, face à la page blanche ou à l'œuvre encore mal dégrossie, est de plus en plus souvent traversé

Dessin de Han Wegerif (vers 1942).
« Il y a en moi de la mélancolie, de la tendresse et aussi un peu de sagesse qui cherchent une forme. »

d'éclairs de certitude. Ainsi, au soir d'un beau jour de mai, après une promenade avec Spier le long du quai du Stade :

> « En rentrant chez moi le soir, dans la nuit tiède, j'ai retrouvé soudain, fugitivement, la certitude qui, en ce moment précis où je tiens un stylo, a de nouveau totalement disparu : un jour je serai écrivain. Les longues nuits que je passerai à écrire, ce seront mes plus belles nuits. Alors tout jaillira de moi, s'écoulera de moi en un flux ininterrompu et sans fin, tout cela qu'aujourd'hui je rassemble en moi » (*26 mai 1942, p. 393-394*).

Ce qu'elle recueille ainsi en elle, et où elle espère trouver plus tard la source d'inspiration, ce ne sont plus tellement les lectures, si éclairantes qu'elles aient été, mais le « grand livre de la vie », dont les pages lui présentent tous ces visages, ces conversations parfois épuisantes, cette histoire des êtres qu'il lui est donné de rencontrer, de contempler avec les yeux de l'amitié ou de la compassion :

> « Mon Dieu, tu confies à ma garde tant de choses précieuses ! Espérons que j'y veillerai bien et que je les gérerai à bon escient. Toutes ces conversations avec mes amis ne me valent rien en ce moment. Je m'y use jusqu'à la corde. Je n'ai pas encore la force de m'isoler. Trouver le juste équilibre entre mon côté introverti et mon côté extraverti, voilà la tâche la plus rude qui m'attend. Les deux tendances sont également fortes en moi. J'aime les contacts humains. L'intensité de mon attention réussit à tirer d'eux, dirait-on, ce qu'ils ont de plus profond et de meilleur. Ils s'ouvrent à moi, et chaque être m'est une histoire, que me conte la vie

même. Et mes yeux émerveillés ne cessent de lire ce grand récit. La vie me confie tant d'histoires que je devrais raconter à mon tour et exposer en termes clairs à tous ceux qui ne savent pas lire à livre ouvert le texte de la vie. Mon Dieu, tu m'as donné le don de lire. Voudras-tu me donner aussi celui d'écrire ? » (*4 octobre 1942, p. 577*).

C'est la première fois qu'elle formule aussi ouvertement cette intuition dont tous les créateurs ont fait l'expérience, chacun à sa manière : que ce qu'il y a dans leur œuvre de meilleur, de plus précieux, leur a été « donné », et que ce don, cette « grâce », procède d'une Générosité mystérieuse. Etty l'éprouve si profondément, ce soir-là, qu'elle se relève en pleine nuit et, rouvrant son cahier, la désigne par son Nom :

« *Tout à coup, au milieu de la nuit.* Je reste seule avec Dieu. Il n'y a plus personne d'autre pour m'aider. J'ai des responsabilités, mais je n'en ai pas encore complètement chargé mes épaules. Je continue à jouer, et je suis encore indisciplinée. Je n'en retire pas un sentiment d'appauvrissement, mais plutôt d'enrichissement et de paix. Je suis désormais toute seule avec Dieu. Bonne nuit ! » (*p. 577-578*).

En se rappelant Jean de la Croix, on pourrait peut-être qualifier cette nuit de « mystique ». Il reste que cette expérience (et cela est traditionnellement considéré comme un indice d'authenticité spirituelle) ne détourne nullement Etty de prendre en compte les conditionnements concrets d'une vocation d'écrivain.

Ce que lui avait inculqué Julius Spier, dès leurs

premiers contacts, quant à l'acquisition d'une discipline de vie et de travail, Etty l'applique désormais au labeur de l'écriture. En parcourant un jour un ouvrage illustré sur les estampes japonaises, elle y perçoit la nécessité d'une ascèse exigeante :

« Cet après-midi, regardé des estampes japonaises avec Glassner[7]. Frappée d'une évidence soudaine : c'est ainsi que je veux écrire. Avec autant d'espace autour de peu de mots. Je hais l'excès de mots. Je voudrais n'écrire que des mots insérés organiquement dans un grand silence, et non des mots qui ne sont là que pour dominer et déchirer le silence. En réalité, les mots doivent accentuer le silence. Comme cette estampe avec une branche fleurie dans un angle inférieur. Quelques coups de pinceau délicats – mais quel rendu du plus infime détail ! – et, tout autour, un grand espace, non pas un vide. Disons plutôt : un espace inspiré... Il s'agira de trouver un juste dosage entre le dit et le non-dit, un non-dit plus gros d'action que tous les mots que l'on peut tisser ensemble... Il ne s'agit pas d'un silence vague et insaisissable : il doit avoir des contours bien arrêtés et une forme propre. Ainsi les mots ne devraient servir qu'à donner au silence sa forme et ses limites. »

N'est-ce pas là une sorte de prophétie de ce grand silence d'un demi-siècle qui entoura ses écrits, et qui contribue à leur conférer aujourd'hui une consécration littéraire et spirituelle ? Mais elle le remarque avec cet humour qui est, chez elle, une forme d'humilité :

« C'est assez comique : je pourrais écrire des volumes entiers pour expliquer comment je voudrais écrire, et il est fort possible qu'en dehors de ces recettes je ne couche jamais une ligne sur le papier ! Mais ces estampes japonaises m'ont permis soudain de visualiser le style d'écriture que je recherche. Et je voudrais parcourir un jour de vrais paysages japonais pour en prendre encore mieux conscience. D'une façon générale, je crois que je partirai un jour pour l'Orient afin de trouver, vécue là-bas dans la quotidienneté, une atmosphère que l'on croit ne pouvoir connaître ici que dans l'isolement et la dissonance » (*5 juin 1942, p. 413*).

Alors que s'appesantit, durant l'été de 1942, « la menace des angoisses quotidiennes », Etty sent « jaillir en elle cette certitude » : « Un jour, si je survis à tout cela, j'écrirai sur cette époque de petites histoires qui seront comme de délicates touches de pinceau sur un grand fond de silence qui signifiera Dieu, la Vie, la Mort, la Souffrance et l'Éternité » (*10 juillet 1942, p. 510*).

Il ne s'agit donc pas d'évasion imaginaire, mais, tout au contraire, d'une humble, active et patiente fidélité au réel quotidien – l'influence de Rilke est perceptible dans cette sorte de « déontologie » de la création littéraire, qu'Etty assume désormais personnellement :

« Rester fidèle à tout ce que l'on a entrepris dans un moment d'enthousiasme spontané, trop spontané, peut-être. Rester fidèle à toute pensée, à tout sentiment qui a commencé à germer. Rester fidèle, au sens le plus universel du mot : fidèle à soi-même, fidèle à Dieu, fidèle à ce que l'on considère comme ses meilleurs moments. Et, là où l'on est, être présent à cent pour cent. Mon *faire* consistera à *être*. Or il est un point où ma fidélité doit se fortifier, où j'ai failli plus qu'ailleurs à mes devoirs : c'est celui de ce qu'il me faut bien appeler mon talent créateur, si mince soit-il. Quoi qu'il en soit, il y a tant de choses qui attendent d'être dites ou écrites par moi. Il serait temps que je m'y mette. Mais je me dérobe sous les prétextes les plus divers, je manque à ma mission. Il est vrai aussi, je le sais bien, que je dois avoir la patience de laisser croître en moi ce que j'aurai à dire. Mais je dois contribuer à cette croissance, aller au-devant d'elle, et non l'attendre passivement. C'est toujours pareil : on voudrait écrire d'emblée des choses surprenantes ou géniales, on a honte de ses banalités. Pourtant, si, dans ma vie, à ce moment de ma vie, à l'époque où nous sommes, j'ai un devoir véritable, c'est bien d'écrire, de noter, de fixer... Je vis intensément, j'use la vie jusqu'à la corde, et je sens croître en moi le sentiment de mes obligations vis-à-vis de ce qu'il faut bien appeler mes talents... Mais comment m'y prendre pour dominer toute la matière ?... Tout ce que je sais, c'est que je vais devoir m'atteler à la tâche. Et que j'aurai la force et la patience d'en venir à bout toute seule. Mais il me faut rester fidèle à ma mission, cesser de m'éparpiller comme sable au vent. Je me divise et j'offre en partage à la foule des sympathies, des impressions, des êtres et des émotions qui fondent sur moi. Je dois leur demeurer fidèle à tous. Mais j'y ajouterai une nouvelle fidélité : celle que je dois à mon talent. Il ne suffit plus de vivre tout cela. Il faut y ajouter quelque chose de mon cru » (*30 septembre 1942, p. 568-569*).

Deux mois auparavant, le 28 juillet, à sept heures du matin, elle avait écrit : « Un jour j'écrirai la chronique de nos tribulations. Je forgerai en moi une langue nouvelle, adaptée à ce récit » (*p. 540*). N'est-ce pas cette langue, si personnelle et si concrète, que nous découvrons aujourd'hui en parcourant son *Journal*, et qui nous donne un tel sentiment de vécu et d'actualité, exauçant ainsi, bien au-delà de son attente, l'espérance qui l'habitait: «Si ne n'ai plus l'occasion de rien noter, je conserverai tout en moi... Je reviendrai à la vie... et un jour, peut-être, j'aurai de nouveau autour de moi, et pour moi seule, une pièce toute calme où je resterai le temps voulu... pour que la vie rejaillisse en moi et que viennent les mots pour porter le nécessaire témoignage.»

Mais avec ce réalisme qui ne la quitte jamais, même au sein de ses élans les plus sublimes, elle n'oublie pas que l'inspiration doit pouvoir prendre corps dans les particularités d'un langage. En s'éveillant un jour à six heures du matin, cette pensée lui vient à l'esprit: «Je devrais consacrer du temps à travailler mon néerlandais, et perfectionner mon instrument linguistique. Je m'imagine trop facilement que les mots me viendront d'eux-mêmes, au temps favorable. Mais sans doute est-ce une grosse erreur de ma part. Je ne suis rien et je ne suis capable de rien... Je crois que je suis encore fameusement "bloquée", malgré cette grande liberté intérieure que je ressens parfois» (*24 avril 1942, p. 358*).

Cette prise de conscience s'exprimait déjà clairement dans une des premières pages du *Journal* :

> «En théorie, je le sais depuis longtemps. Il y a quelques années, j'ai écrit sur un bout de papier: lors de ses rares visites, la grâce doit trouver une bonne technique, patiemment acquise et toute prête. Mais cette idée, sortie tout droit de ma tête, ne s'est pas encore

vraiment “incarnée” en moi. Est-il vrai qu’une phase nouvelle de ma vie vient de commencer ? Mais ce point d’interrogation est déjà une erreur. Une phase nouvelle a bel et bien commencé ! La lutte est déjà pleinement engagée. Mais non, je ne devrais pas parler de “lutte” en ce moment où je me sens si bien, pleine d’harmonie intérieure et de santé. Disons plutôt : la prise de conscience est pleinement engagée, et tout ce que j’avais en tête de belles formules théoriques bien ciselées va désormais descendre dans mon cœur et s’y faire chair et sang. »

Mais avec cette exigeante lucidité dont son journal offre tant d’exemples, Etty ajoute qu’elle a encore besoin de se simplifier – et cela aussi, tout apprenti écrivain le ressent tôt ou tard :

« Il faudra aussi se défaire de cette conscience exacerbée. Je savoure encore beaucoup trop cette situation intermédiaire. Tout doit devenir plus naturel et plus simple, et on finira peut-être par se sentir adulte et capable d’assister à son tour d’autres créatures de cette terre, et de leur apporter un peu de clarté par son travail, car c’est cela qui importe finalement » (*12 mars 1941, p. 14*).

Elle comprendra peu à peu qu’il s’agit, ni plus ni moins, d’une « conversion » de son besoin d’écrire, analogue à celle qu’elle était appelée à consentir dans sa relation avec Julius Spier :

« Je voulais le posséder. Je voulais qu’il fût à moi..., et toutes ces femmes dont il m’avait parlé, je les haïssais, j’étais jalouse d’elles et je pensais peut-être,

> inconsciemment : "Que me reste-t-il à moi ?" et je sentais qu'il m'échappait. Sentiments bien petitement humains, à vrai dire, et assez bas. Mais je ne m'en avise que maintenant… Ce besoin d'écrire, je le comprends aussi, je crois. C'est une autre façon de posséder, de tirer vers moi les choses par des mots et des images, et ainsi de se les approprier. Voilà de quoi était fait jusqu'à présent mon besoin d'écrire : me cacher loin de tous avec tous les trésors que j'avais accumulés, noter tout cela, le retenir pour moi et en jouir. Et cette rage de possession – je ne trouve pas de meilleure formulation – vient de me quitter. Mille liens qui m'oppressaient sont rompus. Je respire librement, je me sens forte et je porte sur toutes choses un regard radieux. Et maintenant que je ne veux plus rien posséder, maintenant que je suis libre, tout m'appartient désormais et ma richesse intérieure est immense » (*16 mars 1941, p. 26*).

Plus d'un an après, à travers bien des combats intérieurs et des interrogations éprouvantes, cette conviction resurgit en elle :

> « Ce que je vis intérieurement, et qui n'est pas seulement de moi, je n'ai pas le droit de le garder pour moi seule. Suis-je, dans ce petit morceau d'histoire de l'humanité, un des nombreux récepteurs, qui doit ensuite émettre plus loin ? Émettre quoi ? Je ne le sais pas encore » (*4 juin 1942, p. 412*).

Nous le savons maintenant, nous qui avons capté ce message qui nous est parvenu, comme par miracle, à travers un demi-siècle de silence. Mais nous n'avons pas fini de l'écouter.

CHAPITRE V

« La fille qui ne savait pas s'agenouiller a fini par l'apprendre »

Huit mois après avoir commencé à rédiger son *Journal*, Etty y fait une rapide allusion à ce qu'elle ressent comme une vocation littéraire : « Ces derniers temps, il y a en moi comme une poussée créatrice qui m'incite à écrire une nouvelle : *La fille qui ne savait pas s'agenouiller* » (*21 novembre 1941, p. 153*). Ce texte, qu'elle n'a jamais eu le loisir de rédiger, Etty nous a révélé, deux mois plus tôt, qu'il devait être l'écho d'une expérience vécue et décisive :

> « Cet après-midi, je me suis retrouvée tout à coup agenouillée sur la carpette brune de la salle de bain, la tête ensevelie dans mon peignoir qui traînait sur la chaise de rotin. Je ne suis pas capable de bien m'agenouiller, j'en ressens une sorte de gêne. Pourquoi ? Sans doute parce qu'il y a aussi en moi un penchant critique, rationaliste, voire athée. Et pourtant il y a en moi de temps en temps une profonde aspiration à m'agenouiller, les mains sur le visage, et à trouver ainsi une paix profonde, en me mettant à l'écoute d'une source cachée au plus profond de moi-même » (*15 septembre 1941, p. 109*).

Ce geste soudain lui avait peut-être été inspiré par une confidence de son amie Tide, une chrétienne: «Tideman, cette vigoureuse rousse de trente-cinq ans, avait dit ce soir-là[1]: «En cela, vois-tu, je suis comme un enfant: quand j'ai des problèmes, je m'agenouille au milieu de ma chambre et je demande à Dieu ce que je dois faire.» Peu à peu cet agenouillement silencieux et solitaire lui deviendra coutumier et de plus en plus vital. Ainsi qu'elle l'écrit elle-même:

> «Hier soir, avant de me coucher, je me suis retrouvée tout à coup à genoux au milieu de cette grande pièce, entre les chaises de fer, sur la natte qui recouvre le sol. Comme cela, sans l'avoir voulu. Courbée vers le sol par une impulsion plus forte que ma volonté. Il y a quelque temps, je me disais: "Je m'exerce à m'agenouiller." J'éprouvais encore une certaine gêne à faire ce geste, aussi intime que ceux de l'amour, dont seuls peuvent parler les poètes» (*13 décembre 1941, p. 190*).

Etty poursuit en citant à ce propos une confidence d'un patient à Julius Spier: «J'ai parfois le sentiment, par exemple lorsque j'écoute la *Passion selon saint Matthieu* de Bach, que Dieu est en moi.» À quoi Spier réagit, rapporte Etty, à peu près en ces termes: «En des moments comme ceux-là, il était en pleine communion avec les forces créatrices et cosmiques qui agissent en tout homme. Et cette puissance créatrice est finalement une parcelle de Dieu. Encore fallait-il avoir le courage de l'exprimer ouvertement.» Cette réflexion a beaucoup frappé Etty. Elle fut l'occasion d'un autre dialogue avec Spier, dont elle rend compte comme suit :

> « Ces mots m'accompagnent depuis des semaines : "… encore faut-il avoir le courage de l'exprimer ouvertement". Le courage de prononcer le nom de Dieu. S. m'a dit un jour qu'il avait mis très longtemps avant d'oser prononcer le nom de Dieu – comme s'il persistait à y trouver un certain ridicule. Et ce, alors même qu'il était croyant. "Et le soir, je prie aussi, je prie pour des gens." Je lui ai demandé alors, avec mon effronterie et mon sang-froid coutumiers : "Et que demandez-vous dans vos prières ?" Or cet homme, qui apporte à mes questions les plus subtiles et les plus indiscrètes des réponses toujours claires et lumineuses, a répliqué d'un air confus : "Je ne vous le dirai pas. Pas maintenant, c'est trop tôt. Plus tard…" » (*13 décembre 1941 p. 190*).

Etty continue d'ailleurs à s'interroger sur la manière dont Spier pratique la prière, avec ce brin de curiosité cocasse et typiquement féminine qui la caractérise :

> « Ses gestes les plus intimes avec les femmes, je les connais, et je voudrais connaître maintenant ses gestes dans ses rapports avec Dieu. Il prie tous les soirs. S'agenouille-t-il au milieu de la petite chambre ? Cache-t-il son visage massif dans ses grandes et bonnes mains ? Et que dit-il ? S'agenouille-t-il avant d'avoir enlevé son dentier, ou après ? L'autre jour, à Arnhem, il m'avait dit : "Je vais vous montrer de quoi j'ai l'air sans mes dents. J'ai l'air très vieux et plein de science" » (*22 décembre 1941, p. 207*).

Cette curiosité sera bientôt satisfaite, et Etty y voit un enseignement sur la prière : « Voilà, je le sais maintenant : il prie après avoir déposé ses dents. À vrai dire, c'est logique. Avant de prier, il faut en terminer avec tous les actes d'ici-bas » (*11 janvier 1942, p. 234*).

La première mention de Dieu que l'on rencontre dans le *Journal*, en date du 9 mars 1941 (*p. 7*), est une réminiscence poétique qui, apparemment, trouve chez Etty une résonance révélatrice :

> « "Le monde surgit comme une mélodie de la main de Dieu" : toute la journée, ces mots de Verwey ont résonné dans ma tête. Moi aussi je voudrais être comme une mélodie qui surgit de la main de Dieu[2]. »

Cette citation fait penser à l'admirable formule de saint Augustin, qui évoque l'histoire comme « un vaste poème proféré par un Chantre ineffablement inspiré », *velut magnum carmen ineffabilis modulatoris*. Etty sera de plus en plus sensible à cette présence de Dieu en toutes choses. L'angoisse elle-même l'atteste à sa manière, ainsi que le lui suggèrent ces remarques de Spier notées par un de ses patients, et qu'elle recueille en s'acquittant de son travail de secrétaire et collaboratrice :

> « Il y a dans l'angoisse un pressentiment du divin, de la toute-puissance créatrice. Il faut passer par l'expérience de cette angoisse, de la "crainte de Dieu". Puiser dans cette expérience même une force créatrice. La crainte de Dieu devrait susciter un surcroît de vie chez celui qui l'éprouve. On doit pouvoir métamorphoser

son angoisse. Les primitifs et les enfants connaissent l'angoisse. L'angoisse est surmontée par la foi. »

L'angoisse est en effet, pour certains et à sa manière, un symptôme de « dé-maîtrise » à l'égard du réel, en ce sens qu'elle ébranle la suffisance de l'homme et peut ainsi le préparer à cet abandon confiant qu'est la foi.

L'attention qu'Etty accorde désormais à la dimension religieuse de l'humain se marque notamment par les citations qu'elle transcrit dans son *Journal*. Ainsi, ce passage d'un ouvrage du philosophe américain Will Durant[3], qui ressemble fort à certains diagnostics contemporains :

> « Le savoir est un pouvoir. Seule la sagesse est liberté. La culture de notre époque est superficielle, et notre savoir dangereux, car si nous sommes riches en mécanismes, nous sommes pauvres en motivations. L'équilibre de notre esprit, qui était jadis le fruit d'une ferveur religieuse, a disparu. La science a dissocié notre morale de ses fondements surnaturels, et notre monde semble corrodé par un individualisme désordonné, qui reflète le désarroi chaotique de notre esprit » (*15 mars 1941, p. 24).*

Tout en prenant note de cette interpellation, Etty n'adhérera pas à cette vision unilatérale et globalement pessimiste du monde contemporain. Dès le début de ce cheminement spirituel où elle s'est engagée avec l'aide de Julius Spier, elle découvre ce qu'on appelle la *con-templation* : terme issu du mot « temple », qui signifie « lieu réservé » (au-delà de toute destination utilitaire), réservé à l'accueil et à la révélation d'une Présence. Le regard contemplatif est celui qui, libéré de l'instinct de possession ou de domination, perçoit intuitivement la Beauté du monde, le sens profond et offert des êtres et des choses. Etty s'explique dans une des premières pages de son journal sur l'événement intérieur qui marque son accès à cette disponibilité contemplative :

> « Je touche ici à un point essentiel. Quand je trouvais belle une fleur, j'aurais voulu la presser sur mon cœur ou la manger. C'eût été plus difficile avec d'autres beautés naturelles, mais le sentiment était le même. J'avais une nature trop sensuelle, trop "possessive", dirais-je. Ce que je trouvais beau, je le désirais de façon beaucoup trop physique, je voulais l'avoir. Aussi j'avais toujours cette sensation pénible de désir inextinguible, cette aspiration nostalgique à quelque chose que je croyais inaccessible, et c'est cela que j'appelais mon "instinct créateur". L'intensité de ces sentiments était précisément ce qui me faisait croire que j'étais née pour créer des œuvres d'art. Soudain, tout a changé. Par quelles voies intérieures ? Je l'ignore, mais le changement est là. Je ne m'en suis aperçue que ce matin, en me remémorant une petite promenade autour de la Patinoire[4], l'autre soir. C'était le crépuscule. Les couleurs tendres du ciel, les silhouettes mystérieuses des maisons, les arbres bien vivants, avec le réseau transparent de leurs branches, tout était admirable. Je sais très bien comment je réagissais "avant" à de telles scènes. Je ressentais cette beauté au point d'en éprouver une douleur au cœur. La beauté me faisait souffrir, je ne savais qu'en faire. J'avais besoin d'écrire, d'écrire des vers, mais les mots ne venaient jamais. Alors j'étais comme une âme en peine. Je me gavais littéralement de la

beauté du paysage, et cela m'épuisait. Je dépensais une énergie infinie. C'était une sorte d'onanisme, au fond.

L'autre soir, en revanche, j'ai réagi tout autrement. J'ai accueilli dans la joie, en dépit de tout, l'intuition de la beauté du monde créé par Dieu, mais cela ne me gênait plus. Il ne s'agissait plus d'une jouissance égoïste» (*16 mars 1941, p. 25-26*).

Cette joie d'accueillir «la beauté du monde créé par Dieu» ne la quittera plus, malgré de brèves périodes où l'éprouvent ses malaises physiques ou l'angoisse de ceux qui, autour d'elle, se sentent de plus en plus menacés. Elle écrit onze mois plus tard, avec cette sensibilité au réel le plus concret qui la caractérise :

«Je suis si remplie de reconnaissance pour cette vie. Je me sens grandir. Je me rends compte chaque jour de mes fautes et de mes petitesses, mais je connais aussi mes possibilités. Et puis j'aime, j'aime de bons amis, mais cette affection ne m'isole pas des autres hommes. J'aime si largement et jusqu'aux extrémités du monde, j'en aime tellement, même ceux pour lesquels je n'éprouve spontanément aucune sympathie – il faut aller jusque-là ! Han dort à l'étage avec une petite toux pathétique de bronchiteux, et moi je me glisse avec gratitude dans mon petit lit solitaire. C'est frappant : lorsque je suis ainsi étendue sur le dos, j'ai vraiment l'impression d'être blottie contre la bonne vieille terre, alors que je repose sur un matelas confortable. Mais lorsque je me trouve ainsi couchée, si intensément présente et détendue à la fois, et débordant de gratitude pour tout, c'est comme si j'étais en communion avec – oui, avec quoi ? Avec la terre, avec le ciel, avec Dieu, avec tout» (*22 février 1942, p. 263-264*).

On le voit : la prière investit désormais Etty en sa personnalité tout entière, esprit, affectivité et corps. Sa conclusion fait aussi penser à certaines confidences de mystiques, en particulier à ce verset de la 1re Lettre de Paul aux Corinthiens (*3*, 22-24) : « Le monde, la vie ou la mort, le présent ou l'avenir, tout est à vous. » Paul ajoute, il est vrai : « Mais vous êtes au Christ, et le Christ est à Dieu » – ce qu'Etty, à notre connaissance, n'arrivera pas à formuler. Mais en est-elle si loin ?

Elle se met également à contempler d'un autre regard son cadre de vie et, en particulier, cette chambre où elle poursuit jour après jour son étude de la langue russe et rédige le journal de son aventure intérieure. En voici un témoignage, daté par elle (on ne peut manquer d'en être frappé) du « matin du Vendredi saint », *Goede-Vrijdagochtend* (il s'agit du *3 avril 1942, p. 334*) :

« Lorsque je rentrai hier soir à dix heures trente dans ma chambre, dont le rideau est toujours ouvert sur la grande baie qui donne sur l'extérieur, mon grand arbre se dressait dans la nuit, dépouillé et solitaire. Une étoile s'éleva lentement, comme hésitante, le long de son maigre corps d'ascète, se reposa un instant dans le creux d'une de ses branches, puis se perdit dans le vaste ciel, libérée du fouillis des rameaux. Le Rijksmuseum ressemblait dans le lointain à une ville hérissée de tours. Entre les rayons de la bibliothèque de Spier[5], qui se dresse, haute et profonde ainsi qu'un temple mystérieux, rempli de sagesse, et mon lit étroit, monacal, il y a tout juste assez d'espace pour s'agenouiller.

Voilà des jours, des semaines que je songe à l'écrire,

mais je ne parvenais pas à le formuler – timidité ou encore fausse honte ? L'agenouillement : c'est comme si ce geste correspondait maintenant à un élan de tout mon corps. Je le ressens dans mon corps tout entier. Parfois, dans les moments de profonde gratitude, j'éprouve en moi un profond besoin de m'agenouiller, la tête profondément inclinée, les mains couvrant le visage. C'est devenu un geste qui correspond à un profond élan de mon corps, et aspire parfois impérieusement à se concrétiser. Et je me souviens : *La fille qui ne savait pas s'agenouiller*[6], et la rude carpette de la salle de bain. Et pourtant, au moment où j'écris cela, j'éprouve encore une certaine gêne à exprimer ce qui appartient au plus intime de mon intimité. J'aurais moins de réserve et de pudeur à évoquer ma vie amoureuse. Qu'y a-t-il de plus intime que la relation d'un être humain à Dieu ? »

Ce réflexe de pudeur inspire à Etty une certaine répugnance à l'égard de manifestations de piété par trop démonstratives. Ainsi que l'atteste la citation qui va suivre, elle avait eu, à une époque non précisée, un contact avec le « Mouvement d'Oxford[7] ». Il s'agissait d'un mouvement de « réveil », fondé à l'initiative de l'évangéliste américain Frank Buchman, et qui connut une certaine audience en Hollande au cours des années trente. Les rencontres (ou *house parties*) et week-ends qu'il organisait donnaient lieu à des prêches passionnés, à des chants jubilatoires et à un puissant sentiment de communion entre les participants. Ce mouvement connut ensuite une évolution qui le conduisit à s'associer au Réarmement moral. Manifestement, ce contact avec l'effervescence de ce « réveil » religieux, précédé et suivi de tant d'autres, n'emporta pas l'adhésion d'Etty, même s'il témoignait à sa manière de son intérêt à l'égard de la spiritualité chrétienne :

> « Ce rassemblement du Mouvement d'Oxford auquel j'avais participé il y a quelque temps me laissa une impression négative. Trop exhibitionniste ! Comment peut-on faire ainsi l'amour avec Dieu en public ! Cela ressemblait à une bacchanale, avec une assistance de braves petits bourgeois et de vieilles filles en quête de nouveauté. Non ! Plus de cela ! Pour une fois, soit, comme expérience d'une sensation forte » (*3 avril 1942, p. 334*).

Voilà qui est peut-être un peu sévère, et qui contraste avec la bienveillance profonde qu'Etty manifestera de plus en plus à l'égard de tout ce qui est humain, y compris les « petits bourgeois » et les « vieilles filles ». Mais il convient d'y voir avant tout la profondeur et la pureté de son sens de Dieu. Il ne cessera de s'approfondir et de s'authentifier au fur et à mesure qu'elle découvre l'ultime vérité de sa vie.

En un sens, la découverte de Dieu est strictement personnelle. L'Écriture elle-même en témoigne : celle d'Abraham (Gn *12*) n'est pas identique à celle de Moïse (Ex *3*), ni à celle du premier Isaïe (Is *6*). Et dans le Nouveau Testament, la vocation d'André (Jn *1*) diffère assurément de celle de Matthieu (Mt *9*) ou de la conversion de Paul (Ac *9*). Elles renvoient toutefois au même Mystère, dont la profondeur et l'inépuisable richesse se réfractent en chacune d'entre elles.

Quelle est la particularité, la tonalité propre de

celle d'Etty, et en quoi peut-elle enrichir, confirmer ou nuancer la nôtre ? Essayons de le découvrir à la lumière des multiples expériences, allusions ou réflexions dont Etty nous fait confidence dans son *Journal*.

C'est par la voie de l'expérience qu'Etty a peu à peu pris conscience de la présence de Dieu en sa vie. Comme le suggère le titre de ce chapitre, et comme elle-même le rappelle à maintes reprises, elle est « la fille qui a appris à s'agenouiller », et qui a perçu que ce geste était pour elle chargé de sens. Ici encore, c'est Julius Spier qui fut son « initiateur ». Ainsi qu'il vient d'être rappelé, elle apprend que cet homme, dont le rayonnement à la fois sensuel, intellectuel et intuitionnel l'impressionne de plus en plus, s'agenouille chaque soir et prie. En elle s'éveille ainsi tout naturellement, en dépit de certaines réticences, le désir de s'abreuver à cette source :

> « Tu ne dois pas vivre de façon cérébrale, mais puiser à des sources plus profondes, plus éternelles. Cela ne doit pas t'empêcher d'être reconnaissante pour ton intelligence, qui est un instrument précieux pour examiner et approfondir les questions qui surgissent de ton âme. Pour l'exprimer plus sobrement, cela veut peut-être dire que je dois faire davantage confiance à mon intuition. Cela signifie aussi : croire en Dieu – ce qui ne saurait te rendre passive, mais, au contraire, te rendre plus forte » (*7 octobre 1941, p. 133-134*).

Admirons l'équilibre de cette réflexion, typiquement « catholique »[8], en ce qu'elle ne néglige ni ne récuse aucun des aspects fondamentaux de l'approche humaine du réel. Un vague mysticisme ne saurait la satisfaire. La soumission du langage au réel est, chez elle, une préoccupation constante. Elle y revient encore huit mois plus tard, en s'interpellant elle-même avec cette vigueur qui est chez elle une forme de la passion du vrai :

> « Sais-tu ce qui me donne mal au cœur avec toi, ma petite ? Cette demi-sincérité et cette demi-grandiloquence. Hier soir je voulais écrire encore quelques mots, mais ce n'était que de vagues sottises. Parfois j'ai peur d'appeler les choses par leur nom. Peut-être parce qu'alors il ne reste rien ? Les choses doivent pouvoir être appelées par leur nom. Dans le cas contraire, elles n'ont pas droit à l'existence. On essaie de sauver beaucoup de choses de la vie par une sorte de mysticisme vague. Or la mystique doit reposer sur une honnêteté d'une pureté cristalline » (*19 juin 1942, p. 448*).

Toujours sous l'influence de Spier, elle découvre l'importance de la méditation, et décide de s'y exercer :

> « *Dimanche 8 juin [1941], neuf heures et demie du matin.* Je crois que je vais le faire : tous les matins, avant de me mettre au travail, consacrer une demi-heure à me "tourner vers l'intérieur", à écouter ce qui se passe en moi. *Sich versenken.* Je pourrais dire aussi : méditer. Mais ce mot me met encore un peu mal à l'aise. Oui, pourquoi pas : une demi-heure de paix en soi-même. On agite bien bras, jambes et autres muscles le matin dans la salle de bain, mais cela ne suffit pas. L'homme est corps et esprit. Une demi-heure de gymnastique et une

demi-heure de "méditation" peuvent fournir une bonne base de concentration pour toute une journée.

Mais une "heure de paix", ce n'est pas si simple. Cela s'apprend. Il faudrait effacer de l'intérieur tout ce petit fatras bassement humain, toutes les fioritures. Une petite tête comme la mienne est toujours bourrée d'inquiétude pour rien du tout. Il y a aussi des sentiments et des pensées qui vous élèvent et vous libèrent, mais ce fatras s'insinue partout. Créer au-dedans de soi une grande et vaste plaine, débarrassée des broussailles sournoises qui vous bouchent la vue, ce devrait être le but de la méditation. Faire entrer un peu de "Dieu" en soi, comme il y a un peu de "Dieu" dans la Neuvième de Beethoven. Faire entrer aussi un peu d'"Amour" en soi, non pas un amour de luxe d'une demi-heure dont tu te régales, fière de l'élévation de tes sentiments, mais d'un amour dont on peut faire passer quelque chose dans la modeste pratique quotidienne. »

On le voit : cette « petite tête » de vingt-sept ans témoigne d'une sagesse et d'une lucidité dont bien des gens plus âgés pourraient faire leur profit ! Etty songe aussi à lire la Bible tous les matins, mais, reconnaît-elle, « je ne suis pas assez mûre pour cela, je n'ai pas encore assez de paix intérieure et je cherche à percer les intentions de ce livre de façon trop cérébrale pour pouvoir m'y plonger ». Nous l'avons évoqué au cours du chapitre précédent : cette humble circonspection se trouva largement récompensée lorsque les Écritures juives et chrétiennes sont devenues sa nourriture quotidienne.

Essayons toutefois de cerner davantage la manière dont Etty prend progressivement conscience de ce qu'elle désigne sous le mot « Dieu[9] ». Ce qui est décisif, en effet, dans le discernement à opérer en matière religieuse, c'est la conception de Dieu et la vision de l'homme et du monde que véhiculent la prière et le comportement des sujets croyants.

À cet égard, il convient tout d'abord de remarquer que, chez Etty, l'éveil à cette conscience d'une Présence transcendante n'a aucun rapport avec une religiosité de type morbide ou exalté. Elle s'affirme graduellement, tout au contraire, au cours d'une *thérapie*, d'un processus de guérison intérieure, de « réalisation de soi » [10], au cours duquel elle apprend, avec l'aide de Julius Spier, à se réconcilier à la fois avec elle-même et avec ses semblables. En outre – et c'est là aussi un indice d'équilibre psychologique et spirituel –, cet éveil à sa relation à Dieu exerce, ainsi qu'elle le constate elle-même, une influence positive sur la manière dont elle vit ses relations aux personnes qui l'entourent. Nous l'avons constaté plus haut en ce qui concerne sa relation avec ses parents et avec Spier lui-même. Mais elle le constate également vis-à-vis de celui avec lequel elle éprouvait le plus de difficultés à communiquer paisiblement : Hans Wegerif, le fils de « *Pa Han* », qui, on le comprend aisément, acceptait difficilement la liaison d'Etty avec son père. Elle s'en explique en ces termes :

> « Hans devait rentrer ce soir, et cette perspective m'irritait considérablement. Dès lors que cette aversion pour les gens se manifeste en moi, il en est automatiquement la cible, sans doute parce qu'il fait partie de mon entourage immédiat. J'appréhendais donc son retour, me répétant combien je trouve ce garçon ennuyeux, lent et difficile. Et puis, le voilà qui rentre,

tout frais et ragaillardi par ce camp de voile qu'il vient de faire. Et je me surprends soudain à avoir avec lui une conversation agréable et enjouée, à éprouver de la sympathie, de l'intérêt pour son visage bronzé, ses yeux bleus encore un peu vagues mais pleins de loyauté ; à me lever d'un bond pour lui préparer de la soupe, à lui parler avec animation – et je découvre qu'au fond je l'aime bien, *comme j'aime toute créature de Dieu* » (*23 août 1941, p. 96. Italiques de l'auteur*).

Cette expérience ne cessera de s'approfondir en elle. Citons encore en ce sens cette admirable prière que, nous dit-elle, elle se murmurait à elle-même en rentrant un soir à bicyclette « dans la froide et sombre De Lairessestraat » (une rue toute proche de son domicile), et qu'elle confie le lendemain à son journal :

« Mon Dieu, prenez-moi par la main ! Je vous suivrai bravement, sans beaucoup de résistance. Je ne me déroberai à aucun des orages qui fondront sur moi dans cette vie. Je soutiendrai le choc avec le meilleur de mes forces. Mais donnez-moi de temps à autre un court instant de paix. Et je n'irai pas croire, dans mon innocence, que la paix qui descendra sur moi est éternelle. J'accepterai l'inquiétude et le combat qui suivront. J'aime à m'attarder dans la chaleur et la sécurité, mais je ne me révolterai pas lorsqu'il faudra affronter le froid, pourvu que vous me guidiez par la main. Je vous suivrai partout et je tâcherai de ne pas avoir peur. Où que je sois, j'essayerai d'irradier un peu d'amour, ce véritable amour du prochain qui est en moi » (*25 novembre 1941, p. 162*).

Elle reviendra encore sur ce thème au début du dernier cahier de son *Journal*, le 15 septembre 1942 :

« J'aime si terriblement les hommes parce qu'en chacun d'entre eux j'aime quelque chose de toi, mon Dieu » (*p. 544*).

Un autre risque auquel échappe la foi d'Etty, et contre lequel ont mis en garde les prophètes des grandes religions monothéistes, c'est l'idolâtrie. Celle à laquelle se trouvait particulièrement exposée la nature passionnée d'Etty était sa tendance à absolutiser l'être aimé et le partenaire érotique. Elle étend cette tendance à l'ensemble du sexe féminin, mais, bien entendu, tant la littérature que l'expérience nous permettent d'affirmer que l'autre sexe n'en est nullement exempt :

> « Nous autres femmes, pauvres femmes folles, idiotes, illogiques, nous cherchons le Paradis et l'Absolu. Je sais pourtant par l'intellect – un intellect fonctionnant à la perfection – qu'il n'y a rien d'absolu, que tout est relatif et nuancé à l'infini et pris dans un perpétuel mouvement, et que c'est justement ce qui rend le monde si fascinant, si séduisant, mais si douloureux aussi. Nous autres femmes, nous voulons nous éterniser en l'homme… Ces petites crises de sensualité, je veux les projeter sur toute une vie, et elles éclipsent tout le reste. Et je les veux alors sanctifiées par des formules comme : "Tu es l'éternelle et l'unique." Mais il faut laisser les choses pour ce qu'elles sont, au lieu de vouloir les hisser à des altitudes impossibles. Et c'est en les laissant être ce qu'elles sont qu'on leur permet de déployer enfin leur valeur véritable » (*25 septembre 1941, p. 111-112*).

Or elle découvre que la découverte de sa relation personnelle avec Dieu, le seul Absolu – celui de l'Amour – qui justifie une adhésion inconditionnelle, la prémunit contre la tentation de « cette adoration qui se trompe d'objet » (selon le mot de Marguerite Yourcenar [11]) :

> « Il y a quelque part en moi de la mélancolie, de la tendresse et aussi un peu de sagesse qui cherchent une forme… Une percée soudaine vers ce qui doit devenir ma vérité personnelle. Un amour des êtres humains pour lequel il faudra me battre. Lutter non pas en politique ou dans un parti, mais en moi-même. Une fausse honte me retient encore d'assumer cet amour. Et puis, il y a Dieu. La fille qui ne savait pas s'agenouiller a fini par l'apprendre, sur la rude carpette d'une salle de bain en désordre. Mais ces choses-là sont encore plus intimes que la sexualité. Cette évolution en moi, de "la fille qui ne savait pas s'agenouiller", je voudrais lui donner forme dans toutes ses nuances » (*22 novembre 1941, p. 156*).

Cette familiarité croissante avec la présence de Dieu dans sa vie incite Etty à garder vis-à-vis des personnes qui l'attirent cette « distance » qui, sans l'isoler ni, d'aucune façon, la détourner d'elles, lui permet d'échapper à toute fascination idolâtrique et qui, nous l'avons déjà observé dans le chapitre consacré spécifiquement à sa relation avec Spier, l'orientera progressivement vers l'option du célibat :

> « La "secrétaire russe" lui dit encore toujours "Vous" [*Sie*, en allemand], et cela recrée chaque fois la distance qui permet de ne pas perdre de vue le "tout" de l'autre. Le désir éperdu et passionné de se perdre en lui s'est apaisé depuis tout un temps. Il est devenu raisonnable

[*vernünftig*]. Il ne s'agit plus de se perdre dans un homme, mais seulement, peut-être, de se perdre en Dieu, ou dans un poème» (*17 décembre 1941, p. 197*)...

Écouter, écouter partout, écouter jusqu'au plus profond des êtres et des choses. Aimer, et quitter ceux que j'aime, accepter ainsi de mourir, mais pour renaître – tout cela est si douloureux mais aussi si plein de vie!» (*8 mars 1942, p. 286*).

Mais Etty s'est elle-même posé explicitement la question de l'interprétation du mot «Dieu», dont elle perçoit avec une remarquable lucidité l'indétermination archaïque:

«Je trouve parfois ce mot si primitif! Ce n'est finalement qu'une parabole, une approche de notre plus grande et plus constante aventure intérieure. Je crois que je n'ai même pas besoin du mot "Dieu". Il me fait parfois l'impression d'un cri primitif, ou d'une prothèse utile. Et lorsqu'il m'arrive d'avoir envie, le soir, de m'adresser à Dieu, et de lui dire à la manière d'un enfant: "Dieu, cela ne va décidément plus!", c'est assez bien comme si je m'adressais à quelque chose qui est en moi, comme si j'essayais de me concilier une partie de moi-même» (*22 juin 1942, p. 463*).

Analyse étonnamment «moderne» de la part de cette jeune femme de vingt-sept ans qui, engagée corps et âme dans «la plus grande aventure intérieure» de son existence, n'en demeure pas moins capable de cette distanciation réflexive qui lui permet de se poser des questions fondamentales. On ne peut que lui donner raison lorsqu'elle observe que le mot «Dieu» est en effet grevé d'ambiguïté; que son usage peut être en effet infantilisant, voire aliénant, et que son sens authentique doit pouvoir se vérifier à partir d'une expérience, à la fois personnelle et communautaire (« ecclésiale », en langage chrétien) : celle d'un Amour absolu qui, au lieu de s'enfermer en sa propre Transcendance, rejoint l'homme sur ses chemins et consacre sa dignité et sa liberté. Etty eût souscrit d'instinct à cette affirmation de saint Irénée de Lyon, ce profond théologien qui, au début du IIIe siècle, aida l'Église à se prémunir contre l'idéologie gnostique : « La gloire de Dieu, c'est l'homme vivant, et la vie de l'homme, c'est la vision (la connaissance) de Dieu. » La manière dont on prie est révélatrice à cet égard :

> « Quand je prie, je ne prie jamais pour moi, mais toujours pour d'autres. Ou bien je poursuis un dialogue extravagant, infantile ou terriblement grave avec ce qu'il y a de plus profond en moi, et que, pour plus de commodité, j'appelle Dieu. Prier pour demander quelque chose pour soi-même me paraît tellement puéril » (*15 juillet 1942, p. 523*).

Mais en se référant à l'expérience de Julius Spier, et sans doute aussi de saint Augustin, elle reconnaît qu'il est normal de prier aussi pour soi, et que cela ne se distingue pas fondamentalement de prier pour les autres :

> « Pourtant je lui demanderai demain s'il lui arrive de prier pour lui-même. Mais en fait, lorsque je prie pour lui, je prie aussi pour moi ! » [Sous-entendu : étant donné la relation qui nous unit] (*p. 523*).

« Ma vie est un hineinhorchen *continuel.*
J'écoute au fond, à l'intérieur, en moi-même,
dans les autres, en Dieu. »

Le théologien réformé K. Smelik, maître d'œuvre de la précieuse édition des *Nagelaten geschriften,* constate qu'en effet la manière dont Etty s'exprime au sujet de Dieu s'inscrit clairement dans une perspective relationnelle : celle d'un dialogue entre deux libertés. « Dieu est devenu pour elle, écrit-il, un Dieu personnel, un vis-à-vis [12] », avec lequel elle entre en dialogue. Il est probable, comme le suggère également Smelik, que sa fréquentation régulière de la Bible l'ait orientée dans ce sens – sans parler, ajouterons-nous, des confidences que lui faisait Julius Spier sur sa propre manière de prier.

Un des rapporteurs du Symposium E. Hillesum qui s'est tenu à Rome en décembre 1988, K.J. Hahn, l'a également noté en ces termes [13] : « Sa subjectivité... s'exprime selon la manière dont elle fait l'expérience de Dieu : au plus intime d'elle-même, et aussi en ses semblables, en tous les hommes. Elle recourt pour traduire cette expérience au verbe allemand *hineinhorchen*, "écouter au fond de soi" :

> « *Hineinhorchen* – je voudrais pouvoir trouver une bonne expression néerlandaise pour traduire ce que cela signifie. En fait, ma vie est un *hineinhorchen* continuel, en moi-même, dans les autres, en Dieu. Et lorsque je dis que je "*hineinhorch*" (que j'écoute au fond, à l'intérieur), cela veut dire finalement que c'est Dieu lui-même qui écoute au plus profond de moi. Ce qu'il y a de plus essentiel et de plus profond en moi écoute ce qu'il y a de plus essentiel et de plus profond en l'Autre. Dieu parle à Dieu » (*17 septembre 1942, p. 549*).

En d'autres termes, sans jamais avoir eu de contact personnel avec un témoin de la tradition chrétienne, si ce n'est pas le truchement de Julius Spier et de certaines lectures – celle, en particulier, des *Confessions* de saint Augustin – Etty a découvert que Dieu est à la fois transcendant (sans commune mesure avec ce qui est créé, contingent), et, en vertu même de sa transcendance, immanent, *intimior intimo meo*, dit Augustin, « intérieur à l'intimité la plus profonde de la créature ». Et cela se reflète dans sa réflexion et surtout dans sa prière, où l'un et l'autre aspects viennent à s'exprimer sans se contredire. Toutefois, comme l'observe justement K.J. Hahn[14], c'est l'aspect dialogal qui s'impose de plus en plus nettement à mesure qu'Etty progresse en maturité spirituelle et discerne la vérité de sa vocation personnelle. L'occurrence de plus en plus fréquente dans son journal de l'expression *mon Dieu* en est un indice particulièrement caractéristique. Nous aurons d'ailleurs l'occasion de le vérifier en abordant la phase ultime, à la fois tragique et lumineuse, de sa croissance spirituelle.

CHAPITRE VI

« Je vais t'aider, mon Dieu, à ne pas t'éteindre en moi »

Il nous faut souligner maintenant, de façon plus explicite, un autre intérêt de ces pages où Etty s'exprime en « croyante » (néerl. : *religieus*), selon le terme dont elle désigne cette étape décisive de son évolution. Faute d'avoir hérité d'un vocabulaire religieux traditionnel, juif ou chrétien, elle élabore son propre langage symbolique et mystique – même si celui-ci révèle, à l'occasion, certaines analogies avec celui de penseurs ou d'auteurs spirituels qu'elle n'a pas eu l'occasion de fréquenter[1]. Le philosophe et théologien Wim R. Scholtens, spécialiste de Kierkegaard, attire notamment l'attention sur un texte rédigé au début du second cahier du *Journal*, et qu'il appelle « une des expressions les plus originales qui aient été formulées en ce XXe siècle en matière d'expérience religieuse »[2] :

> « Il y a en moi un puits très profond. Et dans ce puits, il y a Dieu. Parfois, je parviens à l'atteindre. Mais, plus souvent, des pierres et des gravats obstruent ce puits, et Dieu est enseveli. Alors il faut le remettre au jour » (*26 août 1941, p. 97*).

Ce n'est là que la première manifestation d'un mode de relation avec Dieu qui va se poursuivre et s'approfondir jusqu'au terme de sa jeune vie, et que peut-être elle a vécu jusqu'à son ultime dénouement, dans le tragique anonymat d'Auschwitz. Voici comment, onze mois plus tard, nous le retrouvons, un dimanche matin, sous forme de prière :

> « *Prière du dimanche matin.* Ce sont des temps d'effroi, mon Dieu. Cette nuit, pour la première fois, je suis restée éveillée dans le noir, les yeux brûlants, des images de souffrance humaine défilant sans arrêt devant moi. Je vais te promettre une chose, mon Dieu, une bien petite chose : je me garderai de suspendre au jour présent, comme autant de poids, les angoisses que m'inspire l'avenir. Mais cela demande un certain entraînement. Pour l'instant, à chaque jour suffit sa peine. Je vais t'aider, mon Dieu, à ne pas t'éteindre en moi, mais je ne puis rien garantir d'avance. Une chose cependant m'apparaît de plus en plus clairement : ce n'est pas toi qui peux nous aider, mais nous qui pouvons t'aider – et, ce faisant, nous nous aidons nous-mêmes. C'est tout ce qu'il nous est possible de sauver en cette époque, et c'est aussi la seule chose qui compte : un peu de toi en nous, mon Dieu. Peut-être pourrons-nous aussi contribuer à te mettre au jour dans les cœurs dévastés des autres » (*12 juillet 1942, p. 516*).

Elle revient un peu plus loin sur ce thème avec une émouvante tendresse et une merveilleuse créativité poétique, qui font penser à certains écrits de Thérèse de Lisieux :

« Derrière la maison, la pluie et la tempête des derniers jours ont ravagé le jasmin. Ses fleurs blanches flottent éparpillées en contrebas, dans les flaques noires qui stagnent sur le toit du garage. Mais quelque part en moi ce jasmin continue à fleurir, aussi exubérant, aussi tendre que par le passé. Et il répand ses effluves autour de ta demeure, mon Dieu. Tu vois comme je prends soin de toi ! Je ne t'offre pas seulement mes larmes et mes tristes pressentiments. En ce dimanche venteux et grisâtre, je t'apporte même du jasmin odorant ! Et je t'offrirai toutes les fleurs rencontrées sur mon chemin, et vraiment il y en a beaucoup. Tu te sentiras ainsi aussi bien que possible chez moi ! Et pour prendre un exemple au hasard : si, enfermée dans une étroite cellule, je voyais, à travers l'étroite fenêtre grillagée, flotter un nuage, je te l'apporterais, mon Dieu, si, du moins, j'en avais encore la force » (*p. 517-518*).

« C'est là, observe Scholtens, une forme hautement non conformiste de prière, qui s'adresse à un Dieu qui, pour Etty, n'a rien de commun avec la "toute-puissance" qui lui est communément attribuée. Un tel langage témoigne d'une conception étonnamment moderne de Dieu. » Il est peut-être utile de situer ici en quoi consiste cette « modernité ».

Après la révélation de l'horreur absolue de la Shoah et des camps d'extermination, la conscience de nombreux chrétiens occidentaux a été taraudée par la question de ce qu'on a appelé une « théologie de l'après-Auschwitz ». Comment concilier la conception traditionnelle d'un Dieu « tout-puissant », maître de l'Histoire, et le fait que Dieu soit resté tragiquement silencieux et apparemment désarmé, tandis que des millions d'hommes, de femmes et d'enfants se trouvaient livrés sans défense à un anéantissement consciemment et méticuleusement programmé ?

Cette question, Etty, pressentant ce qui l'attendait, l'avait en quelque sorte anticipée. Elle l'avait un jour posée à Julius Spier : « N'est-il pas presque impie de croire encore si fort en Dieu à une époque comme la nôtre ? » (*2 juillet 1942, p. 484*). Elle ne nous a pas confié la réponse de Spier, mais nous verrons plus loin comment elle a « é-laboré » la sienne, non pas d'une façon abstraite et théorique, mais en la vivant à grand labeur, en la tirant de la substance même de sa vie et de son dialogue avec Dieu.

Faut-il souligner que cette étape de notre cheminement avec Etty nous plonge, une fois de plus, en pleine actualité ? Depuis la fin de la seconde guerre mondiale, en effet, d'autres drames, d'autres massacres d'innocents ont suscité, suscitent encore et toujours la même question lancinante et éprouvante pour la foi et la confiance en Dieu. « Le bon Dieu est-il devenu sourd ? » s'écriait il y a quelques années, en Belgique, le prêtre qui présidait les funérailles télévisées de deux petites filles victimes d'un pervers, alors que des milliers de personnes s'étaient unies dans la prière avec les parents durant les longues semaines qui avaient suivi leur disparition, jusqu'à l'arrestation de leur assassin et la découverte des deux petits corps.

Peu familiers avec la Bible, et influencés par la conception archaïque d'un interventionnisme divin qu'il serait possible de déclencher en multipliant des rites et des prières, beaucoup d'entre nous avaient oublié que les poètes inspirés qui ont composé les

Psaumes se posaient déjà, bien avant Auschwitz, cette question radicale :

> « Pitié, Seigneur, je dépéris !...
> Car je tremble de tous mes os,
> de toute mon âme, je tremble.
> Et toi, Seigneur, que fais-tu ? » (Ps *6*, 3-4)
> « Pourquoi, Seigneur, es-tu si loin ?
> Pourquoi te cacher aux jours d'angoisse ?
> L'impie, dans son orgueil, poursuit les malheureux : arrogant, il blasphème, il brave le Seigneur : "Dieu n'est rien !" » (Ps *9b*, 1-4).

Ces psaumes se terminent pourtant par un cri de foi et d'espérance, qui témoigne d'une découverte plus profonde de la fidélité de Dieu à l'égard de son peuple. De même, mais d'une façon plus radicale encore, cette interpellation de l'après-Auschwitz fut pour de nombreux croyants l'occasion d'une redécouverte, ou, en tout cas, d'une prise de conscience plus existentielle de cette révolution « copernicienne » que la révélation chrétienne (*christ-ienne*) de Dieu avait opérée dans la religiosité spontanée des hommes. Cette religiosité « traditionnelle » procédait, certes, d'une intuition fondamentalement correcte : il existe un Absolu, dont l'affirmation est inscrite dans le dynamisme de la pensée et de l'affectivité humaines – et auquel tout homme, ainsi que l'ont thématisé de grands philosophes, acquiesce implicitement par le fait même qu'il est capable de se découvrir limité et contingent. Ainsi que l'observe un auteur que nous aurons encore l'occasion de rencontrer, le père François Varillon[3] : « Confesser la contingence et reconnaître l'absolu est un seul et même acte indivisible de raison et de liberté. »

Le problème, c'est que l'homme cherche spontanément son Dieu dans la ligne de la puissance. Il lui est difficile de ne pas projeter en lui cette puissance qu'il ne possède pas et qui, pourtant, hante son imagination et ses rêves. Mais, dans la mesure où il devient chrétien, il se trouve confronté au paradoxe révélateur qu'il découvre dans la personne du Christ. En Jésus, en effet, Dieu se révèle en sa *Gloire* (Jn *1*, 14), c'est-à-dire dans la Vérité rayonnante de ce qu'il est. Et cette Gloire, la seule qu'il revendique, c'est la gloire d'aimer, car, insiste Varillon, non seulement « Dieu est amour » (1 Jn *4*, 8), mais il *n'*est *qu'*amour. Nous le voyons donc, en Jésus, ainsi que Péguy l'a merveilleusement exprimé, « entrer en dépendance de l'homme ». Car le véritable amour est humble. On ne peut ici que renvoyer à l'Évangile, qui non seulement nous présente Jésus petit enfant, totalement livré aux mains des hommes qui l'entourent, mais aussi, à l'âge adulte, demandant à boire à une femme étrangère (Jn *4*, 10), et, dans l'angoisse de son agonie, priant ses amis et disciples les plus proches de le soutenir de leur présence à ses côtés et de leur prière (Mt *26*, 38).

« Dieu, écrit le père Varillon, révèle ce qu'il est par ce qu'il fait. Son dessein sur l'homme, réalisé en Jésus Christ, dévoile son être intime. Si l'Incarnation est acte d'humilité, c'est que Dieu est un être d'humilité. » Il s'interdit donc d'user de violence à l'égard de l'homme, fût-il monstrueusement malfaisant. Parce qu'il *n'*est *qu'*amour, et que le véritable amour est humble, « Dieu respecte absolument la liberté de l'homme. Il la crée : ce n'est pas pour la pétrifier ou la violer. C'est pourquoi jamais il ne crie ni n'impose… Il reste caché pour n'être pas irrésistible ; son invisibilité est pudeur… La voix de Dieu se distingue à peine du silence »[4].

Il est significatif à cet égard qu'au témoignage de certains de ses amis les plus proches, Etty observait elle-même cette réserve respectueuse de la liberté d'autrui, qui sait attendre le moment où la parole sera suffisamment humble et aimante pour être transparente de *la* Parole. Ainsi, Hanneke Starreveld-Stolte, l'épouse du sculpteur dont il a été question plus haut :

> « Je me souviens encore que lors d'une de mes dernières conversations avec Julius (Spier), il déclara au sujet d'Etty : “Il y a en elle quelque chose d'essentiel qui a changé.” Dans son journal, Etty déclare qu'elle éprouvait le besoin d'être seule, qu'elle ressentait le besoin d'un contact en profondeur avec elle-même et avec Dieu. Elle décrit avec naïveté et grandeur à la fois quel est désormais le sens de sa vie : rayonner autour d'elle ce qu'elle a reçu. Mais nous (qui la fréquentions à l'époque) ne soupçonnions pas ce qu'elle vivait en ces moments de recueillement silencieux. Elle ne parlait pas de sa vie intérieure. C'est bien plus tard, en lisant son journal, que j'ai réalisé que cette profondeur dont elle faisait l'expérience m'avait presque entièrement échappé[5]. »

Effectivement, observent ceux qui en ont recueilli les témoignages, « la publication d'extraits du journal d'Etty Hillesum, *Une vie bouleversée*, quarante ans après la guerre, a fait sensation aux Pays-Bas et en d'autres régions. Si ce document raviva en eux les souvenirs de ce passé vécu ensemble, il leur fit l'impression d'une révélation[6]. »

« Il faut une longue expérience, remarque le père Varillon, il faut peut-être toute une vie, pour comprendre un peu que, dans l'ordre de l'amour, comme la richesse est pauvreté, la puissance est faiblesse[7]. » Il est d'autant plus stupéfiant qu'il n'ait fallu que quelques mois à Etty pour le pressentir. En présence de la montée des périls, et des rumeurs de plus en plus sinistres qui circulent parmi la population juive, Etty confie à son journal :

> « Si Dieu cesse de m'aider, ce sera à moi d'aider Dieu. Peu à peu toute la surface de la terre ne sera plus qu'un immense camp, et personne, ou presque, ne pourra demeurer en dehors. C'est une phase à traverser. Ici, les Juifs se racontent des choses réjouissantes : en Allemagne, les Juifs sont emmurés vivants ou exterminés aux gaz asphyxiants… La journée d'hier a été dure, très dure, et j'ai eu beaucoup à endurer et à assumer. Mais c'est fait. J'ai absorbé encore une fois tout ce qui m'assaillait, et je suis capable d'affronter un peu plus de choses qu'hier. C'est probablement ce qui me donne cette allégresse et cette paix intérieure : je suis capable de venir à bout de tout, seule et sans que mon cœur se dessèche d'amertume, et mes pires moments de tristesse, de désespoir même, laissent en moi des sillons fertiles et me rendent plus forte. Je ne me fais pas beaucoup d'illusions sur la réalité de la situation, et je renonce même à prétendre aider les autres. Je prendrai pour principe d'"aider Dieu" autant que possible, et, si j'y réussis, eh bien je serai là pour les autres aussi » (*11 juillet 1942, p. 512*).

Toujours lucide, elle ajoute, il est vrai : « Sur ce point (aider les autres), n'entretenons pas d'illusions héroïques ! » Nous verrons toutefois que, le moment venu, elle saura se montrer disponible à cet appel intérieur. Mais elle revient le lendemain sur ce devoir d'« aider Dieu » :

> « Oui, mon Dieu, tu sembles assez peu capable de modifier une situation finalement indissociable de cette vie. Je ne t'en demande pas compte. C'est à toi, au contraire, de nous appeler à rendre des comptes un jour. Il m'apparaît de plus en plus clairement, à chaque pulsation de mon cœur, que tu ne peux pas nous aider, mais que c'est à nous de t'aider et de défendre jusqu'au bout la demeure qui t'abrite en nous. Il y a des gens – le croirait-on ? – qui, au dernier moment, tâchent de mettre en lieu sûr des aspirateurs, des fourchettes et des cuillers en argent, au lieu de te protéger toi, mon Dieu. Et il y a des gens qui cherchent à protéger leur propre corps, qui pourtant n'est plus que le réceptacle de mille angoisses et de mille haines. Ils disent : "Moi, je ne tomberai pas sous leurs griffes !" Ils oublient qu'on n'est jamais sous les griffes de personnes tant qu'on est dans tes bras. Cette conversation avec toi, mon Dieu, commence à me redonner un peu de calme. J'en aurai beaucoup d'autres avec toi, t'empêchant ainsi de me fuir. Tu connaîtras sans doute aussi des moments de disette en moi, mon Dieu, où ma confiance ne te nourrira plus aussi richement. Mais crois-moi, je continuerai à œuvrer pour toi, je te resterai fidèle et je ne te chasserai pas de mon enclos » (*12 juillet 1942, p. 517*).

« Quoi de plus faible et de plus désarmé que Dieu quand il ne peut rien sans nous ? » déclare, dans

L'Otage de Paul Claudel (1909), un curé de campagne à l'aristocratique Sygne de Coûfontaine qui se cabre devant le sacrifice qui lui est demandé. À trente ans de distance, le poète de génie, à l'époque du rationalisme triomphant, et la jeune Juive, aux heures les plus tragiques de l'histoire européenne, communient, sans jamais s'être rencontrés, en la même intuition bouleversante.

Nous remarquions plus haut qu'à notre connaissance, le nom de Jésus ou de « Christ » n'apparaît pas comme tel dans les passages où Etty rend compte de sa relation et de son dialogue avec Dieu. Il reste que des textes comme ceux que nous venons de citer véhiculent une inspiration évangélique qui renvoie implicitement à la personne du Christ. Nous avons vu par ailleurs que, durant les derniers mois de sa vie, Etty fréquentait quasi quotidiennement les Évangiles. Il lui arrive d'ailleurs de se qualifier de « chrétienne ». Ainsi, lorsque Spier lui apprend un jour qu'il a reçu « *einen schönen Brief* » (une belle lettre) de son amie qui l'attend à Londres, elle confie à son cahier : « Si j'étais une chrétienne convenable, je devrais m'en réjouir. Mais je suis encore beaucoup plus femme que chrétienne, femme au sens le plus étroit et le plus stupide du mot... » (*5 septembre 1941, p. 101*).

Ce qui lui importe désormais, c'est la présence en elle de ce Dieu avec lequel elle dialogue de plus en plus spontanément. Contrairement aux Pharisiens de l'Évangile (Mt *16*, 1ss.), elle ne réclame pas de signe extérieur ou éclatant. Le seul qui ait du prix à ses yeux, c'est cette communion avec l'Hôte mystérieux qui l'habite, et dont elle se sent appelée à découvrir et à attester la présence au cœur de tout homme. Au lendemain de la mort de Julius Spier, elle se souviendra des trois mots par lesquels il évoquait l'attention à cette Présence intérieure : *ruhen in sich*, « se recueillir en soi-même » :

> « Le sentiment de la vie est si fort en moi, si grand, si serein, si plein de gratitude, que je ne chercherai pas un instant à l'exprimer d'un seul mot. J'ai en moi un bonheur si complet et si parfait, mon Dieu. Ce qui l'exprime encore le mieux, ce sont ses mots à lui [Spier] : "se recueillir en soi-même". C'est peut-être l'expression la plus parfaite de mon sentiment de la vie : je me recueille en moi-même. Et ce "moi-même", cette couche la plus profonde et la plus riche en moi où je me recueille, je l'appelle "Dieu". »

Comme l'indique la suite, et tant d'autres notations du *Journal*, il ne s'agit pas ici d'une sorte d'identification de Dieu à l'intériorité humaine, mais de la perception du Dieu intérieur à cette intériorité même, telle que les mystiques l'ont exprimée de façons diverses, et que les théologiens chrétiens ont appelée l'« inhabitation trinitaire ». Présence d'ailleurs réciproque, comme l'enseigne l'Évangile selon saint Jean (*14*, 20) : « En ce jour-là vous connaîtrez que je suis en mon Père et que vous êtes en moi et moi en vous. » Ce texte n'est cité nulle part dans le *Journal*, mais on en retrouve la substance à la suite du passage transcrit ci-dessus, en un style que l'on qualifierait volontiers de « thérésien » :

> « Dans le journal de Tide [son amie Henny Tideman, une chrétienne], j'ai rencontré souvent cette phrase : "Prenez-le doucement dans vos bras, Père." Et c'est

> bien mon sentiment perpétuel et constant : celui d'être dans tes bras, mon Dieu, protégée, abritée, imprégnée d'un sentiment d'éternité. Tout se passe comme si chacun de mes souffles était pénétré de ce sentiment d'éternité ; comme si le moindre de mes actes, la parole la plus anodine, s'inscrivait sur un fond de grandeur, avait un sens profond » (*17 septembre 1942, p. 549*).

« Ne savez-vous pas, écrivait Paul aux Corinthiens (*6*, 19), que votre corps est le Temple du Saint-Esprit qui est en vous et qui vous vient de Dieu, et que vous ne vous appartenez pas ? » Ce mystère « templiforme » de la Présence divine au cœur de l'intériorité humaine, Etty le vivait donc d'une manière intensément personnelle, mais non point, pour autant, solitaire. Elle pressentait qu'il y avait en tout être humain une disposition à le vivre et à le découvrir. C'est ce qu'elle laisse entendre après un premier séjour au camp de Westerbork, dans la Drenthe, où elle avait été envoyée par le Conseil juif établi par l'autorité allemande pour s'occuper de l'enregistrement des nouveaux arrivants et d'un accompagnement de type social et humanitaire, ce dont elle s'acquittait d'ailleurs bien au-delà de ce qui était prévu par le règlement :

> « Comme elle est grande, la détresse intérieure de tes créatures terrestres, mon Dieu ! Je te remercie d'avoir fait venir à moi tant de gens avec toute leur détresse. Ils sont en train de me parler calmement, sans y prendre garde, et voilà que tout à coup leur détresse se révèle dans sa nudité. Et j'ai devant moi un pauvre petit être humain, désespéré et se demandant comment continuer à vivre. C'est là que mes difficultés commencent. Il ne

suffit pas de te prêcher, mon Dieu, pour t'exhumer, te mettre au jour dans le cœur des autres. Il faut dégager chez l'autre la voie qui mène à toi, mon Dieu, et, pour ce faire, il faut être un grand connaisseur de l'âme humaine. Il faut avoir une formation de psychologue : rapport au père et à la mère, souvenirs d'enfance, rêves, sentiments de culpabilité, complexes d'infériorité, enfin tout le magasin des accessoires. En tous ceux qui viennent à moi, je commence alors une exploration prudente. Les outils qui me servent à frayer la voie vers toi chez les autres sont encore bien rudimentaires. Mais j'en ai déjà quelques-uns et je les perfectionnerai, lentement et avec beaucoup de patience. Et je te remercie de m'avoir donné le don de lire dans le cœur des autres. Les gens sont parfois pour moi des maisons aux portes ouvertes. J'entre, j'erre à travers des couloirs, des pièces. Dans chaque maison l'aménagement est un peu différent. Pourtant elles sont toutes semblables, et l'on devrait pouvoir faire de chacune d'elles un sanctuaire pour toi, mon Dieu. Et je te le promets, je te le promets, mon Dieu, je te chercherai un logement et un toit dans le plus grand nombre de maisons possible. C'est une image amusante : je me mets en route pour te chercher un toit. Il y a tant de maisons inhabitées, et je t'y introduis comme l'Hôte le plus important qu'elles puissent accueillir » (*17 septembre 1942, p. 550*).

Il reste que cette expérience spirituelle, si éclairante et si rassasiante à tant d'égards, n'effaçait guère, sinon épisodiquement, les ennuis de santé qui n'avaient cessé d'accompagner Etty depuis son adolescence, et qui étaient sans doute les séquelles de sa période « chaotique ». Comme Thérèse de l'Enfant-Jésus, son aînée de quarante ans, elle aussi disparue au printemps de sa vie adulte, et révélée ensuite, contre toute attente, par la publication de son journal spirituel, Etty s'ouvre de cette fragilité à son *Journal* avec une simplicité qui atteint à la profondeur de ce qu'elle appelle les « derniers mystères » :

> « Il est toujours là [devant sa fenêtre], cet arbre qui pourrait écrire ma biographie. Pourtant, ce n'est plus le même. Ou bien est-ce moi qui ne suis plus la même ? Sa bibliothèque [celle de S.] est là, à un mètre de mon lit. Je n'ai qu'à tendre le bras gauche pour avoir en main Dostoïevski, Shakespeare ou Kierkegaard. Mais je ne tends pas le bras. La tête me tourne. Tu me places devant tes derniers mystères, mon Dieu. Je t'en suis reconnaissante. Je me sens la force d'y être confrontée et de savoir qu'il n'y a pas de réponse. On doit pouvoir assumer tes mystères » *(15 septembre 1942, p. 544).*

Épuisée, elle appelle le soulagement du sommeil. Mais celui-ci n'est pas pour elle une évasion, une prostration dans l'inconscience. Il est une grâce, une sorte de prière du corps qui invite à une « dé-maîtrise », à un abandon dans la confiance. Ainsi qu'elle l'exprimait peu de temps auparavant : « On devrait en quelque sorte s'abandonner à la nuit les mains vides, les mains ouvertes, en acceptant qu'elles se déprennent de la journée qui se termine. C'est alors seulement qu'on peut vraiment trouver le repos. Et dans ces mains détendues et disponibles, qui ne veulent rien retenir et que ne crispe plus aucune convoitise, on peut alors accueillir au réveil un jour tout neuf » (*17 juin 1942, p. 443*). Elle poursuit alors sa méditation de malade, qui la conduit en effet aux questions ultimes de l'existence :

> «Je crois que je devrais dormir, dormir des jours entiers, et laisser mon esprit se détacher de tout. Le docteur disait hier que je mène une vie intérieure trop intense, que je vis trop peu sur terre, presque aux limites du ciel, et que mon corps ne peut plus supporter tout cela. Il a peut-être raison. Ces six derniers mois, mon Dieu ! Et ces deux derniers mois, qui sont à eux seuls une vie entière. Et combien d'heures n'ai-je pas vécues dont je disais : cette heure a été toute une vie, et si je devais mourir bientôt, ne vaudrait-elle pas tout le reste de ma vie ? J'en ai tant vécu, de ces heures-là ! Qu'est-ce qui m'empêche de vivre aussi dans le ciel ? Le ciel existe. Pourquoi n'y vivrait-on pas ? Mais, en fait, c'est plutôt l'inverse : c'est le ciel qui vit en moi. Cela me fait penser à une expression d'un poème de Rilke[8] : "univers intérieur" [*Weltinnenraum*].
>
> Il faut vraiment dormir et laisser tout cela. La tête me tourne. Quelque chose s'est détraqué dans mon corps. J'aimerais recouvrer rapidement la santé. Mais de tes mains, mon Dieu, j'accepte tout, comme cela vient. C'est toujours bon, je le sais. J'ai appris qu'en supportant les épreuves, on peut les tourner en bien» (*15 septembre 1942, p. 544-545*).

On aura reconnu en cette dernière phrase une citation implicite du verset de la Lettre aux Romains de saint Paul (*8*, 28) : «Nous savons que tout concourt au bien de ceux qui aiment Dieu.» Etty l'a-t-elle «appris» pour l'avoir lu elle-même dans le Nouveau Testament, ou dans les *Confessions* de saint Augustin, qui cite volontiers ce verset ? L'essentiel est qu'il ait éclairé sa vie à un moment décisif. Notons aussi cette réflexion d'inspiration typiquement chrétienne sur cette mystérieuse continuité entre le « ciel » et la condition présente du croyant : « Dans cette existence de chaque jour que nous recevons de ta grâce, la vie éternelle est déjà commencée [9]. »

Un autre jour qu'elle souffre des reins, elle trouve les mots qui sont une sorte de transcription poétique de cette expérience paradoxale : « Ah ! ce corps qui est le mien ! Tout à coup surgit devant moi l'image d'une vieille ruine toute croulante. Mais de ses crevasses s'échappent de blanches colombes, et entre les fentes poussent des fleurs toutes jeunes et fraîches, si tendrement fraîches entre ces murs délabrés ! C'est ainsi que je me sens… » (*30 mai 1942, p. 405*).

En concluant cette page de son journal, Etty prend à nouveau conscience de sa vocation d'écrivain :

> « Je voudrais pouvoir trouver le mot unique qui me permette de tout dire, tout ce qui est en moi, ce trop-plein, cette opulence du sentiment de la vie. Pourquoi ne m'as-tu pas faite poète, mon Dieu ? Mais si, je suis poète. Je n'ai qu'à attendre patiemment que lèvent en moi les mots qui porteront le témoignage que je crois devoir porter, mon Dieu : qu'il est beau et bon de vivre dans ton monde, en dépit de ce que nous autres humains nous infligeons mutuellement. *Le cœur pensant de la baraque* » (*p. 545*).

Ces derniers mots, soulignés par Etty, ont servi de titre au recueil de ses lettres que l'éditeur J.G. Gaarlandt avait pu rassembler quarante ans après qu'elles les eut rédigées [10]. Elles évoquent son séjour au camp de transit de Westerbork, antichambre de la déportation vers Auschwitz. Il nous faut affronter maintenant avec elle, à travers son témoignage, cette ultime épreuve qui fut la sienne et celle de la presque totalité de la population juive des Pays-Bas.

CHAPITRE VII

« De tous côtés se montrent les signes avant-coureurs de notre anéantissement »

Il est sans doute difficile à ceux qui n'ont pas connu la guerre et l'occupation d'imaginer les conditions dans lesquelles ont alors vécu des dizaines de millions d'Européens, mais surtout les millions de nos concitoyens juifs, voués par la mégalomanie perverse de quelques idéologues antisémites à ce que ceux-ci appelaient cyniquement la « solution finale ».

Dès la divulgation des premiers extraits de son *Journal*, Etty Hillesum est apparue comme un des témoins les plus lucides et les plus profondément humains de cette période tragique, ainsi qu'elle en eut elle-même le pressentiment : « Il faudra bien que quelqu'un survive pour témoigner que Dieu était vivant même dans un temps comme le nôtre. Et pourquoi ne serais-je pas ce témoin ? » Ce témoignage qu'elle confie régulièrement à de modestes cahiers d'écolier ne nous renseigne pas seulement, d'une manière précise et singulièrement concrète, sur l'atmosphère quotidienne et les épisodes les plus marquants de cette période. Il éclaire aussi d'une lumière décisive l'évolution de sa personnalité au cours des derniers mois de sa vie. Continuons donc à l'accompagner fraternellement, en recueillant ses confidences sur cette ultime étape de son cheminement historique et spirituel.

Comme beaucoup de familles ou de collectivités en ont alors fait l'expérience, la guerre et l'occupation affectaient nécessairement les relations domestiques. Il en était de même au n° 6 de la Gabriel Metsustraat. Notre maisonnée, écrit Etty, est « un petit monde turbulent que la politique, de l'extérieur, menace de dissensions internes ». Et elle s'en explique, en se remettant personnellement en question, selon sa loyauté coutumière :

> « Je me fais une mission de préserver l'union de cette petite communauté pour faire mentir toutes les théories racistes, nationalistes, etc. Pour prouver que la vie ne se laisse pas enfermer dans un schéma préétabli. Pourtant cela ne va pas sans conflits intérieurs, sans beaucoup de chagrin, de blessures morales réciproques, d'énervements et de remords. Si la lecture du journal ou une nouvelle apprise au-dehors me remplissent de haine, il m'arrive de lâcher tout à coup des bordées d'injures à l'adresse des Allemands. Et je sais que je le fais exprès, pour blesser Käthe, pour décharger ma haine sur quelqu'un, fût-ce sur cette innocente dont je connais l'amour qu'elle porte à sa patrie. Amour parfaitement naturel et admissible, mais je ne puis supporter qu'elle n'éprouve pas en même temps que moi la même haine – au fond, je cherche à m'accorder dans la haine avec tous mes semblables. Pourtant je sais fort bien qu'elle réprouve autant que moi “l'esprit nouveau”, et qu'elle souffre autant que moi des excès de son peuple. En profondeur, elle a naturellement des liens avec ce peuple, je le comprends, mais, dans ces

> moments-là, je ne le supporte pas. Les Allemands sont à exterminer jusqu'au dernier. J'exhale ma haine : "Quelle sale race !" – et en même temps je meurs de honte, je suis profondément malheureuse, je n'arrive pas à retrouver mon calme, et j'ai le sentiment d'un énorme gâchis. Et c'est vraiment touchant de nous entendre dire à tour de rôle, à Käthe, d'un ton gentil et réconfortant : "Mais oui, bien sûr, il y a encore de bons Allemands. Tous ces soldats n'en peuvent mais. Il y a de braves types parmi eux." Mais ce n'est là qu'une affirmation théorique, destinée à glisser un peu de dégoût sous des paroles aimables. Si nous le pensions – et le sentions – vraiment, nous n'aurions pas besoin de l'exprimer avec cette insistance » (*15 mars 1941, p. 21*).

Aussi se montre-t-elle si heureuse lorsqu'elle découvre que Julius Spier, rencontré à peine huit jours auparavant, justifie cette nécessité de réagir contre ces poussées de violence instinctive. Elle note le même jour :

> « Hier après-midi, nous avons lu ensemble les notes qu'il m'avait prêtées. Et lorsque nous sommes arrivés à ces mots : "Il suffirait d'un seul homme digne de ce nom pour que l'on pût croire en l'homme, en l'humanité", dans un élan spontané je lui ai mis les bras autour du cou. C'est un problème de notre époque. La haine farouche que nous avons des Allemands verse un poison dans nos cœurs. "On devrait les noyer, cette sale race, les détruire jusqu'au dernier" – on entend cela tous les jours dans la conversation, et on a parfois le sentiment de ne plus pouvoir continuer à vivre en cette époque maudite. Jusqu'au jour où m'est venue soudain, il y a quelques semaines, cette pensée libératrice qui a levé comme un jeune brin d'herbe encore hésitant au

milieu d'une jungle de chiendent : n'y aurait-il qu'un seul Allemand respectable, qu'il serait digne d'être défendu contre toute la horde des barbares, et que son existence vous enlèverait le droit de déverser votre haine sur un peuple entier» (*p. 19*).

Etty en est bien consciente : lorsqu'elle proteste contre «cette haine globale, indifférenciée», il ne s'agit en aucune manière d'une résignation à l'inacceptable : «Cela ne signifie pas qu'on baisse pavillon devant certaines idéologies. On prend position. On s'indigne légitimement de certaines choses, on cherche à comprendre» (*p. 19*). Un peu plus d'un an après, elle transcrira dans son *Journal* cet extrait d'un ouvrage du missionnaire méthodiste E. Stanley Jones (1884-1973)[1] : «Avant tout nous devons affirmer qu'il existe une forme de colère qui revêt une signification d'ordre biologique. La colère est souvent une manière de protester contre le mal. L'âme s'insurge alors et résiste au mal avec une profonde indignation. Nietzsche avait sans doute raison lorsqu'il disait: "Votre vertu ne signifie pas grand-chose si elle ne se laisse pas emporter par la colère..." Jésus lui-même pouvait se mettre en colère: "Il regarda avec colère autour de lui, attristé par l'endurcissement de leurs cœurs" (Mc *3*, 5). Mais attention: il s'agissait d'une colère mêlée de tristesse. Il était "attristé". Telle est la différence entre la colère légitime et la colère illégitime. Lorsqu'elle comporte un fond de souffrance morale, et non un souci personnel de vengeance, alors l'indignation est bonne, digne et saine» (*8 juin 1942, p. 417*).

Dès le début de la guerre et de l'occupation, Etty

apprend, coup sur coup, la disparition ou l'emprisonnement d'intellectuels appréciés pour leur compétence et leur intégrité morale. Un soir de mars 1941, elle prend soudain conscience de l'appauvrissement que ces pertes représentent pour les jeunes de sa génération, et rédige cette page émouvante, si caractéristique de son tempérament chaleureux et altruiste

> « Quand on est, comme moi, toute jeune encore, pleine d'une volonté inébranlable de résistance, consciente de pouvoir aider à colmater les brèches qui se sont ouvertes et d'en avoir la force, on se rend à peine compte de l'appauvrissement intellectuel qu'a subi notre génération, et la solitude où elle se trouve. À moins que cette inconscience ne soit qu'une autre forme d'abrutissement. Bonger, mort ; Ter Braak, Du Perron, Marsman, morts ; Pos et Van den Bergh, en camp de concentration, et beaucoup d'autres avec eux[2]. Je ne peux pas oublier Bonger non plus. Quelques heures avant la capitulation [de l'armée néerlandaise]. Tout à coup, la silhouette massive, pesante, bien reconnaissable de Bonger qui longeait le mur de la Patinoire [tout près du domicile d'Etty], et levait sa grosse tête pour mieux voir, à travers ses lunettes bleues, les nuages de fumée qui montaient du port pétrolier et s'accumulaient au-dessus de la ville. Cette image, cette silhouette massive qui tendait le cou vers de lointains nuages de fumée, je ne l'oublierai jamais.
>
> Dans un élan spontané, sans mettre ma veste, je sortis en courant, le rattrapai et lui dit : "Bonjour, professeur Bonger, j'ai beaucoup pensé à vous ces jours derniers, je fais un bout de chemin avec vous." Il me lança un regard de côté à travers ses lunettes bleues, incapable de se rappeler qui j'étais en dépit des deux examens

qu'il m'avait fait passer, et d'une année de cours suivis avec lui. Mais durant ces jours-là, les gens se sentaient si proches que je continuai à marcher à ses côtés, le cœur plein d'amitié. Je ne me rappelle plus exactement notre conversation. L'épidémie de fuite en Angleterre faisait rage cet après-midi-là [14 mai 1940], et je lui demandai : "Croyez-vous que fuir sert à quelque chose ?" Et lui : "Les jeunes doivent rester." Moi : "Croyez-vous que la démocratie l'emportera ?" Lui : "Certainement, mais il faudra sacrifier quelques générations." Et lui, Bonger le véhément, était désarmé comme un enfant, presque doux. Et j'eus tout à coup l'envie irrépressible de le prendre par l'épaule et de le guider, comme un enfant. Et c'est ainsi, moi l'entourant de mon bras, que nous avons marché le long de la Patinoire. Il paraissait brisé quelque part, ce qui lui donnait une grande bonhomie. Sa passion, son agressivité étaient éteintes. Mon cœur se serre quand je repense à ce qu'il était ce jour-là, lui, la terreur des étudiants. Arrivée à la place Jan Willem Brouwer, je pris congé de lui. Je me plantai devant lui, pris une de ses mains dans les miennes. Il pencha sa grosse tête d'un air très doux, me regarda à travers ses verres bleus et me dit d'un ton cérémonieux assez comique : "Au plaisir de vous revoir !" »

Le lendemain soir, lorsque Etty arrive chez le professeur Becker, dont elle suivait les cours de russe, on lui annonce que Bonger s'est tiré une balle dans la tête la veille à huit heures du soir, une heure après qu'elle l'eut quitté. Il ne s'agissait pas, note Etty, d'un cas isolé. Mais elle ne se résigne pas pour autant au pire :

« C'est tout un monde qu'on démolit. Mais le monde continuera, et moi avec lui jusqu'à nouvel ordre, pleine de courage et de bonne volonté. Ces disparitions nous laissent comme dépouillés, mais je me sens si riche intérieurement que ce dénuement n'a pas encore fait tout son chemin jusqu'à ma conscience. Pourtant, il faut garder le contact avec le monde réel, le monde actuel, tâcher d'y définir sa place. On n'a pas le droit de vivre avec les seules valeurs éternelles. Cela pourrait dégénérer en politique de l'autruche. Vivre totalement au-dehors comme au-dedans, ne rien sacrifier de la réalité extérieure à la vie intérieure, non plus que l'inverse : voilà une tâche exaltante » (*25 mars 1941, p. 56*).

Programme exigeant. Bien davantage, sans doute, qu'Etty ne l'imaginait lorsqu'elle traçait ces lignes au ton martial. Mais, en se précipitant, les événements n'allaient pas tarder à l'introduire peu à peu à l'humble et fraternelle vérité de son destin. C'est ce mot qui surgira sous sa plume lorsqu'elle écrira plus tard, face à l'inéluctable :

« Un jour pesant, bien pesant à assumer !... Nous sommes en présence d'un destin collectif [*Massenschicksal*], et l'on doit apprendre à le porter avec soi, en se débarrassant de toutes ses puérilités personnelles. Notre sort est devenu un destin de masse, et il faut le savoir. Jour pesant à vivre ! Et ce que je puis porter de ce destin, je le serre toujours plus solidement sur mon dos comme un balluchon, et je m'habitue à lui, et je le porte avec moi le long des rues » (*10 juillet 1942, p. 511*).

À partir de mai 1941, les signes avant-coureurs de ce « destin » vont se multipliant. Il s'agit essentiellement de mesures vexatoires destinées à isoler les

Juifs. Sur l'ordre de l'autorité occupante, le « Conseil juif », créé par les nazis pour donner à la communauté israélite l'impression de jouir d'une sorte de reconnaissance officielle, avait accepté de tenir un fichier recensant tous les Juifs des Pays-Bas. Le 24 octobre, une ordonnance de Seyss-Inquart, ce nazi autrichien placé par les Allemands à la tête de l'administration du pays, interdit aux Juifs de faire partie de sociétés non commerciales ou d'associations culturelles comportant des membres non juifs. Une autre ordonnance, promulguée le même jour, défend aux non-Juifs d'exercer un emploi dans les maisons dont le chef de ménage est ou a été un Juif, fût-ce temporairement. En y faisant écho le soir même dans son journal, Etty accuse le coup : « Je me suis octroyé une demi-heure de dépression et d'angoisse. » Elle réagit, cependant, en poursuivant la rédaction du rapport de l'analyse, en cours chez Spier, de son jeune frère Mischa, pianiste prodige mais psychologiquement fragile :

> « Autrefois, je me serais consolée en laissant tomber mon travail pour lire un roman. Mais je veux terminer maintenant l'analyse de Mischa. Son excellente réaction au téléphone est trop encourageante pour que l'on renonce. Gardons-nous de trop d'optimisme, mais il mérite d'être aidé. Tant que reste ouvert l'accès à sa personnalité, fût-ce le plus étroit, il faut en profiter. Cela pourra peut-être lui servir un peu dans la vie » (*24 octobre 1941, p. 145*).

Elle évoque aussi, ce même jour, un dialogue – qui reste difficile – avec son autre frère Jaap (Jacob), mais qu'elle tient à poursuivre en ces temps d'épreuve : « Après une conversation avec Jaap : nous nous lançons de temps à autre des fragments de vérité sur nous-mêmes, mais je ne crois pas que nous nous comprenions. » Elle le revoit cinq jours plus tard, en compagnie de leur mère. C'est l'occasion pour elle de s'interroger sur leur relation, avec cette humble lucidité dont son journal offre tant d'exemples :

> « Ce midi, Jaap et maman se trouvent tout à coup ensemble dans ma froide petite pièce de séjour. Jaap me fait l'impression d'une mortelle hostilité à mon égard, avec cette crispation glaciale et insécure à la fois, cette arrogance derrière laquelle se cache un profond désarroi. J'ai terriblement pitié de lui, mais il me repousse. Ceci s'explique peut-être – c'est en tout cas mon sentiment – par le fait qu'il a pour moi un certain mépris. Il m'a écrit un jour, alors qu'il relevait d'une période de maladie (en hôpital psychiatrique) : "*Cogito, ergo sum. Credis, ergo non es*[3]." Et je pense aujourd'hui encore que cela explique cette opposition entre nous, qu'il est sans doute impossible de surmonter. Mais je n'en dois pas moins l'accueillir chaque fois qu'il vient, tout simplement parce qu'il est mon frère (bien que je ne trouve guère que cette raison ait un sens). S'il y a chez lui quelque chose d'hostile à mon égard, c'est sans doute inconscient. Il n'en connaît probablement pas la vraie raison. C'est peut-être parce que je ne suis pas assez sincère avec lui. J'y suis en tout cas pour quelque chose. Si je suis si sensible à ses critiques et à son scepticisme, cela ne prouve qu'une chose : c'est qu'il y a encore en moi des plages d'insécurité. Si ce n'était pas le cas, je ne me sentirais pas affectée par son attitude critique et hautaine » (*30 octobre 1941, p. 149-150*).

On le voit : les élans mystiques et les vastes perspectives historiques et culturelles dont Etty fait état dans son journal ne la détournent nullement des relations de proximité, ni des exigences qui leur sont propres. On pense au verset de la 1re Épître de saint Jean (1 Jn *4*, 20) : « Celui qui n'aime pas son frère, qu'il voit, ne peut pas aimer Dieu qu'il ne voit pas. »

Il reste que tout cela est bien lourd à porter ! Le jour même, Etty avoue, une fois de plus, que son courage fléchit : « Angoisse devant la vie à tout point de vue. Dépression totale. Manque de confiance en moi. Dégoût. Angoisse » (*p. 148*). Puis, en un sursaut d'indignation, elle se prend elle-même à partie avec une vigueur passionnée :

> « C'est tout simplement lâche et dégoûtant, et cela rappelle ce qu'il y a de pire dans ton passé : tu te réfugies à nouveau dans des livres et des recueils de poésie ; tu ressasses une fois de plus l'émouvant récit de tes états d'âme : que personne ne te comprend, que tu voudrais bien écrire des poèmes, mais que tu souffres parce que tu en es incapable. Tu te recroquevilles sur le divan, et tu laisses Käthe, qui se sent très mal ces derniers temps, courir les rues sous la pluie pour faire les courses. Tu entretiens à nouveau de sublimes pensées de suicide, ce qui serait pure lâcheté et solution de facilité. Bref, tu es lamentablement à côté de la plaque ! Et tu t'excuses encore toi-même en disant : "Je me sens si bouleversée ! Je n'y arrive plus !" Et tu as séché ce matin ton cours de russe. J'ai honte de toi ! » (*p. 149*).

En ces moments de lassitude du corps et de l'âme, Etty apprend le prix de l'amitié vraie. Alors qu'elle avait éprouvé un sentiment d'agacement vis-à-vis de sa fidèle Henny (Henriette) Tideman – ce qui arrive entre amis ou entre époux –, elle se souvient avec gratitude d'un geste affectueux de sa part :

> « Il y a quelques jours, je me disais : "De l'esprit, j'en ai, je n'ai pas tellement besoin d'en chercher auprès des autres. Mais ce que je cherche chez eux, c'est un peu d'âme et de véritable affection humaine." J'ai alors pensé à ce geste de Tideman, lors du dernier concert de Mischa [son frère] : elle a posé sa main sur la mienne, puis elle a écrit sur le programme : "Je prie pour toi." Depuis, lorsque mon courage m'abandonne, je ressens le besoin de courir chez elle et de lui dire : "Oui, s'il te plaît, prie pour moi, j'en ai tellement besoin !" » (*28 octobre 1941, p. 146*).

Qui d'entre nous ne se sentirait proche de cette nature ardente, en qui se révèle à la fois ce qu'il y a de plus exigeant, de plus fraternel et de plus vulnérable en nous ?

Entre-temps, la menace qui pèse sur la communauté juive d'Amsterdam ne cesse de s'appesantir. Le 12 juin 1942, Etty évoque dans son journal de nouvelles mesures antijuives : interdiction d'acheter des fruits, certains légumes frais, du poisson, sauf dans les magasins réservés aux Juifs (d'ailleurs peu approvisionnés en légumes frais), de prendre le tramway, d'entrer dans une maison non juive, et – suprême vexation dans une ville hollandaise – de circuler à bicyclette[4] ! Etty cite à ce sujet quelques lignes d'une lettre de son père, « marquées, dit-elle, de son humour inimitable » :

« Aujourd'hui, nous sommes entrés dans l'ère sans bicyclette. J'ai été remettre moi-même celle de Mischa. Le journal m'apprend qu'à Amsterdam, les Yehudim ont encore le droit de se déplacer sur deux roues. Quel privilège ! En tout cas, nous n'avons plus à redouter qu'on nous vole nos vélos. Voilà qui soulagera nos nerfs. Autrefois, dans le désert, nous nous sommes très bien débrouillés sans vélo, et pendant quarante ans ! » (*25 juin 1942, p. 469*).

Ces mesures mesquines et vexatoires rapprochent effectivement Etty de ses parents, alors même qu'il lui est interdit de leur rendre visite :

« Je sais tout ce à quoi nous pouvons encore nous attendre. Je suis désormais séparée de mes parents sans pouvoir les rejoindre, alors qu'ils n'habitent qu'à deux heures de train d'ici[5]. Je sais qu'ils habitent une maison confortable, ne souffrent pas de la faim et sont entourés de beaucoup de gens de bonne volonté. Et eux aussi savent où je suis. Mais le temps viendra peut-être où je ne saurai plus où ils sont, où ils auront été déportés, où ils mourront de détresse. Je sais que ce temps peut venir. Aux dernières nouvelles, tous les Juifs de Hollande vont être déportés en Pologne, en transitant par la Drenthe[6]. La radio anglaise a révélé que, depuis avril de l'année dernière, sept cent mille Juifs ont été tués en Allemagne et dans les territoires occupés. Et si nous survivons, ce seront autant de blessures que nous devrons porter en nous pour le restant de nos jours. »

Ces constatations accablantes ne l'empêchent pas d'ajouter, en se tournant vers la Source mystérieuse du sens de l'histoire : « Malgré tout, je trouve que la vie n'est pas dépourvue de sens, mon Dieu, je n'y peux rien ! Dieu n'a pas à nous rendre des comptes pour les non-sens qui nous sont imputables. C'est à nous de rendre des comptes ! J'ai déjà subi mille morts dans mille camps de concentration. Tout m'est connu. Aucune information nouvelle ne m'angoisse plus. D'une façon ou d'une autre, je sais déjà tout. Et pourtant, je trouve cette vie belle et riche de sens. À chaque instant » (*29 juin 1942, p. 480-481*).

Elle ne prend pas davantage son parti des humiliations quotidiennes ainsi infligées à toute une population. Une nuit, elle se relève vers une heure pour s'en expliquer en ces termes à son journal :

> « Pour humilier, il faut être deux. Celui qui humilie, et celui qu'on veut humilier, mais surtout : celui qui veut bien se laisser humilier. Si ce dernier fait défaut, en d'autres termes, si la partie passive est immunisée contre toute forme d'humiliation, les humiliations infligées s'évanouissent en fumée. Ce qui reste, ce sont des mesures vexatoires qui bouleversent la vie quotidienne, mais non cette humiliation ou cette oppression qui accable l'âme. Il faut éduquer les Juifs en ce sens. Ce matin, en longeant à bicyclette le Stadionkade, je m'enchantais du vaste horizon que l'on découvre aux lisières de la ville, et je respirais l'air frais qu'on ne nous a pas encore rationné. Partout des pancartes interdisaient aux Juifs les petits chemins menant dans la nature[7]. Mais au-dessus de ce bout de route qui nous reste ouvert, le ciel s'étale tout entier. On ne peut rien nous faire, vraiment rien. On peut nous rendre la vie assez dure, nous dépouiller de certains biens matériels, nous enlever une certaine liberté de mouvement tout extérieure, mais c'est nous-mêmes qui nous dépouillons de nos

meilleures forces par une attitude psychologique désastreuse. En nous sentant persécutés, humiliés, opprimés. En éprouvant de la haine. En crânant pour cacher notre peur. On a bien le droit d'être triste et abattu de temps en temps par ce qu'on nous fait subir. C'est humain et compréhensible. Et pourtant, la vraie spoliation, c'est nous-mêmes qui nous l'infligeons. Je trouve la vie belle et je me sens libre. En moi des cieux se déploient, aussi vastes que le firmament. Je crois en Dieu et je crois en l'homme, j'ose le dire sans fausse honte. La vie est difficile, mais ce n'est pas grave. Il faut commencer par prendre au sérieux ce qui en nous mérite d'être pris au sérieux, le reste vient de soi-même.

Si la paix s'installe un jour, elle ne pourra être authentique que si chaque individu fait d'abord la paix en soi-même, extirpe tout sentiment de haine pour quelque race ou quelque peuple que ce soit, ou bien domine cette haine et la change en autre chose : peut-être même à la longue en amour – ou est-ce trop demander ? C'est pourtant la seule solution. Je pourrais continuer ainsi des pages entières. Mais je puis m'arrêter ici. Ce petit morceau d'éternité qu'on porte en soi, on peut l'évoquer en un mot aussi bien qu'en dix gros traités. Je suis une femme heureuse, et je chante les louanges de cette vie – mais oui ! –, en l'année du Seigneur – encore et toujours du Seigneur – 1942, la quantième année de la guerre ? » (*20 juin 1942, p. 457-458*).

Serait-il excessif de considérer une telle page comme un des plus beaux textes inspirés par l'histoire de la résistance humaine à toute forme de mépris ?

Cette capacité de situer ainsi l'épreuve la plus radicale dans son contexte existentiel, à la fois philosophique et religieux, n'empêche pas Etty d'être profondément affectée par les souffrances qui l'entourent, sans pour autant s'en laisser accabler, ni bouder la satisfaction d'une visite inattendue, qui brave d'ailleurs un interdit de l'occupant :

> « Pour l'instant, je suis brisée. Ce matin à sept heures, enfer d'inquiétude et d'angoisse à la pensée de toutes ces nouvelles interdictions. Mais c'est bien, cela me fait ressentir un peu de la peur des autres, car cette peur m'est devenue de plus en plus étrangère. À huit heures, j'étais redevenue le calme même. Et j'étais presque fière de réussir à donner une heure et demie de leçon de conversation russe malgré mon délabrement physique. Autrefois, je me serais autorisée de mon état pour décommander la leçon. Et ce soir, c'est encore un autre jour qui commence. Nous aurons la visite d'une jeune fille à problèmes, une catholique. Qu'un Juif aide un non-Juif a résoudre ses problèmes, de nos jours, cela vous donne un singulier sentiment de force » (*1er juillet 1942, p. 483*).

C'est évidemment lorsqu'elles atteignent des êtres chers qu'Etty se sent le plus meurtrie par les mesures discriminatoires prises à l'encontre des Juifs :

> « Aujourd'hui, j'ai ressenti pour la première fois un immense découragement, et je dois lui régler son compte… Pourquoi ce découragement m'atteint-il seulement maintenant ? Parce que j'ai des ampoules aux pieds d'avoir marché en ville par cette chaleur ; parce que tant de gens ont les pieds meurtris depuis qu'ils n'ont plus le droit de prendre le tram ; à cause du petit visage blême de Renate (la fille de Liesl et de Werner Levie), obligée d'aller en classe à pied, à une heure de marche à chaque trajet. Parce que Liesl fait des heures de queue pour s'entendre refuser des légumes verts.

Pour infiniment de choses qui, prises séparément, sont des détails, mais constituent autant d'opérations de la grande guerre d'extermination qu'on nous a déclarée. Pour l'instant, tout le reste paraît encore grotesque et inimaginable : S. qui ne peut plus entrer dans cette maison pour rendre visite à son piano, à ses livres. Et moi qui ne peux plus aller chez Tide [son amie chrétienne], etc. » (*3 juillet 1942, p. 486*).

Et elle s'émeut du soudain désarroi de Spier : « Sa bouche tremblait quand il a dit : "Alors Adri et Dicky n'auront même plus le droit de m'apporter mes repas[8] !" » (*10 juillet, p. 511*). Elle cite également avec émotion la lettre pathétique qu'il lui adresse « par estafette aryenne » le jour où il constate que son téléphone, comme celui des autres abonnés juifs, a été coupé (à partir du 30 juin 1942) : « Au lieu de la tonalité familière, un sombre silence ! Cela est bien triste, triste à en mourir ! C'est comme si je partageais et portais désormais la souffrance, la douleur, l'angoisse de ces milliers de gens ! J'aurais si volontiers entendu une fois encore ta voix douce et sonore qui m'est si familière ! » (*14 juillet 1942, p. 518*).

Etty lui répond le jour même, par ce même courrier « aryen », assuré par une de leurs amies communes, et qui, dit-elle, « fonctionne parfaitement malgré les razzias ». Fait sans précédent dans son journal : elle s'adresse à lui avec un accent maternel, en faisant allusion à sa grossesse interrompue de l'année précédente :

« Je lui écris entre autres [en allemand] : "Mon écouteur est désert et vide de ta voix tendre et vibrante ce

> matin… Je te porte désormais en moi comme mon bébé qui n'est pas né [*mein ungeborenes Baby*]. Je te porte non pas dans mon ventre, mais dans mon cœur, ce qui est d'ailleurs une place plus convenable." »

Vers midi, Spier parvient à l'atteindre à partir d'une cabine téléphonique et lui dit notamment : « Nous devons beaucoup prier ce soir. » Quelques heures plus tard, Etty lui fait parvenir ce billet par leur amie Gera Bongers : « C'est à chaque minute que nous devons prier, pas seulement ce soir. C'est comme si quelque chose en moi s'était accordé à une prière continuelle. "Cela prie en moi", même lorsque je ris ou que je plaisante[9]. » Et elle ajoute : « Il y a en moi une si grande confiance ! » (*p. 518*).

Le même jour, elle réconforte ses parents en ces termes :

> « En vitesse un salut de Jaap et de moi, et la nouvelle que nous avons survécu le jour d'aujourd'hui, ce que vous pouvez appeler une veine ! Je vous le dis pour la énième fois : ne vous faites jamais de souci à mon sujet, quelle que soit la situation où je me trouve. Il y a maintenant en moi une sorte de confiance naturelle et illimitée en Dieu, qui me donne le sentiment de pouvoir faire face à n'importe quelle situation » (*p. 519*).

Elle avoue néanmoins avoir « le cœur brisé » lorsque son jeune frère Mischa (vingt-deux ans) lui raconte une rafle dont il a été témoin dans une rue d'Amsterdam : « On n'en revient pas, lui dit-il, qu'une telle espèce de gens puisse exister. C'était des garçons de mon âge, et j'ai eu un choc en voyant leurs figures si jeunes ! Rien ne les arrête. Il n'aurait servi à rien de leur dire que ma mère était en train de mourir. Un Juif n'est pas un homme pour eux » (*19 juin 1942, p. 455*).

Etty se garde pourtant de s'enfermer dans une compassion trop limitée à l'entourage immédiat :

> « Les rues où l'on passe à bicyclette ne semblent plus tout à fait les mêmes. Des ciels bas et menaçants pèsent sur elles et paraissent toujours présager des orages, même par un soleil éclatant. On vit désormais côte à côte avec le destin, on découvre des gestes pour l'approcher quotidiennement, et tout cela diffère totalement de ce qu'on a pu lire dans les livres. Quant à moi, je sais qu'on doit se défaire même de l'inquiétude qu'on éprouve pour les êtres aimés. Je veux dire ceci : toute la force, tout l'amour, toute la confiance en Dieu que l'on possède (et qui croissent si étonnamment en moi ces derniers temps), on doit les tenir en réserve pour tous ceux que l'on croise sur son chemin et qui en ont besoin » (*7 juillet 1942, p. 504*).

Cette force, cette confiance en Dieu, Etty s'y ressource en resituant cette époque tragique dans ce qu'elle appelle une « totalité indivisible » :

> « Bon ! on veut notre extermination complète : cette certitude nouvelle, je l'accepte. Je le sais, maintenant. Je n'imposerai pas aux autres mes angoisses, et je me garderai de toute rancœur s'ils ne comprennent pas ce qui nous arrive à nous, les Juifs. Mais une certitude acquise ne doit pas être rongée ou affaiblie par une autre. Je travaille et je vis avec la même conviction et

je trouve la vie pleine de sens, oui, pleine de sens malgré tout, même si j'ose à peine le dire en société.

La vie et la mort, la souffrance et la joie, les ampoules des pieds meurtris, le jasmin derrière la maison, les persécutions, les atrocités sans nombre, tout, tout est en moi et forme un ensemble puissant. Je l'accepte comme une totalité indivisible, et je commence à comprendre de mieux en mieux – pour mon propre usage, sans pouvoir l'expliquer à d'autres – la logique de cette totalité. Je voudrais vivre longtemps pour être un jour en mesure de l'expliquer. Mais si cela ne m'est pas donné, eh bien, un autre le fera à ma place. Un autre reprendra le fil de ma vie là où il se sera rompu. Et c'est pourquoi je dois vivre cette vie jusqu'à mon dernier souffle avec toute la conscience et la conviction possibles, de sorte que mon successeur n'ait pas à recommencer à zéro et rencontre moins de difficultés. N'est-ce pas une façon de travailler pour la postérité ? » (*3 juillet 1942, p. 487*).

Et en ouvrant un nouveau cahier, le dixième de son journal, elle écrit le même jour :

« Ah ! nous avons tout cela en nous : Dieu, le ciel, l'enfer, la terre, la vie, la mort et les siècles, tant de siècles ! Les circonstances extérieures forment un décor et une action changeants. Mais nous portons tout en nous, et les circonstances ne jouent jamais un rôle déterminant. Il y aura toujours des situations bonnes ou mauvaises à accepter comme un fait accompli – ce qui n'empêche personne de consacrer sa vie à améliorer les mauvaises. Mais il faut connaître les motifs de la lutte qu'on mène, et commencer par se réformer soi-même, et recommencer chaque jour » (*p. 488*).

Etty se montre de plus en plus soucieuse de donner sens à l'expérience immédiate, celle, en particulier, de l'angoisse et des frustrations, en la situant, avec réalisme et sans recourir à aucun imaginaire tranquillisant, dans la totalité de l'histoire et de la vocation de l'homme :

> « Mon corps est le réceptacle de multiples douleurs. Emmagasinées dans tous les recoins, elles viennent affleurer chacune à leur tour. Mais là aussi, j'en ai pris mon parti. Et je m'étonne moi-même de ma capacité de travail et de concentration contre vents et marées. Mais si les choses se gâtent vraiment pour nous, l'énergie spirituelle ne suffira pas, je ne dois pas le perdre de vue. Il a suffit de cette petite promenade à pied jusqu'au bureau des Contributions [10] pour me l'apprendre. Au début, nous marchions comme de joyeux touristes visitant une ville ensoleillée. Tout en marchant, il avait pris ma main, et elles se trouvaient bien ensemble, nos deux mains. Puis j'ai commencé à ressentir une immense fatigue. C'était tout de même une sensation étrange de ne pouvoir monter dans aucun des tramways de cette ville aux longues rues, ni s'asseoir à aucune terrasse (beaucoup de terrasses me rappellent des souvenirs, et je lui en fais part : "Tiens, c'est là que je suis venue il y a deux ans avec une bande d'amis après mon examen de droit"). J'ai pensé alors, ou plutôt, je n'ai pas pensé, c'est une intuition qui a surgi : à travers les siècles, les hommes se sont éreintés, se sont meurtri les pieds à parcourir la terre du Bon Dieu, dans le froid ou la chaleur, et cela aussi, c'est la vie.
>
> C'est une expérience de plus en plus forte chez moi ces derniers temps : dans mes actions et mes sensations quotidiennes les plus infimes se glisse un soupçon d'éternité. Je ne suis pas seule à être fatiguée, malade,

triste ou angoissée. Je le suis à l'unisson de millions d'autres à travers les siècles. Tout cela, c'est la vie. La vie est belle et pleine de sens dans son absurdité, pour peu que l'on sache y ménager une place pour tout et la porter tout entière dans son unité. Alors la vie, d'une manière ou d'une autre, forme un ensemble parfait. Dès qu'on refuse ou veut éliminer certains éléments, dès que l'on suit son bon plaisir et son caprice pour admettre tel aspect de la vie et en rejeter tel autre, alors la vie devient en effet absurde. Dès lors que l'ensemble est perdu, tout devient arbitraire» (*4 juillet 1942, p. 491*).

Elle n'avait toutefois pas osé avouer à Spier, par crainte de l'inquiéter, cette «immense fatigue» qu'elle avait ressentie au cours de cette longue marche à pied. Elle se résout finalement à lui en parler, par souci de vérité et de réalisme quant à l'avenir: «Maintenant je dis, tout simplement et tout naturellement: voilà, mes forces vont jusque-là et pas plus loin, je n'y puis rien, il faut me prendre comme je suis. Pour moi, c'est un pas de plus vers une maturité, une indépendance qui me paraissent désormais se rapprocher de jour en jour.» Et d'ajouter, en allemand (peut-être en faisant écho à une réflexion de Spier), et en soulignant elle-même cette phrase lourde d'un sens à la fois tragique et paisible: «Je sais que dans un camp de travail je mourrai en trois jours, je me coucherai pour mourir, et pourtant je ne trouverai pas la vie injuste» (*4 juillet 1942, p. 493*).

Ce même souci de vérité la rend attentive à toute manifestation d'humanité qu'elle peut découvrir chez tel militaire de l'armée d'occupation. Le soir du 3 juillet, elle termine la journée en évoquant une rencontre que lui a racontée son amie Liesl (Élise) Levie :

> « Je ne saurais oublier ce brave soldat allemand qui attendait au kiosque avec son sac de carottes et de choux-fleurs. Il avait commencé par glisser un billet dans la main de la jeune femme, dans le tramway. Puis il y eut cette lettre qu'il faut absolument que je lise un jour. Il lui disait qu'elle lui rappelait la fille d'un rabbin qu'il avait soignée et veillée à son lit de mort. Et ce soir, il est venu lui rendre visite.
>
> Quand Liesl m'a raconté cette histoire, je me suis dit tout de suite : "Ce soir il faudra prier aussi pour ce soldat allemand." L'un des innombrables uniformes qui nous entourent a pris soudain un visage. Il est probable qu'il est parmi eux d'autres visages où nous pourrions lire un langage compréhensible pour nous. Il souffre lui aussi. Il n'y a pas de frontières entre ceux qui souffrent. On souffre des deux côtés de toutes les frontières, et il faut prier pour tous » (*3 juillet 1942, p. 489-490*).

Un des aspects les plus pénibles de l'occupation, dont notre génération a fait l'amère expérience, était de constater la connivence de certains de nos concitoyens avec la politique de l'ennemi. Cette épreuve ne fut pas épargnée à Etty, qui en fait un récit particulièrement évocateur :

> « Il faut assumer tout ce qui vous assaille à l'improviste, même si un quidam, revêtant traîtreusement la forme d'un de vos frères humains, fond droit sur vous au sortir d'une pharmacie où vous avez acheté un tube de dentifrice, vous tapote d'un index accusateur et vous demande d'un air d'inquisition : "Vous avez le droit

> d'acheter dans ce magasin?" Et moi de répondre, un peu timidement mais avec fermeté et avec mon amabilité habituelle : "Oui, Monsieur, puisque c'est une pharmacie. – Ah ! bon !" fit-il, sec et méfiant, avant de passer son chemin. Je ne suis pas douée pour les répliques cinglantes. Je n'en suis capable que dans une discussion intellectuelle d'égal à égal. Devant la racaille des rues, pour appeler ces gens par leur nom, je suis totalement désarmée, livrée pieds et poings liés. Je suis confondue, attristée et étonnée que des êtres humains puissent se traiter ainsi. Mais répliquer sèchement, clouer le bec à l'adversaire (même dans les limites de la bonne éducation) ne me viendra pas à l'esprit. Cet homme n'avait certainement aucun droit à me soumettre à cet interrogatoire. Encore un de ces idéalistes prêts à aider l'occupant à purger la société de ses éléments juifs ! À chacun ses plaisirs dans la vie. Mais le choc de ces petites rencontres avec le monde extérieur est un peu dur à encaisser. »

La conclusion de ce récit est aussi inattendue que révélatrice de la maturité spirituelle de son auteur : « Intérieurement, je n'ai pas le moindre intérêt à tenir tête crânement à tel ou tel persécuteur, et je ne m'y forcerai donc jamais. Ils ont bien le droit de voir ma tristesse et ma vulnérabilité de victime désarmée. Je n'ai nul besoin de faire bonne figure aux yeux du monde extérieur. J'ai ma force intérieure et cela suffit. Le reste est sans importance » (*4 juillet 1942, p. 493-494*).

Un autre épisode pénible, du même ordre, fut la convocation, en compagnie de Spier, dans les locaux de la Gestapo d'Amsterdam :

« Nous étions là de bonne heure, tout un groupe réuni dans la même pièce, les interrogateurs retranchés derrière leurs bureaux, et les interrogés. Ce qui distinguait toutes ces vies entre elles, c'était l'attitude intérieure de chacun. L'œil était immédiatement attiré par un jeune homme qui faisait les cent pas, l'air mécontent (et ne cherchant nullement à dissimuler ce mécontentement), traqué et tourmenté. Tous les prétextes lui étaient bons pour abrutir de cris (en allemand) ces malheureux Juifs : "Pas de mains dans les poches !", etc. Il me paraissait plus à plaindre que ceux qu'il apostrophait ainsi, et ces derniers ne l'étaient d'ailleurs que dans la mesure où ils avaient peur. Quand ce fut mon tour de passer à son bureau, il me lança en rugissant : "Qu'est-ce que vous pouvez bien trouver de risible ici ?" J'avais envie de lui répondre : "À part vous, rien !", mais des considérations diplomatiques me firent juger préférable de ravaler cette réplique. "Vous n'arrêtez pas de rire !" rugit-il encore. Et moi, de mon air le plus innocent : "Je ne m'en rends pas compte. C'est mon expression habituelle." Et lui : "Ne faites pas l'idiote et sortez immédiatement !", le tout assorti d'une mimique qui signifiait : "On se retrouvera !" C'était probablement le moment psychologique où j'aurais dû mourir de frayeur, mais j'ai tout de suite percé à jour son truc.

En fait, je n'ai pas peur. Pourtant, je ne suis pas brave, mais j'ai le sentiment d'avoir toujours affaire à des hommes, et la volonté de comprendre, autant que je le pourrai, le comportement de tout un chacun. C'était cela qui donnait à cette matinée sa valeur historique : non pas de subir les rugissements d'un misérable gestapiste, mais bien d'avoir pitié de lui au lieu de s'indigner, et d'avoir envie de lui demander : "As-tu donc eu une enfance aussi malheureuse, ou bien est-ce que ta fiancée est partie avec un autre ?" Il avait l'air tourmenté et traqué, mais aussi, je dois le dire, très désagréable et très mou. J'aurais voulu commencer tout de suite un traitement psychologique, sachant parfaitement que ces garçons sont à plaindre tant qu'ils ne peuvent faire du mal, mais terriblement dangereux quand on les lâche comme des fauves sur l'humanité. Ce qui est criminel, c'est le système qui utilise des types comme ça. Et si l'on parle d'exterminer, mieux vaudrait exterminer le mal en l'homme, et non l'homme lui-même. »

On ne peut qu'admirer la qualité d'observation dont témoigne ce récit, qui désigne chez son jeune auteur l'étoffe d'un romancier. Mais la pertinence anthropologique de sa conclusion n'est pas moins remarquable :

« Autre leçon de cette matinée : la sensation très nette qu'en dépit de toutes les souffrances infligées et de toutes les injustices commises, je ne parviens pas à haïr les hommes. Et que toutes les horreurs et les atrocités perpétrées ne constituent pas une menace mystérieuse et lointaine, extérieure à nous, mais qu'elles sont toutes proches de nous et émanent de nous-mêmes, êtres humains. Elles me sont ainsi plus familières et moins effrayantes » (*27 février 1942, p. 269*).

La haine : cette réaction si naturelle chez ceux qui sont humiliés et qui souffrent violence, Etty la comprend. Mais elle ne peut s'y résigner, car elle sait que la haine détruit intérieurement ceux qui y consentent, et les rend pareils à leurs oppresseurs. C'est là un thème majeur sur lequel elle revient à de nombreuses reprises dans son journal. Nous avons vu, au début de ce chapitre, avec quelle véhémence elle réagissait, dès le début de l'occupation, contre cette « haine globale, indifférenciée » qui s'exprimait à l'encontre des Allemands dans tant de conversations. Il s'agit, à ses yeux, d'une question de vérité, qui comporte également des implications d'ordre politique [11] :

> « Auparavant, j'estimais que le conflit se situait entre mon instinct héréditaire [*oer-instinct*] de Juive, de fille d'un peuple menacé dans son existence, et les idées socialistes qui m'avaient été inculquées, selon lesquelles il ne faut pas considérer un peuple comme un ensemble homogène, mais comme une majorité d'exploités abusés par une minorité d'exploiteurs. Bref, un instinct héréditaire face à un usage éclairé de la raison. Mais il faut voir plus loin : le socialisme permet à la haine de rentrer par une porte dérobée : la haine de ce qui n'est pas socialiste. »

Or, poursuit-elle, il n'est pas de compromis acceptable entre la vérité et la politique :

> « La vérité politique doit s'intégrer à la grande "Vérité" [12]. Voici ce que je veux dire par cette formule abyssale. Parfois je me trouve entourée de gens qui se répandent en remarques haineuses – d'ailleurs assez compréhensibles – contre les nouveaux maîtres du pays. On raconte ainsi des histoires qui sont de purs mensonges, mais qui excitent les gens et leur fournissent des raisons de haïr davantage… C'est là de la démagogie. Ainsi font les propagandistes du "Troisième Reich", lorsqu'ils fanatisent les foules avec des théories auxquelles ils ne croient pas eux-mêmes. C'est faire preuve d'un immense mépris pour la masse. En résumé, voici ce que je veux dire : la barbarie nazie peut éveiller en nous une autre barbarie, qui pourrait utiliser les

mêmes méthodes si nous pouvions faire aujourd'hui ce que nous voulons. Cette barbarie, nous devons l'extirper de nous-mêmes. Il ne nous est pas permis d'entretenir cette haine en nous, faute de quoi le monde ne fera pas un pas pour sortir du bourbier actuel. »

Il ne s'agit pas, précise-t-elle, de complaisance avec ce qui est inacceptable chez l'adversaire : « On peut très bien être combatif et fidèle à ses principes sans être enfoncé dans la haine » (*14 mars 1941, p. 19-22*). Et elle ajoute, comme pour concrétiser cette conviction qui devait en effet se vérifier un jour pour elle, d'une manière dont les baraquements d'Auschwitz gardent à jamais le secret : « Pour le dire crûment, ce qui va peut-être faire mal à mon stylo : si un SS me piétinait à mort, je jetterais un dernier regard sur son visage, et je me demanderais avec stupéfaction et un sursaut d'humanité : “Mon Dieu, qu'est-ce que tu as pu vivre de terrible, mon garçon, pour faire une chose pareille ?” » (*14 mars 1941, p. 23*).

On imagine qu'il n'était pas facile de s'exprimer de telle façon dans un pays où l'occupation allemande fut particulièrement cruelle. Il arrivait toutefois à Etty de rencontrer des sympathies à l'égard de ses convictions humanistes d'inspiration évangélique. Ainsi, un matin de février, de passage à l'université d'Amsterdam, où elle suit encore un cours de russe, elle rencontre un ancien condisciple, Jan Bool, les mains toutes violacées par l'hiver. Il lui apprend qu'une de leurs connaissances, un jeune homme qui travaillait avant la guerre dans la librairie communiste *Cultura*, vient de mourir sous la torture. « Les brutes, s'écrie-t-il dans le couloir de l'université, noir de monde, ils l'ont démoli ! » Et il lui parle aussi de plusieurs professeurs éminents, détenus dans un camp de prisonniers politiques. « On cherche à les abrutir, à les pénétrer d'un sentiment d'infériorité. » Etty et lui poursuivent la conversation en passant par l'étroite et glaciale Langebrugsteeg (la ruelle du Long Pont), puis à l'arrêt du tramway, et Etty la rapporte l'après-midi dans son journal :

> « "Qu'a donc l'homme à vouloir détruire ainsi ses semblables ? demandait Jan d'un ton amer. – Les hommes, les hommes, n'oublie pas que tu en es un", lui dis-je. Il voulut bien en convenir pour une fois, ce bougon de Jan. Je poursuivis mon sermon : "Et la saloperie des autres est aussi en nous. Et je ne vois pas d'autre solution, vraiment aucune autre solution que de rentrer en soi-même et d'extirper de son âme toute cette pourriture. Je ne crois plus que nous puissions corriger quoi que ce soit dans le monde extérieur, que nous n'ayons d'abord corrigé en nous. L'unique leçon de cette guerre est de nous avoir appris à chercher en nous-mêmes et pas ailleurs." Jan semblait de mon avis, il était ouvert à la discussion, il s'interrogeait comme autrefois. Il dit : "C'est tellement facile ce désir de vengeance. Mais cela ne nous apportera rien." Nous étions là dans le froid à attendre le tramway. Jan avait une rage de dents et les mains violacées. Mais nous ne proclamions pas de théories. Nos professeurs sont internés. Un ami de Jan venait de mourir sous la botte. Les sujets de détresse ne se comptaient pas, mais nous nous disions : "C'est trop facile, ce désir de vengeance." Voilà la lueur d'espoir de cette journée » (*19 février 1942, p. 254*)

Etty fait aussi l'expérience d'autres rencontres qui la réconfortent. À la fin de l'année 1941, elle avait reçu la visite d'un négociant en semences d'Enkhuizen[13] qui, pour des raisons commerciales, souhaitait apprendre le russe, un certain Douwe J. Vis. Elle lui donna durant plus d'un an des cours particuliers, ce qui contribua à les mettre en confiance. À mesure que des restrictions alimentaires frappaient les Juifs, auxquels, notamment, une ordonnance de l'occupant avait interdit de fréquenter certains commerces, Vis se mit à ravitailler discrètement la maisonnée dont Etty faisait partie. Il lui fournissait surtout des pois et des haricots. Il lui déclare même un jour – ce qui, à l'époque, n'était pas sans risque : « Si cela devient dangereux pour vous, en tant que Juive, s'il faut que vous disparaissiez, vous n'avez qu'à venir chez nous » (*p. 296*). L'attitude de ce brave homme la touche au point qu'elle lui dit un jour : « Après la guerre, on va sûrement jaser au sujet du marché noir et de ceux qui s'y sont enrichis. Mais nous pouvons en tout cas témoigner que nous avons connu quelqu'un comme vous, qui tenait à ne pas tirer profit de ce qui était le pain quotidien des gens. C'est bien consolant, vous savez, sans parler de l'aide si importante et si concrète que vous nous apportez » (*17 juin 1942, p. 444*). Un autre jour, la leçon de russe terminée, il laisse deux paquets de biscuits sur le bureau d'Etty : « Vous devez avoir faim ici à Amsterdam, n'est-ce pas ? » (*p. 476*).

Ce Douwe Vis était un calviniste profondément croyant. Il en fournit la preuve dans une lettre qu'il avait adressée à Etty (en réponse à celle qu'il en avait reçue) alors qu'elle se trouvait, depuis le 30 juillet

1942, au camp de Westerbork, en tant qu'employée du Conseil juif[14]. Etty lui avait confié dans sa lettre qu'elle avait emporté une bible avec elle. Son correspondant s'en réjouit, mais il croit devoir ajouter quelques réflexions qui constituent une sorte de petite catéchèse. Cela peut donner une certaine idée de ce qu'Etty, outre l'influence de Spier, pouvait connaître de la foi chrétienne à la fin de sa vie :

> « Je suis heureux que vous ayez emporté la Bible avec vous. Je ne voudrais pas être pédant si je vous demande (en citant les Actes des Apôtres *8*, 30) : "Comprenez-vous ce que vous lisez ?" Car la Bible est autre chose qu'un livre rempli de pensées sublimes qui peuvent réconforter quelqu'un qui souffre. Elle contient la révélation de Dieu, Créateur et Fin de toutes choses, qui, aujourd'hui comme hier, tient en sa main tous les fils de la trame de l'histoire et a remis toute puissance entre les mains du Crucifié. J'espère notamment que vous percevrez clairement l'unité de l'Ancien et du Nouveau Testament [le grand point de désaccord entre le Juif et le Chrétien] – unité qui est si clairement enseignée, par exemple dans l'Évangile de Matthieu, qui se réfère constamment aux prophéties et aux autres livres de l'Ancien Testament. Mais je ne veux pas en dire davantage. Avant tout, étudiez les Écritures, car vous dites dans le même… [sens ? le reste de la phrase fait défaut]. »

Contentons-nous de cette indication, en notant qu'elle n'est jamais contestée dans les écrits d'Etty dont nous disposons.

Nous l'avons constaté, et certains commentateurs n'ont pas manqué de le souligner : jusqu'alors, Etty a bénéficié, par rapport à la plupart de ses compatriotes israélites, d'une existence somme toute assez protégée. Alors qu'elle porte l'étoile jaune, personne ne l'a encore dénoncée pour contrevenir à une ordonnance qui interdit aux Juifs, depuis plusieurs mois, de pénétrer, et, *a fortiori*, de séjourner dans une habitation occupée par des « aryens » (des non-Juifs). Mais certains de ses amis ne laissent pas de s'inquiéter à son sujet. Une réunion en rassemble quelques-uns à la Gabriel Metsustraat, en juillet 1942, pour délibérer sur son cas. Un de ses amis de longue date, un certain Loopuit[15], s'écrie au cours de la discussion : « Je ne tolérerai pas qu'Etty soit envoyée en Allemagne. » Finalement, on la presse d'adresser une demande d'emploi au Conseil juif d'Amsterdam, et certains de ses proches interviennent en sa faveur auprès de celui-ci. En principe, les employés de ce Conseil (évidemment surveillé de près et supervisé par l'occupant) étaient dispensés du « travail obligatoire en Allemagne » – c'est-à-dire qu'ils échappaient, du moins provisoirement, à la déportation. Etty accepte finalement d'adresser à ce Conseil une demande d'emploi, mais non sans scrupules de conscience. Elle s'en ouvre notamment à son frère Jaap : « Il me faudra faire beaucoup de bien autour de moi pour racheter tous ces passe-droits. Il y a quelque chose de pourri dans notre société. Il n'y a pas de justice ! » À quoi son amie Liesl opine avec malice : « La preuve, c'est que tu es, toi précisément, victime du piston ! [néerl. : *proteksion*] » (*16 juillet 1942, p. 524-525*). Et elle écrira quelques jours plus tard dans son journal : « La collaboration apportée par une petite partie des Juifs à la déportation de la grande majorité des autres est évidemment un acte irréparable. L'Histoire aura à en juger[16] » (*28 juillet 1942, p. 541*).

Le 15 juillet, la requête d'Etty est acceptée. Elle obtient un petit emploi au Conseil juif, section « Affaires culturelles ». Ce qui lui vaut l'annulation de sa convocation au camp de Westerbork, qu'elle a reçue entre-temps. La voilà désormais plongée dans la détresse de son peuple. C'est une nouvelle étape qui s'ouvre dans son cheminement spirituel. Elle en est bien consciente : « Il me faudra trouver un langage entièrement nouveau pour parler de tout ce qui émeut mon cœur depuis quelques jours. Je suis bien loin d'en avoir fini avec nous, mon Dieu, et avec ce monde. Je suis prête à vivre très longtemps et à traverser toutes les épreuves qui me seront imposées. Quelles journées, mon Dieu, quelles journées que ces derniers jours ! » (*19 juillet 1942, p. 525*). Elle pressent aussi que le temps approche où elle sera séparée de Julius Spier. Une brève et elliptique notation de son journal semble indiquer que, pour la première fois, elle a passé une partie de la nuit chez lui, étendue à ses côtés. Mais elle se refuse à en dire davantage. Il s'agit bien d'un adieu. Et elle termine la nuit seule, agenouillée à l'étage dans la chambre que lui a prêtée son amie Dicky, en formulant cette prière qu'elle confie le lendemain à son journal : « J'ai tout de même vécu beaucoup de grandes choses aujourd'hui et cette nuit. Mon Dieu, sois remercié de me rendre capable de les assumer » (*p. 526*).

Six mois auparavant, Etty avait eu comme un pressentiment que sa relation avec Julius Spier allait changer de nature. Le 20 février 1942, il reçoit une lettre le convoquant à la Gestapo pour le mercredi 25 à huit heures. Etty, qui vient de l'apprendre, écrit sereinement dans son journal, en date du 22 février : « Je sais que nous sommes à la merci d'un destin énorme et menaçant. » Son amie Tide lui confie que, l'avant-veille, Spier lui avait « honnêtement confessé » qu'il avait peur, ce qu'elle trouve noble et touchant. Le soir, ils se retrouvent à trois pour un repas, qui laissera à Etty un souvenir inoubliable :

> « Tandis qu'il lisait le psaume au début du repas [17], debout sous la lampe, très sobrement, sans aucun pathos, une immense bonté était répandue sur l'aimable paysage de ses traits. Et j'éprouvai pour lui à cet instant un amour qui me fit terriblement mal, car il dépassait tellement tout érotisme, toute sensualité, qu'il en semblait tout à coup inaccessible » (*22 février 1942, p. 261*).

Conformément aux obligations de son nouvel « emploi », Etty se rend chaque jour, au prix d'une longue marche à pied, dans les locaux du Conseil juif où, de dix heures du matin à sept heures du soir, elle dactylographie des dizaines de lettres par jour, avant de rentrer chez elle vers huit heures, les pieds meurtris et sans avoir dîné. Ce qui lui pèse surtout, c'est la nature de son travail et l'atmosphère surréaliste qui règne en cet endroit où les Juifs s'imaginent pouvoir trouver une occasion d'échapper à leur destin collectif. Elle continue néanmoins, malgré sa fatigue, à tenir son journal où, malgré sa lassitude morale et physique, l'élan d'une invincible espérance continue de s'affirmer :

> « Hier après-midi, j'ai réalisé brusquement à quel point notre activité ici est sinistre, affligeante, indigne et sans avenir : "J'ai l'honneur de demander à bénéficier d'une exemption du travail obligatoire en Allemagne, parce que, ici même, je travaille dur pour la Wehrmacht et suis indispensable." C'est affligeant. Et en même temps je maintiens que, faute d'opposer à cette grisaille quelque chose de rayonnant et de fort, qui soit la promesse d'un recommencement dans des lieux entièrement nouveaux, nous sommes perdus, perdus pour de bon et pour toujours » (*27 juillet 1942, p. 534*).

À travers les évocations de ce monde déprimant et dérisoire, l'espérance et la prière jaillissent sous sa plume en gerbes de lumière :

> « Je suis très fatiguée ce matin, dans tout mon corps, et je n'ai guère le courage d'affronter le travail du jour. Je ne crois d'ailleurs pas beaucoup à ce travail. S'il devait se prolonger, je finirais, je crois, totalement amorphe et découragée. Pourtant je te suis reconnaissante (mon Dieu) de m'avoir arrachée à la paix de ce bureau pour me jeter au milieu de la souffrance et des tracas de ce temps. Il n'y aurait rien de bien remarquable dans le fait d'avoir une "idylle" avec toi dans l'atmosphère préservée d'un bureau, mais ce qui compte, c'est de t'emporter, intact et préservé, partout avec moi, et de te rester fidèle envers et contre tout, comme je te l'ai toujours promis » (*22 juillet 1942, p. 527-528*).

Son amour des fleurs les convie à participer à cette espérance :

> «Pendant que j'étais là-bas, en enfer, mes roses rouges et jaunes ont continué à fleurir tout doucement, et elles se sont toutes ouvertes. Beaucoup me disent: "Comment peux-tu encore songer à des fleurs?" Hier soir, après une longue marche sous la pluie, et malgré mes ampoules aux pieds, j'ai fait un dernier petit détour à la recherche d'une charrette de fleuriste, et je suis rentrée chez moi avec un grand bouquet de roses. Et elles sont là. Elles ne sont pas moins réelles que toute la détresse dont je suis témoin en une journée. Il y a place dans ma vie pour beaucoup de choses. Et j'ai tant de place, mon Dieu! En traversant aujourd'hui ces couloirs bondés, j'ai été prise d'une impulsion soudaine : j'avais envie de m'agenouiller sur le carrelage au milieu de tous ces gens. Le seul geste de dignité humaine qui nous reste en cette époque terrible : s'agenouiller devant Dieu» (*23 juillet, p. 529*).

Par instants, au milieu de cette fourmilière frénétique, une parole de «l'accoucheur de son âme» resurgit dans sa mémoire: «Il dit: "C'est une époque qui nous invite à mettre en pratique: Aimez vos ennemis[18]." Et si nous le disons, nous, on voudra bien croire que c'est possible, j'espère?» (*25 juillet, p. 532*).

Ce sentiment «d'inaccessibilité» vis-à-vis de Spier, qu'elle avait douloureusement éprouvé six mois auparavant, a cheminé en elle à la faveur de cette rupture d'avec son univers familier, et s'est peu à peu mué en une lumière qui l'éclaire sur son propre appel intérieur.

> «Toutes sortes de choses commencent à se dessiner nettement en moi. Ceci, par exemple: je n'ai pas envie

d'être sa femme. Constatons-le avec toute l'impartialité et l'objectivité qui s'imposent : la différence d'âge est trop forte… C'est un vieil homme que j'aime, que j'aime infiniment, et à qui je me sentirai toujours liée intérieurement. Mais "le mariage" avec lui, ce que les bons bourgeois appellent le mariage – soyons francs et objectifs pour une fois – je n'en veux pas. C'est précisément l'idée de devoir faire seule mon chemin qui me donne un tel sentiment de force. Une force nourrie d'heure en heure par l'amour que j'éprouve pour lui et pour d'autres. Une infinité de couples se forment au dernier moment, dans la hâte et l'affolement. Je préfère encore être seule, mais être là pour tous » (*28 juillet, p. 541*).

En dépit des avantages relatifs que comportait son travail au Conseil juif d'Amsterdam, qui lui permettait, notamment, de rentrer chaque soir chez elle et de pouvoir fréquenter ses amis durant les week-ends, ou, plutôt, à cause de cette position privilégiée dont elle bénéficiait, contrairement à tant d'autres, Etty ne se sentait pas l'âme en paix. Elle décidera bientôt de quitter ce « travail » pour se mettre plus effectivement au service des victimes de la terreur nazie. Dans l'entre-temps, elle continue à opposer une résistance calme et résolue à certains de ses amis qui, non sans courage et par attachement à son égard, envisageaient de la « kidnapper[19] » et de la convaincre d'entrer dans la clandestinité. L'un d'entre eux, Klaas Smelik, écrivain et journaliste trotskiste, qui avait été quelque temps l'amant d'Etty avant la guerre, s'était proposé plusieurs fois d'enlever Etty de la grande maison de la Metsustraat, avec l'aide de sa fille Johanna, et de la cacher chez eux à Hilversum. À la veille du départ d'Etty pour le camp de Wersterbork, il avait fait une dernière tentative dans ce sens. Il a raconté après la guerre comment s'était déroulée cette entrevue dramatique où Etty lui avait calmement et fermement déclaré son désaccord avec cette proposition[20]. En présence de ce nouveau refus, Smelik la saisit par les épaules et tenta une nouvelle fois de la convaincre du danger qu'elle courait :

> « Elle se dégagea et alla se planter à un mètre et demi de distance. Elle me regarda dans les yeux avec une expression que je ne lui connaissais pas, et me dit : "Tu ne me comprends pas." Je répondit : "Non, je n'y comprends rien, nom de D… ! Reste donc ici, espèce d'abrutie !" Elle dit alors : "Je veux partager le sort de mon peuple." À ces mots, je me rendis compte que tout était perdu. Elle ne viendrait jamais se cacher chez nous. »

Etty devait pourtant jouir, pour un an encore, du statut d'employée du Conseil juif. Lorsque commencèrent, en juillet 1942, les déportations massives, hypocritement qualifiées de « travail obligatoire en Allemagne », ce Conseil avait décidé de détacher une partie de son personnel au camp de Westerbork, pour y assurer un service d'« aide sociale aux populations en transit ». Etty saisit cette occasion et demanda aussitôt son transfert. « C'est donc dans ces conditions qu'elle arriva le 30 juillet à Westerbork, non en déportée mais de sa propre initiative et en qualité de "fonctionnaire"[21]. »

C'est là, comme nous le verrons, c'est dans « cet enfer », comme elle l'écrira bientôt, que ses options les plus profondes trouveront leur forme et leur validité définitives.

CHAPITRE VIII

« L'éventualité de la mort est intégrée à ma vie »

Les quelque cent kilomètres qui séparent Amsterdam de Westerbork ne signifient pas pour Etty un simple déplacement spatial, ni un changement d'activité. Ils symbolisent le franchissement d'un seuil décisif dans ce cheminement qui a commencé le 8 mars 1941, jour où elle a franchi pour la première fois la porte du modeste appartement de Julius Spier, au n° 27 de la Courbetstraat. Non seulement elle se trouve plongée d'emblée dans une détresse humaine dont elle n'avait jamais encore fait l'expérience à ce point, mais ce dépaysement coïncide avec le dépouillement psychologique et spirituel le plus profond – et le plus porteur de sens – que fut pour elle la mort de celui qu'elle appelait « l'accoucheur de mon âme ».

Bâti en force, rayonnant d'une puissante vitalité, Spier, alors âgé de cinquante-quatre ans et demi, s'était inquiété de certaines douleurs au niveau d'un poumon, au point d'aller consulter, en compagnie d'Etty, et sans doute sur son conseil, un pneumologue d'Amsterdam le 31 décembre 1941. Ce praticien, note Etty le soir même, lui avait « quasiment ri au nez», en l'absence de tout symptôme observable (*p. 221*). Six mois plus tard, alors que l'étau se resserre sur la communauté juive, Etty rédige dans son journal une sorte de méditation sur la mort, dont voici les passages les plus significatifs :

> « Il s'est passé énormément de choses en moi ces derniers jours, mais elles ont fini par se cristalliser autour d'une idée. Notre fin, notre fin probablement lamentable, qui se dessine d'ores et déjà dans les petites choses de la vie courante, je l'ai regardée en face et lui ai fait une place dans mon sentiment de la vie, sans qu'il s'en trouve amoindri pour autant. Je ne suis ni amère ni révoltée, j'ai triomphé de mon abattement, et j'ignore la résignation. Je continue à progresser de jour en jour sans plus d'entraves qu'autrefois, même en envisageant la perspective de notre anéantissement… Je dis souvent : "J'ai réglé mes comptes avec la vie." Je veux dire par là : l'éventualité de la mort est intégrée à ma vie. Regarder la mort en face et l'accepter comme partie intégrante de la vie, c'est élargir cette vie. À l'inverse, sacrifier dès maintenant à la mort un morceau de cette vie, par peur de la mort et refus de l'accepter, c'est le meilleur moyen de ne garder qu'un pauvre petit bout de vie mutilée, qui mériterait à peine le nom de vie. Cela peut sembler paradoxal : en excluant la mort de sa vie, on ne vit pas à plein, et en accueillant la mort au cœur de sa vie, on élargit et on enrichit sa vie » (*3 juillet 1942, p. 488-489*).

Il est difficile de ne pas rapprocher ces affirmations paradoxales de celle de Jésus, dans l'Évangile de Matthieu, dont elles constituent une sorte de commentaire implicite (sans doute s'agit-il d'une réminiscence de lecture, puisque, nous l'avons vu, Etty lisait presque chaque jour quelques versets de cet Évangile) : « Celui qui veut sauver sa vie la perdra. Mais celui qui perd sa vie à cause de moi l'assurera » (Mt *10*, 39). Notons toutefois que les mots « à cause de moi » n'ont pas d'équivalent dans ce texte du *Journal.* On pourrait parler ici d'une application anthropologique de cette parole du Christ, qui manifeste son enracinement dans une vérité humaine qu'elle vient confirmer et, selon l'expression utilisée ailleurs par Matthieu (*5*, 17), « accomplir » en la tournant vers le Christ.

Il s'agit là, chez Etty, d'une nouvelle prise de conscience, ainsi qu'elle s'en rend compte elle-même, non sans étonnement :

> « C'est ma première confrontation avec la mort. Je n'ai jamais su très bien comment l'aborder. Je suis d'une telle virginité en sa présence. Imaginez-vous cela : en ce monde, jonché de millions de cadavres, à vingt-huit ans, je n'ai encore jamais vu un mort ! Je me suis souvent demandé : quelle est ma position face à la mort ? Mais je n'y ai jamais réfléchi sérieusement. Le temps ne s'y prêtait pas. Et voici que maintenant, pour la première fois, la mort est là, aussi immense que la vie, et cependant comme une vieille connaissance, qui fait partie de la vie et que l'on se doit d'accueillir. Tout cela est si simple. La mort est là tout d'un coup, grande et simple et naturelle, entrée dans ma vie sans un bruit. Elle y a désormais sa place, et je sais maintenant qu'elle fait partie intégrante de la vie » (*p. 489*).

Rentrant de son travail au Conseil juif, les pieds meurtris par une longue marche, dans la chaleur caniculaire de cette journée d'été, Etty éprouve le besoin de s'arrêter quelques instants chez Spier. Elle le trouve à nouveau inquiet au sujet de sa santé : « Il avait mal au crâne et s'en inquiétait, car tout fonctionne toujours à la perfection dans ce grand corps puissant. » Elle ajoute, après avoir mentionné cette visite dans son journal : « Je crois qu'une nouvelle ère commence dans notre vie. Encore plus grave, encore plus intense, et l'on fera bien de se concentrer sur l'essentiel. On se détache de bien des petitesses, chaque jour davantage. » Et de citer, en la soulignant, cette réflexion de Spier : « On prépare notre extermination, c'est clair, ne nous faisons pas d'illusions » (*p. 489*).

Elle ne croyait pas si bien dire. Car les événements vont désormais se précipiter. Deux jours plus tard, alors qu'Etty vient de passer la nuit dans la chambre de son amie Dicky, au-dessus de l'appartement de Spier, celui-ci se plaint à nouveau de sa « douleur au crâne », et est soudain secoué par une quinte de toux. « État d'épuisement complet », murmure-t-il. Aussi, au lieu de faire une promenade, tous deux décident de se rendre chez un médecin (*p. 498*). Nous ignorons quel fut le diagnostic de ce dernier.

Trois semaines plus tard, ainsi que nous l'avons signalé plus haut, Etty arrivait au camp de transit de Westerbork. La fatigue, jointe sans doute au choc psychologique et affectif de la confrontation avec ce nouvel univers, ébranlèrent profondément sa santé. Grâce à son statut d'employée du Conseil juif, Etty put revenir à Amsterdam pour une période de convalescence du 14 au 21 août 1942, puis, de nouveau, du début de septembre au 20 novembre [1]. Cela lui permit de reprendre la rédaction de son journal, interrompue depuis le 30 juillet :

> « Tout compte fait, mon Dieu, cela a peut-être été un peu trop ! Il m'est rappelé maintenant qu'un être humain a aussi un corps. J'ai cru que mon esprit et mon cœur étaient capables, à eux seuls, de tout supporter, mais voilà que mon corps se manifeste et dit : halte-là ! Je sens à présent le poids de tout ce que tu m'as donné à porter, mon Dieu. Tant de beauté et tant d'épreuves ! Et toujours, dès que je me montrais prête à les affronter, les épreuves se sont changées en beauté. Et la beauté, la grandeur se révélaient parfois plus dures à porter que la souffrance, tant elles me saisissaient en profondeur. Qu'un simple cœur humain puisse éprouver tant de choses, mon Dieu, tant souffrir et tant aimer ! Je te suis si reconnaissante, mon Dieu, d'avoir choisi mon cœur en cette époque, pour lui faire subir tout ce qu'il a subi. Cette maladie est peut-être une bonne chose. Je ne me suis pas encore vraiment réconciliée avec elle, je suis encore un peu engourdie, désorientée et sans forces, mais en même temps j'essaie de fouiller tous les recoins de mon être pour en tirer un peu de patience, une patience toute nouvelle pour une situation toute nouvelle, je le sens bien. Et je vais reprendre la bonne vieille méthode éprouvée, et converser de temps à autre avec moi-même sur les lignes bleues de ce cahier. Converser avec toi, mon Dieu. Est-ce bien ? Au-delà des gens, je ne souhaite plus m'adresser qu'à toi. Si j'aime les êtres avec tant d'ardeur, c'est qu'en chacun d'eux j'aime une parcelle de toi, mon Dieu. Et j'essaie de te mettre au jour dans le cœur des autres, mon Dieu » (*15 septembre 1942, p. 543-544*).

Il est significatif qu'en reprenant la plume, à la première page du onzième cahier qui sera le dernier de son journal, Etty s'exprime d'emblée sur le mode de la prière. C'est face à Dieu qu'elle rédige désormais ces pages toutes vibrantes de sa vie, en répétant (à six reprises dans le bref extrait qui vient d'être cité) ces deux mots qui leur confèrent leur tonalité propre : « Mon Dieu ! » On remarquera également qu'à l'expression « aider Dieu », l'aider « à ne point s'éteindre en elle », que nous commentions au chapitre VI, se substitue ici une symbolique que l'on pourrait qualifier de « maternelle » – qui, pour un chrétien catholique, revêt une connotation ecclésiale – : « Te mettre au jour dans le cœur des autres, mon Dieu. »

Mais dès son retour à Amsterdam, en ce début de septembre, cette mort dont elle a peu à peu scruté et découvert, deux mois auparavant, la mystérieuse connivence avec la vie, se présente à elle de la manière la plus proche et la plus concrète qu'elle puisse éprouver : l'agonie de celui qui, dit-elle, a « éveillé Dieu en elle », Julius Spier :

> « À présent, j'ai besoin de beaucoup de patience et de réflexion, ce sera très difficile. Je dois tout faire seule, désormais. La meilleure, la plus noble part de mon ami, de l'homme qui t'a éveillé en moi, t'a déjà rejoint. Il ne reste que l'apparence d'un vieillard sénile et exténué dans le petit deux-pièces où j'ai connu les joies les plus grandes et les plus profondes de ma vie. Je me suis tenue à son chevet, et je me suis trouvée alors face à tes derniers mystères, mon Dieu. Accorde-moi encore toute une vie pour comprendre tout cela. Tout en écrivant, je le sens : c'est une bonne chose de devoir rester ici. J'ai tant vécu ces derniers mois, je le réalise après coup : j'ai consommé en quelques mois les réserves de toute une vie. Peut-être me suis-je donnée

trop imprudemment à une vie intérieure qui rompait toutes les digues ? Mais si j'entends ton avertissement, je n'aurai pas été trop imprudente» (*p. 544*).

Désormais, étendu sur sa couche d'agonisant, Spier garde le silence. Lui qui a éclairé Etty par tant de paroles «lumineuses, libératrices», qui lui a mis la Bible et saint Augustin entre les mains, qui l'a initiée à la prière, c'est sa manière à lui, à présent, de la mettre face aux «derniers mystères» de Dieu. De ce Dieu que, croit-elle pouvoir écrire, «la plus noble part» de son ami «a déjà rejoint». Etty vit cet effacement comme le couronnement de cette initiation qui l'a révélée à elle-même :

> «J'ai écrit un jour que je voulais lire ta vie jusqu'à la dernière page. C'est chose faite. Je l'ai lue jusqu'au bout. Je me sens remplie d'une joie profonde : tout ce qui a été était certainement bon, sinon je n'aurais pas en moi cette force, cette joie, cette certitude. Te voilà donc couché dans ce petit deux-pièces, cher, grand et bon ami. Je t'ai écrit un jour : mon cœur volera toujours vers toi comme un oiseau libre, où que je sois sur terre, et te trouvera toujours. Et il y a ceci, que j'ai écrit dans le journal de Tide : de mon vivant, tu es si bien devenu un pan du ciel qui s'arrondit au-dessus de moi, que je n'ai qu'à lever les yeux au ciel pour être près de toi. Et quand bien même je serais enfermée dans une cellule souterraine, ce pan de ciel se déploierait en moi, et mon cœur, comme un oiseau, prendrait son libre essor vers lui – et c'est pourquoi tout est si simple, tu sais, terriblement simple, beau et plein de sens» (*15 septembre 1942, une heure du matin, p. 545*).

Il y a là, manifestement, en termes affectifs et merveilleusement poétiques, l'affirmation que la mort ne néantise pas les relations interpersonnelles, mais leur confère une profondeur et une liberté mystérieusement garanties par la Source transcendante de tout amour. La solitude qu'en éprouve le survivant en devient elle-même mystérieusement féconde :

> « J'avais encore mille choses à te demander et à apprendre de ta bouche. Désormais, je devrai m'en tirer toute seule. Je me sens très forte, tu sais, je suis persuadée de réussir ma vie. C'est toi qui as libéré en moi ces forces dont je dispose. Tu m'as appris à prononcer sans réticence le nom de Dieu. Tu as servi de médiateur entre Dieu et moi, mais maintenant, toi, le médiateur, tu t'es retiré, et mon chemin mène désormais directement à Dieu. C'est bien ainsi, je le sens. Et je servirai moi-même de médiatrice pour tous ceux que je pourrai atteindre. »

Comme tout médiateur humain, Julius Spier devait en effet s'effacer un jour, ainsi qu'elle le notera deux semaines plus tard : « Il m'a ouvert la route qui conduit directement à Dieu, après l'avoir tracée de ses lourdes mains d'homme » (*2 octobre 1942, p. 572*)[2].

Maintenant que la mort est là, « aussi immense que la vie, grande, simple et naturelle », ainsi qu'elle l'écrivait deux mois auparavant, elle s'étonne de l'avoir rencontrée si tard :

> « Je suis assise à mon bureau, à la lumière de ma petite lampe. À la même place où je t'ai écrit si souvent, où j'ai si souvent aussi parlé de toi dans mon jour-

nal. Il faut que je te dise une chose étonnante. Je n'ai encore jamais vu un mort. En ce monde où meurent chaque jour des milliers de gens, je n'ai encore jamais vu un seul mort… Que tu sois, toi précisément, le premier mort qu'il me soit donné de voir me paraît un fait très significatif et très important. De nos jours, on gaspille et on galvaude les grandes, les dernières vérités de la vie. Un tas de gens se rendent malades – ou se font porter malades –, dans leur peur d'être déportés. Beaucoup d'autres se tuent, par peur aussi. Mais ta vie a trouvé sa fin naturelle, et j'en suis très reconnaissante. Reconnaissante de savoir que tu as eu aussi ta part de souffrance à supporter. Tide dit : "Cette souffrance lui a été imposée par Dieu, et celle que les hommes lui eussent imposée lui a été épargnée [3]." Mais tu n'aurais sans doute pas pu la supporter, cher homme si choyé ? Moi, je le peux, et, ce faisant, je prolonge ta vie et la transmets » (*p. 546*).

Son état de santé ne lui permettant pas de retourner de sitôt à Westerbork, Etty se réjouit de cette occasion de retrouver tous ses amis au moment de l'inhumation de Spier :

« Nous serons tous réunis. Ton esprit sera parmi nous et Tide chantera pour toi. Si tu savais mon bonheur de pouvoir être là ! Je suis rentrée juste à temps pour embrasser ta bouche desséchée, mourante, et une fois tu m'as pris ma main et tu l'as portée à tes lèvres. Tu as dit aussi, comme j'entrais dans la pièce : "La jeune voyageuse !" Et une autre fois : "Je fais des rêves bien étranges. J'ai rêvé que le Christ m'avait baptisé." Tide et moi nous nous tenions au chevet de ton lit. Un instant nous avons cru que c'était la fin, que tes yeux se révulsaient. Tide m'avait prise dans ses bras, j'avais baisé sa chère bouche pure, et elle dit tout bas : “Nous nous cherchions, et nous nous sommes trouvées.” Nous nous tenions devant ton lit. Comme tu aurais été heureux de nous voir là, nous deux, entre toutes. Peut-être nous as-tu vues en effet, même si à cet instant précis nous te croyions en train de mourir ? Et tes derniers mots ont été : “Herta[4], j'espère...” – de cela aussi je suis reconnaissante. Comme tu as dû lutter pour lui demeurer fidèle ! Mais ta fidélité a fini par l'emporter sur tout le reste. Et c'est moi qui t'ai le plus compliqué la tâche, je le sais. Mais je t'ai aussi appris ce qu'est la fidélité, la lutte et la faiblesse. »

Comme la plupart d'entre nous, Etty fait également l'expérience que la mort est révélatrice de la vérité d'un être, et elle l'exprime, dans le cas de Spier, avec la lucidité que nous lui connaissons, et que n'altère pas le profond attachement qui les unit l'un à l'autre :

« Tout ce qu'on pouvait trouver de mauvais et de bon dans un homme, on le trouvait en toi. Tous les démons, toutes les passions, toute la bonté, toute la charité étaient en toi, grand déchiffreur, grand chercheur et trouveur de Dieu. Tu as cherché Dieu partout, dans tous les cœurs qui s'ouvraient à toi – et combien il y en a eu ! –, et partout tu as trouvé une petite parcelle de Dieu. Tu ne renonçais jamais. Dans les petites choses, tu te montrais parfois très impatient, mais, dans les grandes, tu étais la patience même » (*p. 547*).

Et lorsque « tout est consommé » (voir Jn *19*, 30) :

« *Mercredi 16 septembre, trois heures de l'après-midi.* Je vais rendre une visite de plus à sa rue. Trois rues, un canal et un petit pont m'ont toujours séparée de lui. Il est mort hier à sept heures et quart, le jour même où expirait mon laissez-passer. Je lui rends une dernière visite. À l'instant, j'étais dans la salle de bain. Je pensais : je vais voir mon premier mort... Il y a donc là une enveloppe terrestre sur ce lit si connu. Oh, cette couverture de cretonne ! Je n'ai nul besoin d'aller là-bas encore une fois. Tout se passe quelque part au-dedans de moi. Il y a là de vastes hauts plateaux sans temps ni frontières, et tout se passe là. Et me revoilà parcourant ces quelques rues. Comme je les ai prises souvent, et souvent avec lui, plongée dans un dialogue toujours fructueux et passionnant ! Et comme je les prendrai souvent encore, où que je sois au monde, en sillonnant les hauts plateaux intérieurs où se déroule ma vraie vie. Attend-on de moi que je me compose un visage triste de circonstance ? Mais je ne suis pas triste ! Je voudrais joindre les mains et dire : "Mes enfants, je suis pleine de bonheur et de gratitude, je trouve la vie si belle et si riche de sens." Mais oui, belle et riche de sens, au moment même où je me tiens au chevet de mon ami mort – mort beaucoup trop jeune – et où je me prépare à être déportée d'un jour à l'autre vers des régions inconnues. Mon Dieu, je te suis si reconnaissante de tout ! Je continuerai à vivre avec ce qui, chez les morts, vit à jamais, et je ramènerai à la vie ce qui, chez les vivants, est déjà mort. Ainsi n'y aura-t-il plus que la vie, une grande vie universelle, mon Dieu » (*p. 548*).

Cette communion au-delà de la mort, Etty continue à la vivre, profondément et paisiblement. Elle écrit, huit jours plus tard : « Tu n'as plus besoin de souffrir, toi qui étais si vulnérable. Je peux bien les supporter, ce froid et ces quelques dizaines de mètres de fils barbelés, et je continue à vivre de toi. Ce qui en toi est immortel, je continue à le vivre» (*27 septembre 1942, p. 566*). Et le lendemain: «On dit : tu es mort trop tôt. Soit, il y aura un livre de psychologie en moins à être publié, mais il y a un peu plus d'amour qui s'est manifesté dans le monde» (*p. 567*). Et le verset de l'hymne à l'amour de saint Paul surgit, une fois de plus, sous sa plume : «Et quand bien même je distribuerais tous mes biens pour l'entretien des pauvres, si je n'ai pas l'amour, cela ne me serait d'aucune utilité» (1 Co *13*, 3).

Cette maturité spirituelle, si précoce chez cette jeune femme de vingt-huit ans, l'apparente à des maîtres confirmés de la spiritualité chrétienne. On pense à François d'Assise, bénissant Dieu, au soir de sa vie, pour «notre sœur la mort corporelle», et, parmi tant d'autres, à un aspect fondamental de la spiritualité ignacienne, telle qu'elle se formule dans les *Exercices spirituels*. On sait que ce modeste livret a été progressivement élaboré, à partir d'une expérience de conversion, en vue d'aider ceux et celles qui en acceptent la démarche à trouver le moyen de parvenir à une décision vraiment libre qui engage leur destinée. Or, l'homme vraiment libre, c'est celui qui assume ce privilège propre à tout homme de savoir qu'il va mourir un jour, et qui accepte d'intégrer cette conscience à sa vie et à lui donner sens. C'est, nous venons de le voir, à cette liberté intérieure qu'accède Etty au moment où elle choisit d'assumer son destin : «Mes enfants, je suis pleine de bonheur et de gratitude, je trouve la vie si belle et si riche de sens.» Comme elle est proche, en cela, de ce Basque qui vécut lui aussi, au sortir de l'adolescence, une jeunesse tumultueuse et avide d'expériences intenses, libérées de contraintes conventionnelles. Mais à la faveur du boulet (français) qui lui fracasse une jambe au siège de Pampelune, cette intense passion de vivre se trouve confrontée à l'expérience de la mort. La proximité concrète de celle-ci lui en révèle alors, comme à sa jeune et si lointaine sœur Etty, la véritable signification : celle d'une fonction révélatrice et régulatrice de la liberté et d'une existence authentique[5].

Cela, sans doute, n'enlève pas à la mort son mystère, qui laisse ouverte la liberté des options par lesquelles chacun se détermine selon les lumières qu'il a reçues. Etty ne traite pas cette question d'une « vie autre » de façon formelle et explicite. Elle ne fait aucune référence à la Résurrection du Christ, fondamentale pour l'option chrétienne – encore que, nous le verrons, elle évoquera l'idée d'une « résurrection » (en employant le verbe *opstaan*, « se relever ») pour rendre compte de sa propre expérience. On peut dire en tout cas que la manière dont elle s'exprime au sujet de la mort est difficilement conciliable avec l'hypothèse d'un anéantissement de la personne défunte. Elle transcrit notamment, avec une sympathie manifeste, ce passage d'une lettre de son frère Mischa, ce jeune pianiste de génie, adressée à son amie Henny (Henriette) Tideman :

> « Mon pianiste de frère, vingt et un ans, a écrit alors qu'il se trouvait dans un institut psychiatrique – en quelle année de guerre ? : "Henny, je crois aussi, je sais qu'après cette vie il en existe une autre. Je crois même que certaines personnes sont capables de voir et de ressentir la présence de l'autre vie dans cette vie même.

Dans cet autre monde, les discrètes suggestions de la mystique se sont muées en réalité vivante ; les objets et les paroles de tous les jours, dans leur banalité, y accèdent à un sens supérieur. Il est possible qu'après la guerre les hommes soient plus ouverts à cette réalité et qu'ils accèdent collectivement à une prise de conscience plus profonde d'une plus haute réalité de l'univers" » (*27 septembre 1942, p. 565*).

Ce pressentiment de la « présence de l'autre vie dans cette vie même » confirme chez Etty l'importance qu'elle attache, comme tant de ses devanciers dans les voies de l'Esprit, à la « grâce du moment présent » (Thérèse de Lisieux), et qui s'exprime notamment par la citation récurrente, dans son journal, d'un verset de l'Évangile selon Matthieu :

« Encore une fois, je note pour mon propre usage : Matthieu *6*, 34 : "Ne vous inquiétez donc pas du lendemain, car le lendemain aura soin de lui-même. À chaque jour suffit sa peine." Il faut les éliminer quotidiennement comme des puces, les mille petits soucis que nous inspirent les jours à venir, et qui rongent nos meilleures forces créatrices. On prend mentalement toute une série de mesures pour les jours suivants, et rien, mais rien du tout, n'arrive comme prévu. À chaque jour suffit sa peine. Il faut faire ce que l'on a à faire, et, pour le reste, se garder de se laisser contaminer par les mille petites angoisses qui sont autant de motions de défiance vis-à vis de Dieu… Tout finira bien par s'arranger pour mon permis de séjour à Amsterdam et pour mes tickets de rationnement… Notre unique obligation morale, c'est de défricher en nous-mêmes de vastes clairières de paix, et de les étendre de proche en proche, jusqu'à ce que cette paix irradie vers les autres. Et plus il y aura de paix dans les êtres, plus il y en aura aussi dans ce monde en ébullition» (*29 septembre 1942, p. 567*).

Elle revient le lendemain sur cette disponibilité au présent qui lui paraît essentielle :

«Rester fidèle à tout ce que l'on a entrepris dans un moment d'enthousiasme spontané, trop spontané, peut-être. Rester fidèle à toute pensée, à tout sentiment qui a commencé à germer. Rester fidèle, au sens le plus universel du mot : fidèle à soi-même, fidèle à Dieu, fidèle à ce que l'on considère comme ses meilleurs moments. Et, là où l'on est, être présent à cent pour cent. Mon "faire" consistera à "y être".

(...) Il me semble discerner avec une netteté croissante les abîmes béants où s'évanouissent les forces créatrices d'un être et sa joie de vivre. Ce sont des failles qui s'ouvrent dans notre psychisme et qui engloutissent tout. À chaque jour suffit sa peine. Les pires souffrances de l'homme, ce sont celles qu'il redoute... Car le grand obstacle, c'est toujours la représentation, et non la réalité. La réalité, on la prend en charge avec toute la souffrance, toutes les difficultés qui s'y attachent – on la prend en charge, on la hisse sur ses épaules, et c'est en la portant que l'on accroît son endurance. Mais la représentation de la souffrance – qui n'est pas la souffrance, car celle-ci est féconde et peut vous rendre la vie précieuse – il faut la briser. Et en brisant ces représentations qui emprisonnent la vie derrière leurs grilles, on libère en soi-même la vie réelle avec toutes ses forces, et l'on devient capable de supporter la souffrance réelle, dans sa propre vie et dans celle de l'humanité» (*30 septembre, p. 568-570*).

Nous avons déjà pu le vérifier, et nous en aurons encore l'occasion au chapitre suivant : Etty n'est pas pour autant une stoïcienne, imperméable à la faiblesse humaine. Comme le Jésus des Évangiles, elle est capable de compatir en profondeur aux détresses qu'elle rencontre sur sa route. Elle sait aussi se remettre elle-même vigoureusement en question. En voici un nouvel exemple, également rédigé au cours de sa convalescence à Amsterdam, après un premier séjour à Westerbork qui fait précisément l'objet de cet « examen de conscience » :

« Il est bon que je sois restée ici quelques semaines. Je repars avec des forces neuves. Je n'ai pas été vraiment solidaire vis-à-vis du groupe (des internés), je tenais bien trop à mes aises. Bien sûr, j'aurais dû aller voir (à mon arrivée ici) ces vieilles gens, les Bodenheimer[6], au lieu de me tirer d'affaire par une mauvaise excuse : "De toute façon, je ne peux rien pour eux." Il y a tant de choses où je n'ai pas été à la hauteur. J'ai trop recherché mon agrément personnel. J'aimais tant regarder certains êtres, les yeux dans les yeux, le soir, sur la lande. C'était très beau, et pourtant, j'ai manqué d'attention à tant d'égards. Même vis-à-vis des filles de ma salle[7]. De temps en temps je leur jetais en pâture un petit morceau de moi-même, et puis je me sauvais en courant. Ce n'était pas bien. Et pourtant je suis reconnaissante de ce qui a été. C'était déjà si beau, si merveilleusement beau, et je suis également reconnaissante d'avoir bientôt l'occasion de racheter mes manquements. Je crois que je reviendrai avec plus de sérieux et de concentration, que je serai moins à l'affût de ma satisfaction personnelle. Quand on veut avoir une influence morale sur les autres, il faut s'attaquer sérieusement à sa morale personnelle. Je vis constamment dans la familiarité de Dieu comme si c'était la chose la plus simple du monde, mais il faut aussi régler sa vie en conséquence. Je n'en suis pas encore là, oh non ! et parfois je me conduis comme si j'avais atteint mon but. J'aime mes aises, j'appréhende souvent les choses en artiste plutôt qu'en femme responsable, et j'ai en moi aussi le goût du bizarre, du caprice et de l'aventure. Mais assise à ce bureau, dans la nuit qui s'avance, je sens en moi la force contraignante et directrice d'une gravité toujours plus présente, toujours plus profonde, sorte de voix silencieuse qui me dicte ce que je dois faire et m'oblige à noter en toute franchise : de toutes parts j'ai failli à ma mission. Mon vrai travail ne fait que commencer. Jusqu'ici, au fond, c'était plus un jeu qu'autre chose» (*25 septembre, p. 564-565*).

Exigeante – et combien ! – pour elle-même, Etty connaît également la frustration de n'être pas comprise en cela même qu'il y a de meilleur en elle, et par ceux-là mêmes qui lui sont les plus proches. C'est le cas de son vieux père – avant que l'épreuve finale ne les rapproche :

«Sur ces entrefaites, père est arrivé inopinément. Beaucoup d'énervement de part et d'autre : "Petite béguine mielleuse" ! "Don Quichotte en jupons" ! Et moi : "Seigneur, rends-moi moins désireuse d'être comprise, mais fais que je comprenne" ! » (*9 octobre 1942*).

Les consolations ne lui manquent pas non plus, et elle s'en émerveille :

«Mon Dieu, tu confies à ma garde tant de choses précieuses ! Espérons que j'y veillerai bien et que je les gérerai à bon escient… J'aime les contacts humains. L'intensité de mon attention réussit à tirer d'eux, dirait-on, ce qu'ils ont de plus profond et de meilleur. Ils s'ouvrent à moi, et chaque être m'est une histoire que me conte la vie même. Et mes yeux émerveillés ne cessent de lire son grand livre. La vie me confie tant d'histoires que je devrais raconter à mon tour et exposer en termes clairs à tous ceux qui ne savent pas lire à livre ouvert le texte de la vie. Mon Dieu, tu m'as donné le don de lire. Me donneras-tu aussi celui d'écrire ? » (*4 octobre, p. 577*).

Qu'elle ait effectivement reçu ce don, ceux qui ont lu ses écrits ne peuvent qu'en être convaincus. Laissons-la encore nous confier certaines de ces rencontres lumineuses qu'elle vient d'évoquer, et qui se situent au cours de ce bref séjour à Amsterdam. Elle y avait notamment retrouvé Ru(dolf) Cohen, une vieille connaissance de Deventer, où il tenait avec son frère un magasin d'équipement ménager. Contraint de rejoindre Amsterdam avec sa famille, il avait trouvé un emploi au Conseil juif, où il était chargé d'organiser des cours pour les adolescents juifs auxquels l'occupant avait interdit la fréquentation des établissements d'enseignement. Un jour où elle se sentait mieux, Etty l'avait invité à une promenade en ville :

« Je trottinais aux côtés de Ru et, à l'issue d'une très longue discussion où nous avions, une fois de plus, agité les “questions ultimes”, je m'arrêtai pile au milieu de la Govert Flinckstraat [une rue populaire d'Amsterdam-Sud], si étriquée et monotone, et je lui dis : “Tu sais, Ru, j'ai encore un autre trait puéril, qui me fait trouver toujours la vie belle et m'aide peut-être à tout supporter aussi bien." Ru me lança un regard interrogateur, et je lui dis, comme si c'était la chose du monde la plus naturelle (n'est-ce pas le cas, d'ailleurs ?) : "Vois-tu, je crois en Dieu." Il en fut un peu déconcerté, je pense, et me considéra un moment comme pour lire une indication mystérieuse sur mon visage – mais avec un peu de recul, il se dit très content de moi. Peut-être est-ce pour cela que je me suis sentie tout le reste de la journée si rayonnante et si forte ? D'avoir su dire si simplement, comme une chose coulant de source, dans la grisaille de ce quartier populaire : "Oui, vois-tu, je crois en Dieu" » (*25 septembre, p. 564*).

Elle eut également l'occasion de revoir Klaas Smelik, cet ancien amant qui avait essayé de la convaincre d'entrer dans la clandestinité. Militant trotskiste, il nourrissait un profond sentiment de haine à l'égard des nazis. Une fois de plus, comme elle l'avait fait en d'autres circonstances, Etty tente de lui proposer une autre voie : « Cette haine ne nous mènera à rien, Klaas. » Et elle évoque l'impression que produit sur elle un membre juif de l'administration du camp de Westerbork :

« Il voue à nos persécuteurs une haine que je suppose fondée. Mais lui-même est un bourreau. Il ferait un commandant modèle de camp de concentration… À le voir évoluer parmi les gens, la tête haute, le regard dominateur, je me disais toujours : il ne lui manque qu'un fouet dans les mains… Tu vois, Klaas, c'était ainsi : il débordait de haine pour ceux que nous pourrions appeler nos bourreaux, mais lui-même eût fait un parfait bourreau et un persécuteur modèle. Et pourtant, il me faisait pitié. Y comprends-tu quelque chose ? Il n'avait aucun contact humain avec ses semblables, et si d'autres avaient une conversation amicale, il leur jetait à la dérobée un regard d'envie... Ce que je voudrais dire, Klaas, c'est ceci : nous avons tant à changer en nous-mêmes que nous ne devrions même pas nous préoccuper de haïr ceux que nous appelons nos ennemis. Nous sommes déjà bien assez ennemis les uns des autres. Et je n'épuise pas non plus la question en disant que, chez les nôtres aussi, il y a des bourreaux et de méchantes gens. À vrai dire, je ne crois pas du tout à cette prétendue "méchanceté". J'aimerais toucher cet homme dans ses angoisses, en rechercher l'origine et entreprendre sur lui une sorte de battue, le rabattre vers ses propres domaines intérieurs – c'est tout ce que nous pouvons faire pour lui, Klaas, en un temps comme le nôtre.

Klaas eut un geste de lassitude et de découragement et dit : "Mais ce que tu veux faire est bien trop long, nous n'avons pas assez de temps !" Je répliquai : "Mais ce que tu veux, toi, on s'en préoccupe déjà depuis le début de l'ère chrétienne, et même depuis des millénaires, depuis les débuts de l'humanité. Et que penses-tu du résultat, si je puis me permettre ?" Et je répétai une fois encore, avec ma passion de toujours (même si je commençais à me trouver ennuyeuse, à force d'aboutir toujours aux mêmes conclusions !) : "C'est la seule solution, vraiment la seule, Klaas, je ne vois pas d'autre issue : que chacun de nous fasse un retour sur lui-même et extirpe et anéantisse en lui tout ce qu'il croit devoir anéantir chez les autres. Et soyons bien convaincus que le moindre atome de haine que nous ajoutons à ce monde nous le rend plus inhospitalier qu'il n'est déjà."

Et Klaas, le vieux partisan, le vétéran de la lutte des classes, dit alors, partagé entre l'étonnement et la consternation : “Mais… ce serait un retour au christianisme !” Et moi, amusée de tant d’embarras, je repris sans m’émouvoir : “Mais oui, le christianisme : pourquoi pas ?” (*23 septembre, p. 559-561*).

Utopie ? Mais ce sont les témoins de tels sursauts de conscience et de créativité qui, depuis toujours, permettent à l’humanité de poursuivre sa route en traversant les tragédies de l’histoire et les tourments qu’elle s’inflige à elle-même.

Etty avait fait la connaissance, à Westerbork, d’un Juif de trente-sept ans, Joseph (Jopie) Vleeschhouwer, le beau-frère de Ru Cohen. Il avait jadis été actif dans un mouvement de jeunesse juive à Utrecht, et exerçait au moment de la guerre la profession de comptable indépendant. Il faisait partie des employés du Conseil juif qui, comme Etty, avaient été détachés au camp de « transit » de Westerbork[8]. Etty avait rapidement sympathisé avec lui. Il lui avait écrit à Amsterdam, et cette correspondance témoigne des affinités qui les unissaient, comme Etty le note dans son journal :

> « Tandis que j’écris, ma main gauche repose sur la petite bible ouverte, j’ai mal à la tête, mal au ventre, mais au fond de mon cœur il y a encore le soleil des jours d’été dans la lande [de Westerbork] et le champ de lupins jaunes[9] qui s’étendait jusqu’à la baraque d’épouillage. Il n’y a pas encore un mois, le vingt-sept août, Joop m’écrivait : “Me revoilà assis sur l’appui de la fenêtre, jambes pendant au-dehors, et écoutant le grand silence. Le champ de lupins a perdu le chatoiement triomphant des heures où il baignait dans un soleil consolateur. Tout est maintenant d’une solennité, d’une

paix qui m'emplit de silence et de gravité. Je saute de ma fenêtre, fais quelques pas dans le sable fin où je m'enfonce et je regarde la lune." Et cette lettre nocturne – son écriture serrée, concentrée sur ce papier infâme – s'achève sur ces mots : "Je comprends qu'on puisse dire : le seul geste imaginable ici, c'est de s'agenouiller. Non, je ne l'ai pas fait, cela ne me paraît pas nécessaire. Je me suis agenouillé mentalement, assis sur le rebord de la fenêtre, puis je suis allé me coucher" » (*24 septembre, p. 562*).

Cette lettre lui rappelle le souvenir d'un de leurs entretiens dans l'enceinte du camp :

« Jopie était assis sur la lande, sous le grand ciel étoilé, et nous parlions de nostalgie. "Je n'ai aucune nostalgie, dit-il, puisque je suis chez moi." Pour moi, ce fut une révélation. On est chez soi. Partout où s'étend le ciel, on est chez soi. En tout lieu de cette terre on est chez soi, lorsqu'on porte tout en soi.

Je me suis souvent sentie – et je me sens encore – comme un navire qui vient d'embarquer une précieuse cargaison. On largue les amarres, et le navire prend la mer, libre de toute entrave. Il relâche dans tous les pays et prend partout à son bord ce qu'il y a de plus précieux. On doit être sa propre patrie. Il m'a fallu deux soirées pour me décider à lui raconter ce que j'ai de plus intime. Pourtant j'avais très envie de le lui dire, comme pour lui faire un cadeau. Alors je me suis agenouillée là, sur cette vaste lande, et je lui ai parlé de Dieu » (*20 septembre, p. 555*).

Grâce au précieux journal qu'elle nous a laissé, n'est-elle pas en effet en train de « relâcher dans de nombreux pays » ? Etty goûte le bienfait de cette nouvelle amitié, où elle perçoit la grâce d'une communion dans l'essentiel :

> « C'est une chose si étonnante que l'arrivée soudaine, presque furtive, de cet homme dans ma vie, avec toute sa vitalité et son enthousiasme, au moment précis où le grand ami, l'accoucheur de mon âme, désormais grabataire, souffrait et retombait en enfance. Dans un moment difficile comme j'en ai connu ce soir, il m'arrive de me demander ce que tu veux faire de moi, mon Dieu. Mais peut-être cela dépendra-t-il justement de ce que je veux faire de toi ? » (*24 septembre, p. 562*).

Combien dérisoire, en regard de toutes ces richesses, la réaction de ce médecin du camp qui, après avoir examiné Etty, croyait bon, non sans peut-être quelque arrière-pensée, de la sermonner :

> « Le docteur se trompe, évidemment. Autrefois, je me serais laissé impressionner, mais j'ai appris désormais à percer les gens à jour et à apprécier leurs propos à la lumière de mes intuitions personnelles. "Vous avez une vie trop exclusivement spirituelle. Vous ne vous dépensez pas assez. Vous restez étrangère aux choses les plus élémentaires de la vie." J'ai failli lui demander : "Dois-je m'étendre à côté de vous sur le divan ?" Réplique assez peu raffinée, j'en conviens, mais tout son monologue y tendait. Il ajouta encore : "Vous ne vivez pas assez dans la réalité." Après l'avoir quitté, je me dis : ce que dit cet homme n'a pas le sens commun. La réalité ! La réalité, c'est qu'en maints endroits de ce monde, des hommes et des femmes sont dans l'impossibilité de se rejoindre. Les hommes sont au front. Et puis il y a l'internement dans les camps, les prisons, la séparation des époux : voilà la réalité ! C'est

avec cette réalité-là qu'il faut essayer de s'arranger. Et on n'est tout de même pas obligé de se consumer vainement de désir et de commettre le péché d'Onan[10] ! Cet amour qu'on ne peut plus déverser sur une personne unique, sur l'autre sexe, ne pourrait-on pas le convertir en une force bénéfique à la communauté humaine, et qui mériterait peut-être aussi le nom d'amour ? Et lorsqu'on s'y efforce, ne se trouve-t-on pas précisément en pleine réalité ? Réalité sans doute moins tangible que celle d'un homme et d'une femme couchés dans un lit. Mais n'y a-t-il pas d'autres réalités ? Il y a quelque chose de puéril et d'indigent à entendre un petit bonhomme plus tout jeune vous parler (à notre époque, mon Dieu, à notre époque !) de “libérer ses pulsions” » (*20 septembre, p. 555-556*).

Sans avoir jamais été « endoctrinée » à ce sujet, Etty rejoint ici d'instinct une des significations symboliques d'un célibat librement assumé : donner corps et consistance à ce paradoxe, typiquement humain, qu'une personne sexuée, c'est-à-dire pourvue d'attributs sexuels et d'organes de reproduction, ne se confond cependant pas avec sa capacité érotique et procréatrice. Il y a là un témoignage insigne rendu à la valeur et à la dignité inaliénable de toute personne humaine comme telle, indépendamment de son utilité sociale et de sa capacité productive. C'est pourquoi la situation de célibat volontaire présente des convenances profondes avec la volonté d'être solidaire des pauvres, des opprimés, des exclus, de tous les « im-puissants[11] ». Mais nous avons vu, au chapitre II, que ce choix avait retenu l'attention d'Etty plus d'un an auparavant, notamment à l'occasion d'une réponse de son amie Tide à une question au sujet de son désir de se marier : « Dieu ne m'a pas encore envoyé de mari. » « Si je voulais appliquer cette réponse à moi-même et en faire mon profit, écrivait Etty le même jour (*6 octobre 1941, p. 129*), je devrais la traduire ainsi : si je veux vivre selon mes sources véritables, je devrais sans doute rester célibataire… Je dois avoir confiance, bien me dire que je dois suivre un chemin particulier, et surtout ne pas avoir la hantise de finir dans la solitude si je ne prends pas un mari tant qu'il en est encore temps [12]. »

Solitude, oui, mais combien peuplée ! En retournant à Westerbork, Etty en fera l'expérience à la fois de plus en plus éprouvante et accordée à ses « sources véritables ». C'est pourquoi, malgré la douceur de cette période de convalescence entourée de chères amitiés, elle aspire à regagner le camp dès que sa santé le lui permettra, ainsi qu'elle l'exprime sous forme de prière :

> « Je te promets [mon Dieu] de vivre en accord avec le meilleur de mes forces créatrices, partout où il te plaira de me placer et de me maintenir. Mais j'aimerais tant retourner au camp dès mercredi, fût-ce pour deux semaines seulement. Oui, je le sais, il y a des risques. Le camp se remplit de SS et se couvre de barbelés, la surveillance se renforce de jour en jour… Peut-être ne nous laissera-t-on même pas ressortir dans deux semaines. Ces choses-là peuvent toujours arriver. Es-tu prête à prendre ce risque ?
>
> Au fait, mon médecin ne m'a pas du tout ordonné de garder le lit. Il était même étonné que je ne sois pas rentrée à Westerbork. Mais qu'importe ce médecin ? Quand bien même cent médecins de par le monde me déclareraient en parfaite santé, si une voix intérieure

m'intime l'ordre de ne pas retourner au camp, eh bien, je n'ai pas à y retourner. J'attendrai un signe de toi, mon Dieu. Je suis fermement décidée à partir… J'ai le sentiment que ma vie là-bas n'est pas achevée. Elle ne forme pas un tout. C'est un livre (et quel livre !) que j'ai laissé tomber en plein milieu. J'aimerais tant poursuivre ma lecture ! Là-bas, j'ai eu quelquefois l'impression que toute mon existence antérieure n'avait été qu'une longue préparation à la vie au sein de la collectivité du camp, alors que j'avais toujours vécu dans l'isolement et la retraite… Un jour, j'irai les visiter un par un, tous ceux qui sont passés entre mes mains là-bas, sur ce coin de lande. Et si je ne les trouve pas, je trouverai leurs tombeaux. Je ne pourrai plus rester tranquillement assise à ce bureau. Je veux parcourir le monde, aller m'assurer de mes propres yeux, de mes propres oreilles de ce qu'il est advenu de tous ceux que nous avons laissés partir » (*2 octobre, p. 570-573*).

C'est nous, aujourd'hui, qui allons visiter, sous sa conduite, les internés de Westerbork, mais c'est elle aussi, car son esprit nous accompagne. En attendant, Etty doit encore rester de longues heures alitée, car elle se sent toujours épuisée physiquement. C'est là, pour elle, une forme de ce dépouillement auquel elle se sent de plus en plus clairement appelée, selon l'esprit du verset de Matthieu 6, 28 (qu'elle cite à plusieurs reprises) sur la beauté des « lys des champs » que Dieu revêt d'une parure à rendre jaloux le roi Salomon :

« Cette maison, je le sens, commence à se détacher tout doucement de moi comme un vêtement vous glisse des épaules. Il est bon qu'il en soit ainsi. C'est un premier pas vers le détachement complet. Précautionneusement, avec nostalgie mais avec la certitude que tout est bien ainsi, je la laisse glisser, jour après jour.

Une chemise sur moi, et l'autre dans mon sac à dos (cela me rappelle le conte de Kormann[13], l'histoire de l'homme sans chemise. Un roi faisait chercher dans tout son royaume la chemise du plus heureux de ses sujets, et, quand il l'eut trouvé, on s'aperçut qu'il ne portait pas de chemise) et dans mon sac aussi ma toute petite Bible. Je pourrai peut-être emporter également mes dictionnaires russes et les *Récits populaires* de Tolstoï, et peut-être même restera-t-il un peu de place pour un volume de la correspondance de Rilke ? Et puis un chandail de pure laine tricoté par une amie. Que de biens je possède encore, mon Dieu, moi qui voudrais devenir un "lys des champs" ! C'est donc avec cette unique chemise dans mon sac à dos que je vais au-devant d'un "avenir inconnu". Mais sous mes pas, dans mes pérégrinations, c'est pourtant partout la même terre, et, au-dessus de ma tête ravie, partout le même ciel, avec tantôt le soleil, tantôt la lune et toutes les étoiles. Alors, pourquoi parler d'avenir inconnu ? » (*22 septembre 1942, p. 558-559*).

Après trois périodes de présence au camp de Westerbork, entrecoupée de séjours à Amsterdam pour raisons de santé, Etty fut de nouveau renvoyée à Amsterdam, où elle fut hospitalisée pendant six mois, à partir du 5 décembre 1942, avant de retrouver sa chambre dans la grande maison de Han Wegerif. Elle est durement éprouvée par cette nouvelle épreuve de santé qui contrarie son aspiration la plus profonde, telle qu'elle la confiait à son journal le 2 octobre 1942 :

« Je voudrais être présente dans tous les camps dont l'Europe est couverte, présente sur tous les fronts. Je ne veux pas du tout être, comme on dit, "en sécurité". Je veux être sur le théâtre des opérations. Je voudrais, partout où je suis, susciter un début de fraternisation entre ceux qu'on appelle des "ennemis". Je veux comprendre ce qui se passe, et je voudrais que tous ceux que je pourrai atteindre (et je sais qu'il y en a beaucoup : rends-moi la santé, mon Dieu !) comprennent les événements du monde à travers moi. – Mais qu'est-ce que tout cela "si je n'ai pas l'amour" ? » (*p. 573*).

Elle aspire donc au complet rétablissement de sa santé, mais elle ne se révolte pas pour autant contre le long délai qui lui est imposé par la nature. Ainsi que l'exprime un personnage de Paul Claudel : « C'est l'amour qui se fait acceptation », et qui lui inspire de faire sienne la parole de Jésus au plus profond de son agonie au jardin des Oliviers :

« Je voudrais tant être bien portante. Je me tourmente trop pour ma santé, et cela ne me vaut rien. Puissé-je être gagnée par cette impassibilité qui imprégnait ce matin ton aube grisâtre. Qu'il y ait autre chose dans ma journée que le souci de mon corps ! Mon dernier recours a toujours été de sauter du lit et de m'agenouiller dans un recoin protégé de la pièce. Je ne veux pas non plus t'obliger, mon Dieu, à me guérir en deux jours. Je sais que tout doit se développer organiquement, selon un lent processus. Il est près de sept heures. Je vais faire ma toilette, m'asperger d'eau froide de la tête aux pieds, puis je me recoucherai et ne bougerai plus, plus du tout, je n'écrirai plus dans ce cahier, je m'efforcerai de rester allongée et de n'être plus que prière. Cela m'est déjà arrivé si souvent de me sentir si mal que j'étais sûre de ne pas pouvoir me remettre sur pied avant des semaines – or, au bout de quelques jours, c'était fini. Mais, pour l'instant, je ne vis pas comme il faut. Je cherche à forcer le destin. Pourtant, si j'en ai la moindre possibilité, je voudrais partir mercredi. Je sais bien que, dans mon état, je ne serai pas d'un grand secours à la collectivité. Je voudrais bien retrouver un peu de santé. Mais il ne faut pas "vouloir" les choses. Il faut les laisser s'accomplir en moi, et c'est précisément ce que j'oublie de faire en ce moment. *Non pas ce que je veux, mais que ta volonté soit faite* (voir Mt *26*, 39) » (*3 octobre 1942, p. 574-575*).

Il semble qu'Etty, une fois rentrée à Westerbork, ait continué d'y tenir un journal. Celui-ci est perdu. Mais il nous reste une bonne partie des lettres qu'elle y a rédigées à l'intention de ses amis de « l'extérieur », avant d'être déportée à Auschwitz avec toute sa famille. Il nous reste à en recueillir le message.

CHAPITRE IX

« Offrir au monde ce nouveau sens jailli des abîmes de notre détresse »

Dans le billet hâtivement griffonné qu'Etty rédigea probablement le jour où elle se porta volontaire pour être affectée à Westerbork, et qu'elle inséra dans un de ses cahiers à la page du mercredi 22 juillet 1942, elle déclare : « Aujourd'hui, mon cœur a connu plusieurs morts et il est aussi ressuscité [*opgestaan*] » (*p. 528*).

Pour un chrétien, ce propos évoque invinciblement le Mystère pascal, ce « passage » existentiel du Christ qui, face à la mort et à l'épreuve de se sentir abandonné par Dieu (Mt *27*, 46), s'abandonne à Dieu en faisant de sa mort un acte filial, « dé-fatalisant » ainsi toute mort humaine et la transfigurant en un acte de liberté : « Père, entre tes mains je remets mon esprit », cette puissance de vie que j'ai reçue de toi (Lc *23*, 46). Sans qu'on puisse la qualifier de « chrétienne », au sens précis du terme, l'expérience dont Etty nous fait part en cette ultime étape de son existence s'oriente dans le même sens que ce sillon tracé dans l'histoire humaine par l'Acte pascal du Christ.

Dès son premier contact avec le petit univers de Westerbork, Etty s'y est attachée à une profondeur qui l'étonne elle-même. Rentrée pour raisons de santé, à Amsterdam, elle l'écrit (en allemand) à un certain Osias Kormann[1], Juif d'origine polonaise, lui aussi employé du Conseil juif, avec qui elle a aussitôt sympathisé :

> « Un petit salut de cette grande ville ! Je parcours ici un tas de rues, et Westerbork ne me quitte pas. Il est curieux que l'on puisse s'identifier ainsi à un lieu en si peu de temps. J'y retournerai si volontiers, même si cela me coûte de me séparer de gens qui me sont très proches. Mais je me sens si attirée par ce petit enclos au milieu de la bruyère, où tant de destinées humaines se trouvent réunies. Je ne puis encore m'expliquer clairement pourquoi il en est ainsi. Peut-être le comprendrai-je plus tard. Mais, en tout cas, je vais revenir » (*14 août 1942, p. 601*).

Cette attirance s'explique aussi par le fait qu'Etty, qui percevait d'instinct les affinités qui la rapprochaient de certains êtres, noua à Westerbork de profondes amitiés. Plusieurs de ses lettres de cette époque en témoignent. Celle-ci, par exemple, également adressée à Osias Kormann :

> « Comme ma machine à écrire, orpheline depuis si longtemps, a dû se réjouir de servir à taper quelque chose de beau ! Quand je pense qu'il y a quelque part en Hollande, sur une étendue de bruyères, un petit village de baraquements en bois, et qu'un homme y habite, qui s'appelle Osias Kormann, avec des yeux si bons derrière les verres de ses lunettes, et qui a écrit à quelqu'un : “Tu es vraiment créative. Tu as fait germer quelque chose en moi, quelque chose de vivant. Cela

m'a drôlement impressionné, tu sais !" Lorsqu'il n'y aura plus de barbelés en ce monde, il faudra que tu viennes voir ma chambre. Elle est si belle et paisible ! Je passe la moitié de mes nuits à mon bureau, à lire et à écrire. J'ai là environ 1 500 pages du journal que j'ai tenu depuis l'an dernier, et je suis en train de les lire. Quelle richesse de vie jaillit de chaque page ! Et dire que c'est cela qui a été ma vie ! Au fond, tu ne sais pas encore grand-chose de moi, ni moi de toi. Je veux dire, des faits précis. Mais ce ne sont pas tellement les faits qui comptent dans la vie, mais seulement ce qu'ils nous ont fait devenir. Ainsi, je pense, nous savons quand même quelque chose l'un de l'autre ? » (*28 septembre 1942, p. 604-605)*.

Il est intéressant pour nous de recueillir cette impression d'Etty à la lecture de son journal. Ne rejoint-elle pas la nôtre ? Mais une autre lettre, au même destinataire, évoque également la douceur d'une confiante amitié :

« Comme il était bon [*gemütlich*] de se promener ensemble le long des barbelés ! Quels bons amis nous étions devenus, en si peu de temps ! Aurais-tu parfois une minute pour m'envoyer à travers l'espace une pensée amicale (écrire est sans doute impossible pour le moment, je le comprends) [2] ? Peut-être pourrais-tu aussi puiser quelque force à ce profond sentiment d'amitié que j'éprouve à ton égard, et qui ne me quitte pas ? » (*9 octobre 1942, p. 608*).

La suite de cette même lettre fait allusion à une autre amitié très chère : celle de Joseph (Jopie) Vleeschhouwer. Ancien employé de banque, il travaillait comme Etty pour le Conseil juif[3]. Etty l'appelait son « compagnon d'armes » :

> « Très tôt ce matin, Vleeschhouwer a quitté Amsterdam. Cela n'a pas été sans lutte, car on voulait le garder ici. Mais en vaillant petit soldat, il voulait absolument remonter au front. Je me sens presque comme une sorte de déserteur, du fait que je ne suis pas avec vous » (*p. 608*).

Etty partage également la préoccupation de ses amis en présence de ce qu'elle appelle « l'animosité » qui régnait dans le camp entre Juifs hollandais et allemands. Ces derniers en étaient les premiers occupants, et c'est pour les accueillir, en 1939, que les autorités néerlandaises avaient édifié ces baraquements dotés d'un confort relatif. Les Allemands n'avaient pas vu d'un bon œil l'arrivée massive de leurs coreligionnaires hollandais, dont le grand nombre désorganisait la vie du camp. D'autre part, Westerbork étant passé, le 1er juillet 1942, sous commandement allemand, la langue allemande avait été imposée pour toutes les formalités à remplir, ce qui accentuait encore la discrimination entre Juifs néerlandais, presque tous exclus des fonctions importantes, et Juifs allemands, omniprésents dans l'administration[4]. Etty, cela ne saurait nous surprendre, n'était pas disposée à se résigner à cette hostilité sourde mais profonde entre ces deux groupes. Alors qu'elle se trouve encore à Amsterdam, elle écrit à Kormann son désir de contribuer à la réduire :

> « J'ai souvent ce Westerbork devant les yeux, et je parcours en pensée ses chemins boueux. Je prends tout

cela très à cœur. C'est un grand défi qui nous attend, ne crois-tu pas ? Il s'agit d'affronter cet hiver, qui s'annonce difficile, d'une manière aussi apaisante que possible. Je crois qu'en dernière instance, c'est davantage une question d'humanité que de capacité organisatrice et technique (celle-ci est déjà acquise pour l'essentiel, et il n'est pas nécessaire d'y insister lourdement – ou suis-je trop naïve à ce sujet ?). Il ne sera pas simple de jeter un pont entre les premiers occupants du camp et le Conseil juif. Je sais bien que ce Conseil a commis de grosses erreurs, et qu'il en fait encore. Des gens de la trempe d'un Vleeschhouwer sont encore trop peu nombreux parmi nous. Mais nous avons tout de même de bons éléments, et on peut espérer qu'ils pourront s'entendre avec vous et vous avec eux » (*28 octobre 1942, p. 609*).

Ce souci, si constant chez Etty, de dépasser les mesquineries et les rancœurs qui opposent les hommes s'exprime également avec force à la fin d'une longue lettre qu'elle adresse, fin décembre 1942, à deux sœurs de La Haye, sur la demande instante d'un certain docteur K.[5], dont elle tait le nom pour le cas où cet écrit n'échapperait pas à la censure. Il s'agit en fait d'un long rapport, très circonstancié, sur la vie à l'intérieur du camp. En voici la conclusion (où Etty, ainsi que nous l'avons vu ailleurs, se juge avec une sévérité que nous sommes tentés de trouver excessive) :

« Ce long bavardage vous a peut-être donné l'impression que je vous ai effectivement raconté Westerbork. Mais lorsque je me représente mentalement Westerbork, avec toutes ses facettes, son histoire mouvementée, sa détresse matérielle et morale, je sais que je n'ai pas réussi à faire ce qui m'était demandé. Et de surcroît, il s'agit d'un récit très subjectif. Je conçois qu'on puisse en faire un autre, plus marqué par la haine, l'amertume et la révolte. Mais la révolte qui ne naît que lorsque le malheur vous atteint personnellement n'est pas authentique et ne pourra jamais être féconde. Et l'absence de haine n'implique pas nécessairement l'absence d'une élémentaire indignation morale.

Je sais que ceux qui haïssent ont pour cela de bonnes raisons. Mais pourquoi devrions-nous toujours choisir la voie la plus facile, la moins coûteuse ? Au camp, j'ai ressenti si fort le fait que chaque atome de haine ajouté à ce monde le rend encore plus inhospitalier qu'il n'est. Et je pense aussi, avec une naïveté peut-être puérile, mais avec une tenace conviction, que cette terre ne peut devenir un peu plus habitable que par l'amour, cet amour dont le Juif Paul a parlé un jour aux habitants de la ville de Corinthe, au treizième chapitre de sa première lettre» (*p. 629*).

Dans ce long rapport[6], Etty brosse un tableau saisissant de la vie quotidienne au camp de Westerbork, de son organisation, de sa population bigarrée, de la détresse et des faux espoirs des internés, mais elle nous révèle aussi la profondeur et la générosité de son âme à l'épreuve de cette situation limite d'humanité où elle se trouve plongée. Ainsi qu'on l'a justement observé[7] : «Chez bon nombre de sujets, ce genre de situation extrême engendre le désarroi ou l'apathie. Chez Etty, c'est exactement le contraire qui se produit: une irrésistible intensité de vie» – mais aussi, ajouterions-nous, une inépuisable capacité de tendresse et de compassion. Mais laissons-la s'en expliquer tandis qu'elle s'isole quelque temps de la foule qui l'entoure pour écrire aux « deux sœurs » :

« Les premiers jours, je parcourais le camp comme on feuillette les pages d'un livre d'histoire. J'y ai rencontré des gens qui avaient été internés à Buchenwald et à Dachau à une époque où ces noms ne représentaient pour nous que des sons lointains et menaçants. J'y ai rencontré d'anciens passagers de ce bateau qui a fait le tour du monde sans être autorisé à accoster dans aucun port[8]. (...) J'ai vu des photos de petits enfants qui, entre-temps, ont bien dû grandir dans tel ou tel endroit inconnu de la planète – on peut se demander s'ils reconnaîtront leurs parents, à supposer qu'ils les revoient jamais. En un mot, on avait l'impression de voir devant soi, d'une manière tangible, un peu du destin, du *Schicksal* juif des dix dernières années...

Oui – Westerbork... Si j'ai bien compris, cet endroit – aujourd'hui foyer de souffrance juive – était il y a quatre ans encore sauvage et désert. (...) Et à présent ? Je vous donne au hasard un extrait de l'inventaire : il y a un orphelinat, une synagogue, une morgue et une fabrique de semelles en pleine expansion. J'ai entendu parler de la construction d'un asile d'aliénés, et le complexe des baraques hospitalières, qui s'étend continuellement, compte déjà mille lits, d'après les derniers chiffres que je connaisse. (...) Il y a des crises de cabinets en miniature, accompagnées des intrigues et des manœuvres dont elles semblent décidément inséparables. Il y a un commandant hollandais et un commandant allemand[9]. Le premier a plus d'ancienneté, le second plus d'autorité. De ce dernier, on dit en outre qu'il aime la musique et que c'est un gentleman. Je suis mal placée pour en juger, bien qu'à mon avis il exerce des fonctions tout de même assez inattendues pour un gentleman…

Il y a de la boue, tant de boue qu'il faut avoir un soleil intérieur accroché entre les côtes si l'on veut éviter d'en être psychologiquement victime (victime de chaussures abîmées et de pieds mouillés – vous me comprenez). Notre camp n'a qu'un étage, et pourtant on y surprend une multitude d'accents aussi impressionnante que si la tour de Babel avait été élevée parmi nous : bavarois et groninguois, saxon et frison oriental, allemand avec un accent polonais ou russe, hollandais avec un accent allemand et *vice versa*, amstellodamois et berlinois – et j'attire votre attention sur le fait que notre établissement couvre au maximum un peu plus d'un demi-kilomètre carré. (…)

Voilà bien ce qui rend la tâche si difficile dès que l'on veut parler de Westerbork : son caractère ambivalent. D'un côté, une société stable est en train de s'y former, une communauté constituée certes sous la contrainte, mais douée cependant de toutes les facettes propres à un groupe social humain. De l'autre, un camp conçu pour un peuple en transit et agité de forts remous à chaque déferlement de nouvelles vagues humaines venues des grandes villes ou de province, de maisons de repos, de prisons ou de camps disciplinaires, de tous les coins et recoins les plus perdus de Hollande, pour être à nouveau déportées quelques jours plus tard, cette fois vers une destination inconnue. »

Au milieu de cette agitation désespérée, l'œil d'Etty distingue parfois des éclairs de courage et de dignité humaine qu'elle excelle à repérer :

« Vous pensez si l'on se bouscule sur ce demi-kilomètre carré ! Car tout le monde n'est pas, bien sûr, comme cet homme qui bourra un jour son sac à dos pour monter dans le train de son propre mouvement, et qui répondit aux questionneurs qu'il voulait être libre de partir quand bon lui semblait – à lui ! Cela m'a fait penser à ce juge romain qui disait à un martyr : "Sais-tu que j'ai le pouvoir de te tuer ?" À quoi le martyr répondit : "Mais savez-vous que j'ai le pouvoir d'être tué ?"

Mais à part cela, on se bouscule tout de même beaucoup à Westerbork. C'est une vraie mêlée – comme, après le naufrage, autour du dernier bout de bois auquel s'accrochent désespérément beaucoup, beaucoup trop de gens en train de se noyer. On préfère rester, même dans cette province perdue, la plus déshéritée de Hollande, et passer l'hiver derrière les barbelés, plutôt que de se laisser entraîner au fin fond de l'Europe, vers des contrées et des destinations inconnues, d'où seuls des échos très rares et très vagues sont parvenus jusqu'à présent à ceux qui sont demeurés ici. Mais le quota doit être rempli, et le train aussi, ce train qui vient chercher sa cargaison avec une régularité presque mathématique – et l'on ne peut retenir chacun en le présentant comme indispensable au camp, ou trop malade pour supporter le transport, même si l'on tente de le faire pour beaucoup. On se dit certains jours qu'il serait plus simple de partir soi-même une fois pour toutes "en convoi", plutôt que de devoir être le témoin, semaine après semaine, des angoisses et du désespoir de milliers et de milliers d'hommes, de femmes, d'enfants, d'infirmes, de débiles mentaux, de nourrissons, de malades et de vieillards qui glissent entre nos mains secourables en un cortège presque ininterrompu. »

Contrairement à un lieu commun de l'antisémitisme européen et nazi, la majorité des Juifs que les rafles de l'occupant amenaient à Westerbork étaient de conditions modestes, et, parfois, des pauvres proches de la misère. Ce spectacle fait vibrer la fibre sociale de l'ancienne universitaire qui fréquentait, à Amsterdam, un groupe d'étudiants socialistes et antifascistes :

> « Nous avons vu arriver le prolétariat des grandes villes. Il étalait sa pauvreté et sa crasse dans la nudité des baraques. Et beaucoup se demandaient, bouche bée : qu'a-t-elle donc fait pour eux, cette fameuse démocratie d'avant-guerre ? »

Certains des arrivants avaient été réconfortés, au moment où on les emmenait, par la sympathie que leur manifestait la population des Pays-Bas, en particulier celle des régions catholiques qu'avait conscientisées, quelque temps auparavant, la lettre pastorale de l'archevêque d'Utrecht, Mgr Johannes de Jong, protestant contre les mesures prises par l'occupant à l'encontre de la communauté juive :

> « Les récits de Juifs de Heerlen, de Maastricht et de je ne sais quelles autres villes de la région bourdonnaient encore des adieux grandioses que les Limbourgeois leur avaient réservés dans leur exode. On sentit qu'ils pourraient vivre encore longtemps sur ce réconfort moral. "Les catholiques nous ont promis de prier pour nous, et ils savent le faire, ma foi, mieux que nous !" disait l'un d'eux. »

Cette lettre de l'archevêque (plus tard cardinal) de Jong eut une autre conséquence, tragique, celle-là[10] : les Allemands arrêtèrent en représailles tous les citoyens néerlandais d'origine juive qui s'étaient convertis au catholicisme. Ils étaient au nombre d'environ sept cents. La plupart furent déportés à Auschwitz et exterminés. Les premières arrestations eurent lieu le 2 août 1942. Après leur conversion, un certain nombre d'entre eux avaient opté pour la vie religieuse. Quelques semaines plus tard, ils furent transférés à Westerbork, en attendant d'être embarqués dans des wagons à bestiaux pour leur destination finale. Leur arrivée au camp avait vivement frappé Etty :

> « Nous avons vécu une journée étrange lorsqu'un transport nous amena des catholiques juifs, ou des Juifs catholiques – comme on voudra –, nonnes et moines portant l'étoile jaune sur leur habit conventuel. Je me rappelle deux jeunes hommes – des jumeaux –, dont le beau visage basané évoquait le ghetto, et qui, le regard empreint d'une sérénité enfantine sous leur capuchon, racontaient aimablement, et avec un naïf étonnement, qu'on était venu à quatre heures et demie les arracher à l'office du matin, et qu'à Amersfoort, on leur avait donné à manger du chou rouge. Il y avait aussi parmi eux un religieux, d'allure encore assez juvénile, qui n'avait pas quitté son monastère depuis quinze ans, et se retrouvait pour la première fois dans “le monde”. Je demeurai un moment à ses côtés, et je suivis son regard qui parcourait paisiblement le grand baraquement où l'on enregistrait les nouveaux venus » *(p. 622-623)*.

Avec ce sentiment de « sororité » que les femmes éprouvent généralement entre elles, Etty compatit au désarroi des religieuses contraintes de se prêter à un humiliant épouillage public :

« Parmi la foule des têtes rasées on voyait se mouvoir étrangement celles, entourées d'une coiffe de linge blanc, des femmes traitées contre les poux à la baraque de désinfection, et qui allaient et venaient avec un air de honte et de chagrin sur le visage » (*p. 623*).

Elle s'émeut aussi de la détresse étonnée de jeunes enfants devant la défaillance de leur mère :

« De petits enfants s'endormaient sur le plancher poussiéreux ou jouaient à la guerre entre les jambes des grandes personnes. Voici deux tout petits qui titubent, effarés, autour du corps massif d'une femme étendue sans connaissance dans un coin Ils n'y comprennent plus rien : leur mère reste ainsi étendue sans un geste et ne leur répond pas. Un vieux monsieur, droit comme un i, cheveux gris et profil aigu d'aristocrate, considère ce tableau infernal et répète sans cesse, se parlant à lui-même : "Un jour affreux ! Un jour affreux !" Et, dominant le tout, le crépitement ininterrompu d'une batterie de machines à écrire : la mitraille de la bureaucratie. Par les multiples petits carreaux, on aperçoit d'autres baraquements en planches, des barbelés et une lande aride » (*p. 623*).

Etty s'approche alors du moine qu'elle vient d'observer avec intérêt :

« Je lève les yeux vers le moine qui retrouve "le monde" pour la première fois depuis quinze ans, et je lui demande : "Alors, que dites-vous du monde ?" Mais le regard de l'homme en bure brune[11] reste ferme, aimable et sans émotion, comme si tout ce qui l'entoure lui était connu et familier, et depuis longtemps.

Plus tard, quelqu'un m'a raconté que, le soir de ce

> même jour, il avait vu un groupe de religieux s'avancer dans la pénombre entre deux baraquements en récitant leur rosaire, aussi imperturbables que s'ils étaient encore en train de prier dans le cloître de leur monastère. »

Et Etty de conclure en connaissance de cause, comme son journal en témoigne à bien des reprises : « N'est-il pas vrai que l'on peut prier partout, dans un baraquement en planches aussi bien que dans un monastère de pierres, et plus généralement en tout lieu de la terre où il plaît à Dieu, en cette époque troublée, de jeter ses créatures ? » (*p. 623-624*).

Elle n'eut pas le loisir de renouer conversation avec ces moines, car deux jours plus tard, un « transport » les emmenait vers Auschwitz où aucun d'entre eux ne devait survivre. L'intérêt qu'elle leur portait n'était pas feint, car, nous l'avons constaté en feuilletant son journal, celui-ci fait état, à plusieurs reprises, d'affinités que l'on pourrait qualifier de « monastiques ». Elle écrivait par exemple, le 18 mai 1942 : « Les menaces extérieures s'aggravent sans cesse, et la terreur s'accroît de jour en jour... Je me retire dans la prière comme en une cellule monastique, et j'en ressors plus concentrée, plus forte, plus "ramassée". Cette retraite dans la cellule bien close de la prière devient pour moi une réalité de plus en plus forte et nécessaire » (*p. 380*). Et un mois plus tard, vers minuit, elle se retire dans sa petite chambre et s'y agenouille devant le mur blanc contre lequel se dresse son lit, et qui, écrit-elle, « s'élève aussi sobre, aussi simple qu'une cellule monastique » (*26 juin 1942, p. 472*). Solitude, et pourtant communion – ce qui est le cœur même de la spiritualité monastique : « Tu devrais, écrit-elle encore, cesser de parler pour quelques jours, t'enfermer dans ta chambre et ne laisser entrer personne… On devrait prier nuit et jour pour des milliers de gens. On ne devrait pas interrompre une minute sa prière » (*3 octobre 1942, p. 76*).

On trouve encore, parmi quelques notations rapides rédigées dans son journal durant une de ses périodes de convalescence à Amsterdam, ce bref récit d'une rencontre avec des moniales contemplatives, également en « transit » à Westerbork :

> « [Rencontré aussi] Sœur Mendes da Costa, du couvent des Carmélites, qui avait quatre grands-parents portugais…, ainsi que deux religieuses, appartenant à une famille juive très orthodoxe, riche et très cultivée de Breslau, avec l'étoile jaune cousue sur leur habit monastique. Les voilà qui retrouvent leurs souvenirs de jeunesse » (*18 septembre 1942, p. 554*).

Comme l'ont bien vu les éditeurs des *Nagelaten geschriften* (*p. 780*), ces lignes appellent quelques précisions. Sœur Mendes da Costa était dominicaine, et non carmélite. Née à Amsterdam en 1895, dans une famille de la bonne bourgeoisie juive orthodoxe, elle fut un temps attirée par le protestantisme libéral, puis se convertit au catholicisme. Après quatre mois d'internement à Westerbork, puis à Theresienstadt, elle aboutit à Auschwitz, où elle périt dans une chambre à gaz environ six mois après Etty et sa famille. Quant aux deux autres « religieuses », il s'agit des deux sœurs Stein. Seule la cadette, Edith, disciple, puis assistante du philosophe Edmund Husserl, était entrée au carmel de Echt, dans le Limbourg hollandais, où ses supérieures l'avait dirigée étant donné ses origines juives. Après la Nuit de Cristal, sa sœur aînée Rosa, qui n'était pas entrée en religion après sa conversion au catholicisme, vint s'y réfugier et fut accueillie dans la communauté qui espérait pouvoir la cacher jusqu'à la fin de la guerre. Les deux sœurs furent arrêtées ensemble et périrent le même jour, le 9 août 1942, dans une chambre à gaz d'Auschwitz. Leur destin ne fit que croiser celui d'Etty, car elles ne passèrent que quatre jours à Westerbork. Edith Stein et Etty Hillesum sont sans doute les deux personnalités aujourd'hui les plus célèbres qui soient passées par ce camp de « transit ». Si un même destin tragique les a réunies à jamais, ce dont témoignent leurs écrits – leur sens de l'Absolu, leur expérience de la prière, leur vaste culture, la profondeur et la pertinence de leur réflexion face aux questions ultimes – tout cela nous permet d'imaginer qu'elles auraient été heureuses d'entrer dès ici-bas en dialogue et en amitié.

Les questions ultimes : elles se trouvaient posées avec une singulière insistance à Westerbork. C'est ce qu'Etty tente d'expliquer aux deux demoiselles de La Haye :

> « La somme de souffrance humaine qui s'est présentée à nos yeux durant les six derniers mois, et continue de s'y présenter chaque jour, dépasse largement la dose assimilable par un individu durant la même période. C'est pourquoi l'on entend répéter autour de soi tous les jours et sur tous les tons : "Nous ne voulons pas penser, nous ne voulons pas sentir, nous voulons oublier

> aussi vite que possible." Il y a là un grave danger. (...) Ce qui importe, en effet, ce n'est pas de rester en vie coûte que coûte, mais comment on reste en vie. Il me semble parfois que toute situation nouvelle, qu'elle soit meilleure ou pire, comporte en soi la possibilité d'enrichir l'homme de nouvelles intuitions.
>
> (...) Je sais, ce n'est pas si simple, et pour nous, Juifs, moins encore que pour d'autres. Mais si au dénuement général du monde d'après-guerre, nous n'avons à offrir que nos corps sauvés au prix de tout le reste, et non ce nouveau sens jailli des plus profonds abîmes de notre détresse et de notre désespoir, ce sera trop peu. De l'enceinte même des camps, de nouvelles pensées devront rayonner vers l'extérieur, de nouvelles intuitions devront étendre autour d'elles de nouvelles zones de clarté au-delà de nos clôtures de barbelés, et rejoindre d'autres intuitions nouvelles que l'on aura conquises hors des camps, au prix d'autant de sang et dans des conditions devenues peu à peu aussi pénibles. Et sur la base commune de réponses propres à éclairer le mystère de ces événements, nos vies précipitées hors de leur cheminement naturel ne pourraient-elles alors risquer une nouvelle avancée ? » (*p. 624-625*).

Mais il est un aspect de cette réalité vécue à Westerbork qui semble défier cette recherche de sens, et, avec sa loyauté coutumière, Etty le reconnaît avec humilité : « Mais les vieilles gens ? Tous ces vieillards usés, infirmes ? Comment puis-je, en les regardant en face, me lancer dans des spéculations philosophiques ? » Et son vécu des dernières semaines fait irruption dans sa mémoire et s'inscrit pêle-mêle sous sa plume :

« Un matin d'été, je tombe sur un homme qui ne cesse de marmonner, l'air abasourdi : "Vous avez vu ce qu'ils nous ont envoyé comme *travailleurs* en Allemagne ?" Et m'étant hâtée vers l'entrée du camp, j'arrivai au moment où on les déchargeait de vieux camions branlants : une succession de vieillards. Et nous restions plantés là, sans un mot, pour vous dire la vérité. Mais après quelque temps, nous trouvions cela normal, et à chaque nouveau convoi, nous nous demandions l'un à l'autre : "Y avait-il beaucoup de vieillards et d'infirmes, cette fois ?" »

Et de détailler le dramatique et naïf désarroi de ces vieilles gens projetées tout à coup en pleine absurdité :

« Une petite vieille avait oublié ses lunettes et sa fiole de pilules "à la maison", sur la cheminée : comment faire pour les récupérer, demandait-elle – et d'ailleurs, où se trouvait-elle exactement, et où l'emmenait-on ?

Une femme de quatre-vingt-sept ans s'accrochait à ma main avec tant de force que j'ai cru qu'elle ne la lâcherait plus jamais. Elle me racontait que les marches de sa maison avaient toujours relui de propreté, et que, pas une fois dans sa vie, elle n'avait jeté ses vêtements sous son lit en se couchant [12].

Et ce petit monsieur de soixante-dix-neuf ans. Cinquante-deux ans de mariage, me dit-il, sa femme en traitement à l'hôpital d'Utrecht, et lui, on allait l'emmener loin de la Hollande dès le lendemain…

Je pourrais continuer ainsi pendant des pages et des pages, vous n'auriez encore qu'une faible idée de cette masse traînante, trébuchante, effondrée, démunie, de ses questions naïves et puériles. Les mots, ici, nous étaient d'un maigre secours, et une main sur l'épaule pesait parfois trop lourd.

Non, vraiment, ces vieilles gens, c'est un chapitre à part. Leurs gestes maladroits, leurs visages éteints peuplent encore les nuits sans sommeil de beaucoup d'entre nous... » (*p. 626).*

Le 5 juin 1943, après avoir à nouveau refusé les offres de plusieurs amis qui voulaient l'aider à se cacher, Etty revenait, cette fois définitivement, à Westerbork. La nuit qui suivit, elle participait à l'accueil d'un convoi de déportés en provenance de Vught, près de Bois-le-Duc, camp de concentration où se trouvaient internés Juifs et non-Juifs. Pour les Juifs, « c'était à la fois un camp de travail et un camp de transit, car tôt ou tard ils étaient transférés à Westerbork et, de là, en Pologne. Les 6 et 7 juin, sous le contrôle de la police néerlandaise, deux convois emmenèrent mille deux cent quatre-vingt-huit femmes et mille deux cent soixante-dix enfants, dans des conditions effroyables. Dès le 8 juin, ils repartaient pour Sobibor où tous furent aussitôt exterminés [13] ». Dans la première lettre qu'elle adresse à Han Wegerif et à d'autres amis après son retour au camp, Etty décrit en ces termes leur arrivée à Westerbork :

« Nous nous sommes réveillées vers les quatre heures du matin. J'ai puisé des forces dans ton chef-d'œuvre de gâteau, ma bonne Käthe, avant de replonger dans le nocturne paysage westerborkien. On nous a d'abord désinfectées au lysol, car les convois de Vught amènent toujours beaucoup de poux. De quatre à neuf, j'ai traîné de petits enfants en pleurs et porté des bagages pour soulager des femmes épuisées. C'était dur – et déchirant. Des femmes et des enfants en bas âge, mille six cents (un autre convoi aussi important est attendu cette nuit), tandis que les hommes ont été volontairement retenus à Vught. Le train est déjà prêt pour le transport de demain matin (Jopie et moi venons de faire un tour de ce côté-là). De grands wagons à bestiaux vides. À Vught, il meurt deux ou trois enfants par jour. Une vieille femme m'a demandé, complètement désemparée : "Et vous, vous pourriez m'expliquer pourquoi nous devons tant souffrir, nous autres Juifs ?" Je n'ai pas pu lui répondre. Une femme avec un bébé de quatre mois qu'elle n'avait pu nourrir, depuis des jours, que de soupe aux choux, m'a dit : "Je répète sans arrêt : *Ah, mon Dieu ! Ah, mon Dieu !* Mais existe-t-il vraiment ?" » (*p. 640*).

Nous voici à nouveau en présence de la question cruciale que nous avons rencontrée au chapitre précédent, et à laquelle le Juif allemand L. Rubinstein croyait, parmi d'autres, pouvoir répondre, au lendemain de la guerre : « Après Auschwitz, il n'y a plus de Dieu [14]. » Etty, nous l'avons vu, n'a pas esquivé cette question, et si elle l'évoque à nouveau par la bouche de cette mère en détresse, c'est à la fois parce qu'elle l'avait prise au sérieux, et parce qu'elle lui avait offert une réponse, une réponse *vécue* (encore que, comme elle le suggère, elle ne soit pas dépourvue de cohérence philosophique). Comme il ressort d'un certain nombre de textes cités jusqu'ici, elle formule cette réponse de plusieurs manières. Ainsi, avec une touchante simplicité, au cours de sa seconde période de convalescence à Amsterdam, après deux séjours au camp de Westerbork, le 24 septembre 1942 :

« Toutes les détresses nocturnes et les solitudes d'une humanité souffrante traversent tout à coup douloureusement ce petit cœur qui est le mien. Qu'ai-je donc l'intention d'entreprendre cet hiver ? Plus tard je voyagerai à travers tous les pays de ton monde, mon Dieu, je sens cet appel en moi qui traverse toutes les frontières et qui découvre en toutes tes créatures, si différentes et en conflit les unes avec les autres par toute la terre, quelque chose de commun. Et je voudrais parler de ce qu'elles ont ainsi en commun, d'une petite voix si douce, mais jusqu'au bout et avec conviction. Donne-moi les mots et la force de le leur dire. Je veux d'abord être présente au milieu des conflits et parmi ceux qui souffrent. Alors j'aurai peut-être le droit de parler ? Cette intuition ne cesse de surgir en moi et de me réchauffer le cœur, même après les moments les plus difficiles à vivre : la vie est pourtant si belle ! C'est un sentiment inexplicable. Apparemment, rien ne le justifie dans la réalité où nous vivons. Mais il y a tout de même d'autres réalités que celles dont parlent les journaux, ou dont il est question dans les conversations haletantes de gens terrorisés. Il y a aussi la réalité de ce petit cyclamen rose, et de cet immense horizon que l'on peut toujours découvrir derrière les rumeurs et la confusion de ce temps. – Donne-moi une seule ligne de poésie par jour, mon Dieu, et si parfois je ne peux l'écrire, parce que je n'aurai plus de papier ni de lumière, je la réciterai tout doucement le soir, les yeux levés vers ton grand ciel » (*p. 563*).

Ici encore, Etty rejoint à sa manière ce paradoxe qui traverse les Écritures judéo-chrétiennes, et qui a été plusieurs fois évoqué plus haut. Le Livre des Psaumes, en particulier, contient, nous l'avons vu, des expressions proches du désespoir (Ps *6* ; Ps *9*

(*10*)...) et des hymnes à la beauté du monde créé par Dieu et à la grandeur de l'homme qu'il aime (Ps *8* ; Ps *18* (*19*) ; Ps *64* (*65*) ; Ps *66* (*67*) ; Ps *135* (*136*)), et le célèbre cantique des créatures (dit « des trois jeunes gens dans la fournaise ») qui figure au Livre de Daniel (*3*, 57-88). C'est aussi dans une situation d'extrême dépouillement et de solitude que François d'Assise a composé son propre *Cantique des créatures*.

« La vie est si belle », ne cesse de répéter Etty, et le contexte prouve assez qu'il ne s'agit pas là d'une euphorie superficielle, mais d'une intuition qui rejoint le sens profond du réel. La beauté est pour elle le rayonnement de la vérité du monde et des êtres. Chose remarquable : on trouve cette même approche « esthétique », à la fois contemplative et admirative (selon l'étymologie de ce mot), chez une exacte contemporaine d'Etty, le philosophe français Simone Weil. Comme elle d'origine juive et de cinq ans son aînée, elle mourut, tuberculeuse, la même année (1943) à Londres où elle avait rejoint les Forces françaises libres. Un recueil de ses écrits majeurs, *La Pesanteur et la Grâce*, paru après la guerre, a révélé son adhésion à la foi catholique – bien qu'elle eût, comme Henri Bergson, renoncé au baptême par solidarité avec son peuple persécuté. Bornons-nous à cette citation [15] :

> « En fait, le monde est beau. Quand nous sommes seuls en pleine nature et disposés à l'attention, quelque chose nous porte à aimer ce qui nous entoure... Et la beauté nous touche d'autant plus vivement que la nécessité apparaît d'une manière plus manifeste, par

> exemple… dans les plis que la pesanteur imprime aux montagnes ou aux flots de la mer, dans le cours des astres. Dans la mathématique pure aussi, la nécessité resplendit de beauté. Sans doute l'essence du sentiment de la beauté est-elle le sentiment que cette nécessité, dont une des faces est contrainte brutale (les "lois" de la nature), a pour autre face l'obéissance à Dieu. Par l'effet d'une miséricorde providentielle, cette vérité est rendue sensible à la partie charnelle de notre âme et même en quelque sorte à notre corps. »

Le langage d'Etty est, certes, plus concret, plus imprégné d'affectivité, mais son inspiration est finalement du même ordre. Elle perçoit les signes de la présence de Dieu dans le rayonnement de la beauté : celle des fleurs, celle du ciel, et, d'une manière privilégiée, celle des relations humaines ouvertes et confiantes. Elle éprouve aussi son absence dans la haine, le mépris, la violence meurtrière. Mais le rayonnement mystérieux de cette Beauté « toujours ancienne et toujours nouvelle », dont parle un de ses auteurs favoris, saint Augustin, l'emporte à ses yeux sur les ténèbres les plus opaques, et lui inspire le pari de l'amour. On pourrait dire, en citant un des philosophes les plus originaux de ce siècle, qui fut aussi, comme Simone Weil, son contemporain, qu'Etty a « posé comme axiome que l'Amour incompréhensible voulant s'unir de la manière la plus intime aux hommes est le secret caché de l'Être[16] ».

Cette option, elle constate, en « lisant » sa vie, qu'elle porte en elle-même sa justification. La preuve que la vie a un sens, c'est la joie d'aimer, d'aimer encore, d'aimer quand même, et de rejoindre, par la prière, ainsi que Julius Spier le lui a appris, la Source mystérieuse de tout amour. Ici encore, sans l'avoir connue ni, à notre connaissance, lu ses écrits, le philosophe exprime en son langage ce dont Etty a témoigné par son vécu, et par la manière dont elle nous le livre dans ses écrits :

> « Je suis porté à chercher un acte d'intelligence qui me permette d'accomplir, comme disait Lachelier, une destinée que nous avons choisie, ou plutôt que nous ne cessons pas de choisir... Il faudrait, pour prendre une métaphore tirée de l'espace, que l'acte soit à la fois horizontal et vertical, et plus vertical qu'horizontal puisque la ligne qui va du passé au futur est destinée à s'évanouir, alors que par mon élan vers le haut de moi-même je suis projeté vers l'intemporel.
>
> Ici "la raison" ne suffit pas. Car la faculté que nous nommons "raison" est hallucinée par la succession horizontale qu'elle appelle histoire. Il serait désirable qu'à la "raison" s'ajoute un autre exercice : qu'à la *ratio,* pour parler latin, s'ajoute l'*oratio.*
>
> Disons alors que l'acte le plus capable de nous placer d'emblée hors de l'absurdité du temps dans le mystère du temps est la prière, en tant qu'elle achève la pensée. Et, parmi les prières, le *Pater* (Notre Père)[17]. »

Nous ne savons pas si, en lisant son « cher Matthieu », Etty avait fait sienne cette prière enseignée par Jésus à ses disciples (Mt *6*, 9-13). Mais ce qu'elle nous confie de sa manière de prier en rejoint incontestablement les données essentielles. On peut d'ailleurs remarquer que le « Notre Père » se prête naturellement à une prière préchrétienne, puisqu'il ne comporte pas de mention explicite de Jésus, ni du « Christ ». Il s'apparente d'ailleurs, pour le contenu aussi bien que pour la forme, aux prières juives, et en particulier à la « prière des dix-huit demandes » que les Juifs récitent encore aujourd'hui.

Cette option orante et aimante apporte à Etty une autre preuve de sa validité, une preuve en quelque sorte expérimentale. Elle nous a dit et redit dans son journal, avec une sincérité exempte de toute complaisance, combien, avant de recourir à l'aide de Julius Spier, elle se sentait enfermée dans un enchevêtrement psychologique dont elle ne parvenait pas à se libérer, et qu'elle « somatisait » en des malaises presque continuels. Les expériences sexuelles, qui tiennent alors une grande place dans sa vie, et sa vive curiosité intellectuelle elle-même, lui laissent un sentiment de profonde insatisfaction :

> « L'amour avec moi peut sembler parfait, mais ce n'est pourtant qu'un jeu éludant l'essentiel, et, tout au fond de moi, quelque chose reste emprisonné. Et tout est à l'avenant. J'ai reçu assez de dons intellectuels pour pouvoir tout sonder, tout aborder, tout saisir en formules claires. On me croit supérieurement informée de bien des problèmes de la vie. Pourtant, là, tout au fond de moi, il y a une pelote agglutinée, quelque chose me retient dans une poigne de fer, et toute ma clarté de pensée ne m'empêche pas d'être bien souvent une pauvre godiche peureuse » (*9 mars 1941, p. 4*).

Mais au fur et à mesure qu'elle se rend attentive à sa vie intérieure (le *hineinhorchen* de Spier), et qu'elle s'engage sur le chemin de la prière et de la confiance aimante en Dieu, le sentiment de la bonté et de la beauté de la vie l'envahit, et confère à son écriture une originalité et une densité qui ne laissent pas de l'étonner elle-même. En outre et surtout, cette évolution la conduit à s'ouvrir de plus en plus – non parfois sans combats – à ceux et celles qui l'entourent ou qu'elle rencontre ; à « lire » leur vie, à partager leurs élans, à désirer la libération intérieure de ceux qui s'enferment dans leur cynisme, leur résignation ou leur désespoir. « Combien il est significatif, observe le Père Loosen[18], qu'une personnalité si riche et originale, qui, par comparaison avec le prolétariat juif d'Amsterdam, pouvait paraître élitiste – elle qui goûtait si fort les heures passées dans le calme de son petit bureau de la Metsustraat à lire Rilke ou Jung, ou Augustin – en arrive à trouver sa place et à découvrir sa vocation au milieu de la foule dépenaillée et misérable du camp de Westerbork. » Tout ce qu'elle pouvait faire pour accompagner et soutenir ces milliers d'internés « en transit », voués à l'extermination, lui apparaissait comme une pure et simple requête de l'amour qui l'habitait. Elle s'en explique dans une longue missive qu'elle fait parvenir clandestinement de Westerbork à l'infirmière Maria Tuinzing, une des pensionnaires de la grande maison de Han Wegerif :

> « Beaucoup, ici, sentent dépérir leur amour du prochain parce qu'il n'est pas nourri de l'extérieur. Les gens, ici, ne vous donnent pas tellement l'occasion de les aimer, dit-on. “La masse est un monstre hideux, les individus sont pitoyables”, a dit quelqu'un. Mais, pour ma part, je ne cesse de faire cette expérience intérieure :

il n'existe aucun lien de causalité entre le comportement des gens et l'amour qu'on éprouve pour eux. L'amour du prochain est comme une prière élémentaire qui vous aide à vivre. La personne même de ce "prochain" ne fait pas grand-chose à l'affaire. Ah ! Maria, il règne ici une certaine pénurie d'amour, et moi, je m'en sens si inexprimablement riche ! Je serais bien en peine de l'expliquer aux autres» (*8 août 1943, p. 676-677*).

L'enclos de Westerbork lui apparaît ainsi comme un lieu de vérité, où chacun se trouve confronté aux «ultimes valeurs humaines» :

«Parmi ceux qui échouent sur cet aride pan de lande de cinq cents mètres de large sur six cents de long, on trouve aussi des vedettes de la vie politique et culturelle des grandes villes. Autour d'eux, les décors de théâtre qui les protégeaient ont été soudain emportés par un formidable coup de balai, et les voilà, encore tout tremblants et dépaysés, sur cette scène nue et ouverte aux quatre vents qui s'appelle Westerbork. Arrachées à leur contexte, leurs figures sont encore auréolées de l'atmosphère palpable qui s'attache à la vie mouvementée d'une société plus complexe que celle-ci... La solide armure que leur avaient forgée position sociale, notoriété et fortune est tombée en pièces, leur laissant pour tout vêtement la mince chemise de leur humanité. Ils se retrouvent dans un espace vide, seulement délimité par le ciel et la terre, et qu'il leur faudra meubler de leurs propres ressources intérieures – il ne leur reste plus rien d'autre. On s'aperçoit aujourd'hui qu'il ne suffit pas, dans la vie, d'être un politicien habile ou un artiste de talent. Lorsqu'on touche au fond de la détresse, la vie exige bien d'autres qualités. Oui, c'est vrai, nous sommes jugés à l'aune de nos ultimes valeurs humaines » (*Lettre aux deux sœurs de La Haye, décembre 1942, p. 628-629*).

Ces « ultimes valeurs humaines », elle les découvre de quelque manière chez ses parents qui, eux aussi, ont fini par aboutir à Westerbork, ainsi que leur fils cadet Mischa – ce qui a décidé Etty à demander au Conseil juif de pouvoir y rester définitivement. Elle espère pouvoir ainsi prendre soin d'eux et, peut-être, leur éviter d'être désignés pour un « transport » vers l'Est [19]. – « Mes parents réagissent avec un courage sublime, écrit-elle à la maisonnée de la Metsustraat, je suis fière d'eux. La Pologne ne leur fait pas peur, disent-ils. J'espère pouvoir les retenir à Westerbork, mais ici rien n'est sûr » (*29 juin 1943, p. 651*). Juchée sur son châlit (de trois lits superposés) elle adresse à ses amis Smelik ce pittoresque et émouvant tableau de son vieux père (les malentendus de naguère sont décidément bien dissipés !) :

« Avec père, je me suis promenée l'autre jour en luttant contre une espèce de vent de sable. Il est charmant, comme toujours, et fait preuve d'un beau stoïcisme. Il m'a dit d'un ton aimable et tranquille, avec détachement : "En fait, je préférerais partir en Pologne au plus tôt. J'en aurais plus vite fini, j'y passerais trois jours, cela n'a plus aucun sens de prolonger cette existence dégradante. Et pourquoi ce qui arrive à des milliers d'autres me serait-il épargné ?" Puis, nous nous sommes amusés de ce paysage de circonstance, un vrai désert – malgré les lupins mauves, des œillets des prés et de gracieux oiseaux qui ressemblent à des mouettes. "Les Juifs au désert ! Il y a longtemps que nous connaissons ce paysage !" Cela vous pèse parfois bien lourd, voyez-vous, un petit papa si gentil et qui, par moments, serait près de renoncer. Mais ce sont des sautes d'humeur. Il est aussi d'autres moments où nous rions ensemble et nous étonnons d'une foule de choses. Nous rencontrons beaucoup de parents que nous avions perdus de vue depuis des années, des juristes, un bibliothécaire, que nous trouvons poussant des wagonnets de sable, affublés de bleus de chauffe crasseux, et nous nous lançons de brefs regards, sans dire grand-chose » (*3 juillet 1943, p. 656*).

Elle retrouve vis-à-vis de ses parents des gestes d'affection qu'elle avait désappris depuis longtemps :

« J'ai passé la main dans les cheveux désormais presque blancs de mon père, qui me disait : "Si je reçois cette nuit mon ordre de marche (c'est-à-dire de départ pour la *Pologne*), je ne le prendrai pas au tragique, je partirai tout tranquillement (on reçoit son ordre en pleine nuit, quelques heures avant le départ du convoi). Après huit heures, je me suis promenée quelque temps avec maman… » (*A H. Wegerif, 5 juillet 1943, p. 660*).

Trois jours plus tard, elle écrit à Christine van Nooten, qui avait été un de ses professeurs de latin et de grec au gymnase de Deventer, et s'était liée d'amitié avec la famille Hillesum lorsque le père d'Etty avait été révoqué de sa charge de proviseur par l'occupant[20] :

« Je me suis faite à l'idée de devoir partir d'un jour à l'autre. Je voudrais épargner ce sort à mes parents et à mes frères, plus que tout au monde. Mais il est vain de pratiquer ici la politique de l'autruche. Chaque semaine un convoi part d'ici, et il doit être au complet… Si un répit nous est encore accordé, ce sera bien vite notre tour. Mon père prend la chose très calmement : "Ce que des milliers des nôtres ont subi avant nous, nous pouvons, nous aussi, le supporter", dit-il. Je suis si reconnaissante de les avoir encore ici avec moi… Papa et maman me donnent beaucoup de satisfaction. Ils tiennent chacun le coup à leur manière, et j'ai une grande admiration pour eux. Dans son baraquement de l'infirmerie, papa a maintenant deux élèves. L'un n'est qu'un peu malade, l'autre l'est vraiment. Il veut à tout prix enseigner encore un peu de grec et de latin pour se distraire du reste. Il lit Homère, Ovide et Salluste avec eux et leur donne cours deux heures par jour. Le reste du temps, il lit beaucoup, il philosophe avec de vénérables rabbins et d'anciens condisciples, et fait de temps en temps une petite promenade avec sa fille dans le sable mou de la cour de l'infirmerie» (*8 juillet 1943, p. 666*).

Cette admiration qui s'était peu à peu éveillée en elle à l'égard de son père, au sein d'une commune épreuve, était devenue réciproque. Un ancien élève de Louis Hillesum, San Van Drooge, qui était devenu pasteur baptiste en Frise, et avait des contacts avec des résistants à Amsterdam, avait été mis au courant des menaces qui pesaient sur la famille Hillesum. Il avait élaboré avec eux un plan destiné à permettre aux Hillesum de se cacher dans son presbytère, lequel était très vaste. Mais le vieux professeur déclina l'offre, et il s'en expliqua en évoquant sa fille : «Tu l'as bien connue, dit-il au pasteur, et tu sais combien elle était frivole et fantasque. Elle a bien changé, maintenant. Elle est devenue si sérieuse, elle s'est comme "spiritualisée" [*vergeestelijkt*]. Je suis très ému de voir comment cette fille se consacre à présent totalement au service des plus pauvres et des plus âgés de notre peuple. » La conversation se poursuivit encore quelque temps, et l'on cessa de parler de notre plan. M. Hillesum dit encore : « Si nous entrons dans la clandestinité, Etty devrait se joindre à nous, et cela, elle ne l'acceptera pas. Je ne veux pas la mettre en danger. Etty trouve que sa place est ici, à Amsterdam. » Et San Van Drooge de conclure : « Je m'éloignai, profondément ému, en me découvrant avec respect. Et je me disais : "Est-ce bien là ce petit monsieur juif qui semblait avoir peur de tout ? Quel courage, chez cet homme[21] !" »

Etty est aussi intensément présente aux amitiés qu'elle a nouées depuis son arrivée à Westerbork. Parmi elles, celle de Philip Mechanicus. Grand reporter, spécialiste de politique étrangère dans un des meilleurs journaux néerlandais de l'époque, l'*Algemeen Handelsblad*, il était arrivé au camp en novembre 1942. Grâce à différentes interventions, dont celle d'Etty et de son ami Kormann, il avait réussi à s'y maintenir jusqu'en mars 1944[22]. Etty apprend toutefois, le 6 juillet 1943, qu'il figure probablement sur la liste fatidique du prochain convoi. Elle se rend aussitôt auprès de lui, et transcrit pieusement ensuite ce qui aurait pu être ses dernière paroles à son intention :

> « Je l'ai aidé à empaqueter ses affaires, j'ai recousu quelques boutons à son costume. Il m'a dit entre autres choses : "Ce camp m'a rendu plus indulgent. Tous les

> hommes sont devenus égaux à mes yeux. Ce sont tous des brins d'herbe qui plient sous la tempête, qui se couchent sous l'ouragan." Et aussi : "Si je survis à cette époque, j'en sortirai plus mûr et plus profond. Et si je disparais, je serai mort en homme plus mûr et plus profond" (*À H. Wegerif, juillet 1943, p. 659-660*).

Durant son internement à Westerbork, Philip Mechanicus avait, lui aussi, rédigé un journal, qui fut publié en 1964 sous le titre : *In dépôt*. Il y évoque ses impressions au sujet de la famille Hillesum et de la manière dont elle vivait cette dernière étape de son destin tragique :

> *Dimanche 11 juillet [1943]*... La semaine passée, le père d'une amie à moi a été transporté dans le baraquement de l'infirmerie. Érudit, au fond solide, mais totalement inadapté à la vie en groupe. Un excentrique. Il passe ses journées sans se soucier de l'entourage et ne fait rien d'autre que lire, le livre en face de ses yeux de myope. Bien soigné et gâté toute sa vie, il est tout à fait inadapté à cet environnement où il se trouve. Malgré tout, le *fatum* [le destin] est suspendu au-dessus de leurs têtes. Il est hautement probable qu'ils vont devoir faire le grand voyage ce mardi. La femme dit tristement : "Je supporterais bien le voyage seule, mais avec lui ce n'est pas possible." Son mari répond avec une insouciance d'enfant : "Oh, cela ira toujours ! Il faut bien s'accommoder de ce qui nous arrive." La fille [Etty], qui doit normalement rester ici, déclare : "C'est affreux : mon frère [Mischa], qui peut rester ici, ne veut pas quitter ses parents, et il n'est pas tout à fait normal." Cette tension est insupportable. Nous espérons que le convoi de mardi ne sera pas le bon. Mais alors commencera une nouvelle semaine de tension, puis peut-

être encore une, et la fin de la chanson est, de toute façon, qu'ils doivent partir. Je voudrais pouvoir demander: "Seigneur, abrège cette épreuve!" Des jeunes peuvent à la rigueur supporter cette tension continuelle, mais les personnes âgées en sont écrasées. Il vaut peut-être mieux que ce chemin de croix se termine le plus tôt possible. Chaque jour la femme embrasse son mari, la fille embrasse son père avec tendresse, lorsqu'elle vient le voir et lorsqu'elle le quitte. Chaque jour elle caresse avec amour la tête grise de son père, elle parcourt de ses doigts le visage ridé de sa mère. Elle observe avec inquiétude la manière dont se comporte son jeune frère. Portrait émouvant d'une famille heureuse : une affection mutuelle exemplaire, une profonde communion spirituelle, une conception innée et aristocratique de la vie. Cette famille se trouve prise dans l'ouragan de l'antisémitisme, qui est sur le point de la détruire. L'ombre menaçante d'un avenir fatal peut se lire dans le regard de la mère qui, paisible extérieurement, se prépare à sa destination inconnue[23]. »

On comprend qu'une fille si aimante ait sympathisé d'emblée avec un observateur si perspicace et si lucidement compatissant. Mais nous l'avons déjà constaté : un des traits les plus marquants de la personnalité d'Etty, depuis qu'elle a accédé à cette maturité spirituelle à laquelle l'influence de Julius Spier l'avait préparée, c'est sa disponibilité à dépasser ses attachements, fussent-ils les plus naturels et les plus légitimes, pour s'ouvrir à un plus vaste horizon d'altruisme. Dans un fragment non daté d'une lettre adressée à H. Wegerif et aux autres habitants de sa maison, elle s'en explique :

« Il y a une parole de l'Écriture où je puise sans cesse de nouvelles forces. Je la cite de mémoire : "Si vous m'aimez, vous devez quitter vos parents[24]." Hier soir, luttant une fois de plus pour ne pas me laisser consumer de pitié pour mes parents, une pitié qui me paralyserait totalement si j'y cédais, je l'ai traduite aussi en ces termes : on ne doit pas se laisser absorber par le chagrin et l'inquiétude que l'on éprouve pour sa famille, au point de ne plus être capable d'attention ni d'amour pour son prochain. L'idée s'impose de plus en plus clairement à moi que l'amour du prochain, de tout être humain rencontré, même par hasard, de toute "image de Dieu", devrait l'emporter sur l'amour fondé sur les liens du sang. Comprenez-moi bien, je vous en prie. Je sais qu'on prétend que c'est là un sentiment contre nature. Mais je m'aperçois qu'il m'est encore trop difficile de l'expliquer par écrit, alors qu'il est si simple à vivre » (*p. 683*).

Etty ne se rendait sans doute pas compte du fait que ces versets que Luc met dans la bouche de Jésus lui-même constituent l'un des fondements scripturaires les plus classiques de l'idéal monastique chrétien. Peut-être l'aurait-elle découvert si le temps lui en eût été donné. Ce qui, en tout cas, est remarquable, c'est qu'elle en vivait le paradoxe, comme le suggère le témoignage de Philip Mechanicus cité ci-dessus. La méditation de cette parole de Jésus ne l'empêchait pas d'entourer ses parents et ses frères de la tendresse la plus attentive, de même que le Christ n'entendait nullement abolir par là le commandement du Décalogue qui prescrit d'aimer ses parents. C'est, au contraire, en demeurant ouvert à une requête plus universelle de l'amour que celui des parents et des proches prend son véritable sens. Ici encore, l'intuition d'Etty devançait chez elle la formulation verbale du mystère. Cette claire allusion à l'un des textes les plus exigeants de l'Évangile pose, au surplus, une question, dont la réponse ne nous appartient pas. Etty ne semble pas avoir été gênée par la référence de cette parole de Jésus à sa propre personne : « Si vous *m*'aimez », écrit-elle. « Si quelqu'un vient à moi sans *me* préférer... », selon le texte de Luc. En tout cas, si elle ne la souligne pas, elle n'y fait nulle part objection. Nous ne pouvons aller plus loin que ce constat.

La Bible continue d'ailleurs d'être pour elle une source d'inspiration et de réconfort. Avec le *Stundenbuch* (*Livre des Heures*) de Rilke, qui est sans doute son recueil le plus inspiré par la foi chrétienne, sa « petite bible », écrit-elle à Christine Van Nooten, est « glissée sous son oreiller ». Elle fait ensuite allusion, dans la même lettre, à la troisième partie du Livre prophétique d'Isaïe (*56-66*), que Christine avait sans doute signalée à son attention : « C'est vrai : ces paroles d'Isaïe sont admirables et consolatrices. Elles vous donnent cette mystérieuse paix intérieure qui dépasse toute intelligence[25] (*8 août 1943, p. 677*).

Etty n'en demeure pas moins vulnérable aux abîmes de détresse qu'elle côtoie chaque jour dans ce service d'« assistance sociale » qu'elle assume bien au-delà de sa fonction officielle d'employée à l'enregistrement des arrivants. Elle s'en ouvre à l'infirmière Maria Tuinzing qu'elle juge peut-être plus sensible à cet aspect des choses :

> « Ah ! tu sais, quand on n'a pas en soi quelque chose de très fort, qui nous porte à considérer que l'extérieur

des choses ne fait pas le poids par rapport à la grande splendeur (je ne trouve pas d'autre mot) que peut être notre inaliénable trésor intérieur[26] – alors on a tout lieu de sombrer, ici, dans le désespoir. C'est si déchirant de voir ces pauvres gens qui perdent leur dernière serviette de toilette, se débattent au milieu de boîtes, de gamelles, de gobelets, de pain moisi, de piles de linge entassées sur, sous et à côté de leur châlit, malheureux parce qu'on les injurie ou les rudoie, mais incapables de s'empêcher de crier, et ne s'en apercevant même pas. De voir ces petits enfants abandonnés dont les parents ont été déportés, mais qui n'attirent pas la pitié des autres mères, trop inquiètes de leur propre progéniture tourmentée par la diarrhée, par mille maladies ou petits maux divers, “alors qu'auparavant tout allait bien !” Il faut avoir vu ces mères-poules, hébétées et affolées de désespoir, près des couchettes de leurs petits qui pleurent et qui restent chétifs » (*18 août 1943, p. 679*).

Mais en concluant une autre lettre, déjà citée, elle écrivait, mue par cette espérance invincible qui, en dépit de tout, l'habite :

« Je voulais seulement vous dire : la détresse est grande, et pourtant il m'arrive souvent, le soir, quand le jour écoulé a sombré derrière moi dans les profondeurs, de longer d'un pas souple les barbelés, et toujours je sens monter de mon cœur – je n'y puis rien, c'est ainsi, cela vient d'une force élémentaire – la même incantation : la vie est une chose merveilleuse et grande. Après la guerre, nous aurons à construire un monde entièrement nouveau, et, à chaque nouvelle exaction, à chaque nouvelle cruauté, nous devrons opposer un petit supplément d'amour et de bonté à conquérir sur nous-mêmes. Nous avons le droit de souffrir, mais non de succomber à la souffrance. Et si nous survivons à cette époque indemnes de corps et d'âme, d'âme, surtout, sans amertume, sans haine, nous aurons aussi notre mot à dire après la guerre. Je suis peut-être une femme ambitieuse : j'aimerais bien avoir un tout petit mot à dire » (*3 juillet 1943, p. 656-657*).

Après tant d'autres témoignages de rescapés des camps, qui, eux aussi, ont préservé leur dignité d'hommes et leur capacité d'aimer et d'aider leurs frères, ce « petit mot » ne trouve-t-il pas aujourd'hui, au-delà de cinquante années de silence, un exceptionnel écho qui, on peut l'espérer, ira s'amplifiant, car sa pertinence demeure plus que jamais actuelle dans un monde partagé entre l'espérance et les désillusions.

Comme nous l'avons maintes fois constaté en la lisant, Etty n'était pas, pour autant, à l'image de son père, une « stoïcienne » enfermée dans son monde intérieur. Elle connaissait des moments d'accablement, où elle avait l'amer sentiment de la vanité de ses efforts. Il faudrait citer ici en entier cette lettre qu'elle adressa le 24 août 1943 aux habitants de la maison où elle avait passé six années[27]. En voici quelques passages, qu'il est impossible d'oublier après les avoir lus ne fût-ce qu'une seule fois :

« Après une nuit comme celle-ci, j'ai pensé un moment en toute sincérité que ce serait un péché que de rire encore... Quand je pense aux soldats en uniforme vert de l'escorte armée... Mon Dieu, ces visages ! Je les ai examinés l'un après l'autre, retranchée dans mon poste d'observation, derrière une fenêtre. Jamais rien ne m'a tant épouvantée que ces visages. Je me suis posé des questions sur cette parole qui est le fil directeur de ma vie : “Et Dieu créa l’homme à son image.” Oui, cette parole a connu chez moi une matinée difficile…

Je dois me hâter de tout noter, même en désordre. Plus tard je n’en serai plus capable parce que je ne pourrai plus croire à la réalité de ce qui s’est passé… Je pourrais me maudire. Nous savons très bien que nous abandonnons nos malades, nos pensionnaires sans défense, à la faim, à la chaleur, au froid, au dénuement à l’extermination, et, pourtant, nous les conduisons nous-mêmes jusqu’aux wagons à bestiaux de bois nu – au besoin sur des brancards lorsqu’ils ne peuvent pas marcher. Mais que se passe-t-il donc ? Quelles sont ces énigmes, de quel fatal mécanisme sommes-nous prisonniers ? Nous ne pouvons nous tirer de ces contradictions en disant que nous sommes tous lâches. Et d’ailleurs nous ne sommes pas si mauvais. Nous nous trouvons ici en face de questions plus profondes…

Cet après-midi là, la veille du convoi, j’ai fait encore une fois le tour de mon baraquement de l’infirmerie, passant de lit en lit. Lesquels seraient vides le lendemain ? Les listes ne sont rendues publiques qu’au tout dernier moment, mais certains savent d’avance s’ils doivent partir. Une jeune fille m’appelle. Elle est assise toute droite dans son lit, les yeux grands ouverts. C’est une jeune fille aux poignets grêles, au petit visage fin et diaphane. Elle est partiellement paralysée. Elle venait justement de réapprendre à marcher entre deux infirmières, pas à pas. “On vous l’a dit ? Je dois partir. – Comment, toi aussi ?” Nous nous considérons un moment, la gorge nouée. Elle n’a plus du tout de visage, elle n’a plus que deux grands yeux. Elle finit par dire, d’une petite voix terne et monocorde : “Quel dommage, hein ? Dire que tout ce qu’on a appris dans sa vie n’aura servi à rien !" Et : "Comme c'est difficile de mourir, hein ?" Soudain, l'expression étrangement figée de son petit visage se brise. Elle laisse couler ses larmes et échapper un cri : "Oh, d'être obligée de quitter la Hollande, c'est cela le pire !" et : "Oh, pourquoi n'ai-je pas pu mourir avant ?..." Plus tard dans la nuit, je la reverrai une dernière fois.

Dans la buanderie, une petite bonne femme tient sur son bras du linge encore dégoulinant. Elle m'agrippe au passage. Elle a l'air un peu égarée. Elle déverse sur moi un flot de paroles : "C'est impossible ! Comment est-ce possible ? Je dois partir, et mon linge ne sera jamais sec pour demain ! Et mon enfant est malade, il a de la fièvre. Vous ne pouvez pas obtenir que je reste ici ? Et je n'ai même pas assez de vêtements pour le petit !... Oh, il y a de quoi devenir folle ! Et dire qu'on ne peut emporter qu'une couverture ! On va geler, hein, qu'est-ce que vous croyez ? J'ai ici un cousin, il est arrivé en même temps que moi, mais il n'est pas obligé de partir, parce qu'il a de bons papiers. Pensez-vous que je pourrais en profiter aussi ? Je vous en prie, dites que je ne dois pas partir ! Qu'en pensez-vous : est-ce qu'ils laissent les enfants avec leur mère ? Oui, revenez cette nuit, peut-être que vous pourrez m'aider. Qu'en pensez-vous, est-ce que les papiers de mon cousin... ?"

Quand je dis : cette nuit, j'ai été en enfer, je me demande ce que ce mot exprime pour vous. Je me le suis dit à moi-même au milieu de la nuit, à haute voix, sur le ton d'une constatation objective : "Voilà, c'est donc cela, l'enfer."

Impossible de distinguer entre ceux qui partent et ceux qui restent. Presque tout le monde est levé. Les malades s'habillent l'un l'autre. Plusieurs d'entre eux n'ont aucun vêtement, leurs bagages se sont perdus ou ne sont pas arrivés... On prépare des biberons de lait à donner aux nourrissons, dont les hurlements lamentables transpercent les murs des baraquements. Une jeune mère me dit, en s'excusant presque : "D'habitude, le petit ne pleure pas. On dirait qu'il sent ce qui va se passer." Elle prend l'enfant, un superbe bébé de huit mois, et lui dit en souriant : "Si tu n'es pas gentil, tu ne partiras pas en voyage avec maman !"... Elle m'adresse crânement un clin d'œil, cette petite femme mince et brune au teint olivâtre, au visage spirituel : "Je ris, mais je n'en mène pas si large !"

La bonne femme au linge mouillé est au bord de la crise de nerfs. "Vous ne pourriez pas cacher mon enfant ? Je vous en prie, cachez-le, faites-le pour moi, il a une forte fièvre, comment pourrais-je l'emmener ?" Elle me désigne un bout de chou aux boucles blondes, avec sa petite figure toute rouge, qui s'agite dans un petit lit de bois. L'infirmière veut passer à la mère un chandail de laine supplémentaire par-dessus sa robe. Elle se débat : "Non, je ne veux rien, à quoi bon ? Mon petit..." Elle sanglote : "Un enfant malade, ils vous l'enlèvent, et on ne le revoit plus jamais."

(...) Les gémissements des nouveau-nés s'enflent, ils emplissent les moindres recoins, les moindres fentes de ce baraquement à l'éclairage fantomatique. C'en est presque intenable. Un nom me monte aux lèvres : Hérode » (*p. 688-690*).

Ces heures dramatiques rappellent en effet à Etty le récit du massacre des enfants de Bethléem qu'elle a lu au second chapitre de l'Évangile selon Matthieu, avec cette citation poignante du prophète Jérémie : « Une voix dans Rama s'est fait entendre, des pleurs et une longue plainte : c'est Rachel qui pleure ses enfants et ne veut pas être consolée, parce qu'ils ne sont plus » (Mt 2, 16-17). Dans cette « Bonne Nouvelle» que proposait Matthieu, le Juif, aux Juifs de son temps, il y a donc place pour cette interrogation radicale qu'adresse à la conscience humaine de tous les temps le scandale de la violence déchaînée contre l'innocence. Ce scandale qui est sans doute, aujourd'hui comme hier, l'épreuve suprême de la foi. Comme elle est touchante, à cet égard, cette question qu'adresse à Etty, au milieu de cette nuit tragique, Lioubotchka, cette petite Russe bossue qu'elle avait prise sous sa protection : « Elle m'interroge, avec son accent caractéristique et du ton d'un enfant qui demande pardon : "Le Bon Dieu comprendra peut-être mes doutes, dans un monde comme celui-ci ?" » (*p. 691*).

Dans la plus belle et la plus chaste des lettres d'amour qu'elle ait jamais écrite[28], et qu'elle adressait à Julius Spier, déjà très affaibli par la maladie, avant son premier départ pour Westerbork, Etty lui déclare en conclusion : « Cette époque que nous vivons maintenant, je suis capable de l'assumer,... et je puis aussi pardonner à Dieu qu'elle soit telle qu'elle doit être. Dire qu'on a en soi assez d'amour pour pardonner à Dieu ! »

Pardonner à Dieu : c'est là une manière de lui dire la confiance absolue qu'on lui accorde – comme Jésus qui, mourant dans le plus extrême abandon, « s'abandonne » à celui qu'il persiste à appeler son « Père ». Un des théologiens qui, en cette ère de l'après-Auschwitz, ont eu le courage et la lucidité de repenser, dans ce contexte, notre relation à Dieu, retrouvait, sans l'avoir jamais lue, le langage audacieux de cette jeune femme affrontée à l'horreur absolue :

« Un homme qui avait souffert toute sa vie dit à Dieu avant de mourir : “Mon Dieu, si tu existes, je te pardonne…” J’aime à me représenter Dieu entendant cette prière (car c’est une prière). Il sourit gravement, sans ironie. Il accueille sérieusement le pardon de l’homme. Il se souvient qu’il a hésité à prendre le risque de la souffrance humaine et de “l’égorgement” de l’Agneau [Ap *13*, 8] (cette figure de l’innocence). Il ouvre humblement les bras pour que s’y jette son fils douloureux et apaisé.

Anthropomorphisme, oui, mais que je surveille tout en le convertissant en réflexion, et en prenant garde de ne toucher à ce mystère de la souffrance qu’avec des mains d’infirmière. Car je sais que, lorsqu’un homme souffre, il y a en lui à la fois le désir qu’on lui fournisse une “explication” religieuse à son mal, et le refus de l’abstraction qu’on va verser, il le sait d’avance, sur sa plaie vive comme un acide…

Tout ce que je puis dire, c’est que pour moi, tel que je suis, rien n’est moins abstrait que ceci : Dieu n’est pas l’artisan du monde. Il ne l’a pas fabriqué comme un horloger l’horloge [29]. Il ne construit pas du tout-fait. Il se retire au contraire pour que surgissent d’eux-mêmes et par eux-mêmes les êtres qu’il suscite… Si Dieu intervenait pour que soient évités les tâtonnements, les désordres, les résistances de l’inertie, les raz de marée, les épidémies, le monde serait pour lui comme un objet qu’on manipule. Notre imagination glissant à l’infantilisme y verrait sans doute un plus grand amour. Mais Dieu n’aime pas comme nous voudrions qu’il aimât quand nous projetons en lui nos rêves. Il ne nous épargnerait la souffrance qu’au prix d’un paternalisme par lequel il cesserait d’être l’Amour. Le sérieux de Dieu, c’est le respect et la souffrance. De l'un et de l'autre nous ne pouvons approcher que de très loin, en prenant appui sur notre espérance la plus haute. Au vrai, Dieu nous respecte trop pour nous éviter magiquement de souffrir, et il se respecte trop lui-même pour s'épargner à lui-même la souffrance de notre souffrance.

Et pour ce qui est du mal qui est l'œuvre de notre liberté – la violence, "l'état de guerre" dont Lévinas dit qu'il "suspend la morale" – combien plus exigeant à ce niveau le respect et combien plus profonde la souffrance de l'Amour créateur ! Nous sommes ici au cœur du mystère – je dis bien – de l'humilité de Dieu[30]. »

Il s'agit, au fond, de disculper Dieu de ce qui nous apparaît révoltant, non pas en minimisant, en stoïcien, l'épreuve de ceux qui en souffrent, mais au nom même de l'amour que Lui-même fait naître en nos cœurs, et dont Il est la Source mystérieuse et inépuisable.

À partir de juillet 1942, une expression revient à plusieurs reprises sous la plume d'Etty. On pourrait la croire inspirée par plusieurs passages du Nouveau Testament qui évoquent le sacrifice du Christ[31]. Mais pourquoi ne l'aurait-elle pas tirée elle-même de son expérience, qui n'est pas foncièrement différente de celle de Jésus et de tant d'autres qui ont accepté de « donner leur vie » : « être livrée » (*overgeleverd, p. 499*) ; « se livrer » (*zich overgeven, p. 504*). Ainsi, le 6 juillet 1942 :

« La force, l'amour et la confiance en Dieu que l'on a en soi, et qui, ces derniers temps, grandissent si merveilleusement en moi, il faut se garder prêt à les partager avec tout un chacun qui croise par hasard notre route et qui en a besoin... Même dans la souffrance il est possible de puiser des forces... Il faut choisir : penser à soi-même sans se soucier des autres, ou prendre distance d'avec ses souhaits personnels et se livrer. Et pour moi, ce don de soi [*overgave*] n'est pas une résignation, un abandon à la mort. Il s'agit de soutenir l'espérance, là où je le peux et où Dieu m'a placée » (*p. 504*).

Et à la dernière page de son journal, en date du 10 octobre 1942, on peut lire cette phrase qu'il n'est pas hors de propos de qualifier d'« eucharistique » : « J'ai rompu mon corps comme le pain et l'ai partagé entre les hommes, car ils étaient affamés et sortaient de longues privations » (*p. 583*).

Et puisque, à mesure qu'elle approche du don de soi jusqu'à l'extrême, le journal d'Etty, puis ses lettres de Westerbork, se font de plus en plus largement prière, c'est en y faisant écho qu'il convient de clore ce dernier chapitre, ou, plutôt, de l'offrir au lecteur comme une sorte de synthèse de cette lumineuse aventure spirituelle d'une fille de notre siècle. Il s'agit de la dernière lettre qu'elle ait pu faire parvenir à son amie et confidente la plus intime, une chrétienne, Henny Tideman. Dix-neuf jours plus tard, le 6 septembre 1943, Etty était déportée vers Auschwitz avec toute sa famille.

« Chère petite Tide,

... Cet après-midi, je me reposais sur ma couchette, quand tout à coup j'ai senti que je devais noter ceci dans mon journal. Je te l'envoie :

"Toi qui m'as tant enrichie, mon Dieu, permets-moi aussi de donner à pleines mains. Ma vie s'est muée en un dialogue ininterrompu avec Toi, mon Dieu, un long dialogue. Quand je me tiens dans un coin du camp, les pieds plantés dans ta terre, les yeux levés vers ton ciel, j'ai parfois le visage inondé de larmes – unique exutoire de mon émotion intérieure et de ma gratitude. Le soir aussi, lorsque, couchée dans mon lit, je me recueille en Toi, mon Dieu, des larmes de gratitude m'inondent parfois le visage, et c'est ma prière. »

Les larmes : ce retentissement corporel – et combien symbolique ! – du sentiment d'être dépassé, d'être parfois submergé par l'épreuve – ce qui est déjà une manière de renoncer à sa « suffisance » –, mais aussi d'être comblé par l'expérience, totalement gratuite, d'une tendresse, d'une générosité, d'une joie sans commune mesure avec les maigres satisfactions que l'on peut se procurer à soi-même. On pleure d'ailleurs beaucoup dans la Bible, et nous savons que le « don des larmes » fait partie de la tradition spirituelle de l'Église, qui y voit la grâce d'une « confession », parvenue au point où toute parole devient inadéquate, de la gloire et de la fidélité, de la proximité, *intimior intimo meo* (saint Augustin) du Dieu « toujours plus grand ». Mais voici les dernières lignes de ce qu'on pourrait appeler le testament d'Etty :

« Je suis très fatiguée depuis quelques jours, mais cela passera comme le reste. Tout progresse selon un rythme profond, propre à chacun de nous. On devrait apprendre aux gens à écouter et à respecter ce rythme : c'est ce qu'un être humain peut apprendre de plus important en cette vie. Je ne lutte pas avec Toi, mon Dieu. Ma vie n'est qu'un long dialogue avec Toi. Il se peut que je ne devienne jamais la grande artiste que je voudrais être, car je suis trop bien abritée en Toi, mon

Dieu. Je voudrais parfois tracer à la pointe sèche de petits aphorismes et de petites histoires vibrantes d'émotion. Mais le premier mot qui me vient à l'esprit, toujours le même, c'est : Dieu. Il contient tout et rend tout le reste inutile. Toute mon énergie créatrice se convertit en dialogues intérieurs avec Toi. La houle de mon cœur s'est faite plus large depuis que je suis ici, plus animée et plus paisible à la fois, et j'ai le sentiment que ma richesse intérieure s'accroît sans cesse."

Inexplicablement, Jul [Spier] plane sur cette lande, ces derniers temps. Il continue à me nourrir de jour en jour. Il se produit tout de même des miracles dans une vie humaine ! Ma vie est une succession de miracles intérieurs. Et comme c'est bon de pouvoir encore le dire à quelqu'un » (*18 août 1943, p. 682*).

Par un autre miracle – celui d'une parole resurgie d'un demi-siècle de silence –, nous sommes aujourd'hui des milliers, Etty, à te l'entendre dire. Et « comme c'est bon ! », oui, d'avoir trouvé en toi quelqu'un pour nous le dire, pour nous rappeler « ce qu'un être humain peut apprendre de plus important en cette vie ».

Textes annexes

Un ultime témoignage

Après nous être mis longuement à l'écoute d'Etty, il n'est pas sans signification que nous prenions connaissance du récit adressé à ses amis d'Amsterdam par la dernière personne qui l'ait accompagnée sur le « boulevard des convois » : celui qu'elle appelait affectueusement son « petit compagnon d'armes », Joseph (Jopie) Vleeschhouwer. Employé lui aussi au Conseil juif, il devait être déporté lui-même en 1944 à Bergen-Belsen, où il mourut du typhus au moment de sa libération [1].

6-7 septembre 1943

Monsieur Wegerif, Hans, Maria, Tide, et vous tous que je ne connais peut-être pas très bien,

Il ne me sera pas facile de tout vous raconter. Tout est survenu si soudainement, de façon si inattendue ! C'est étrange : nous continuons à dire « de façon inattendue », « soudainement », alors que nous y étions tous prêts et préparés depuis tout un temps. Elle aussi, au fond, y était prête et préparée. Et en plus, hélas, elle est partie.

Il faut dire que nous était parvenue assez tard, dans la journée de lundi, l'annonce, en provenance de La Haye, que le sursis de Mischa avait expiré, et qu'il devait prendre place avec les membres de sa famille dans le convoi du 7 septembre. Pourquoi ? C'est une question qui reste habituellement sans réponse[2]. Au début, nous espérions – et nous pensions – que l'affaire ne prendrait pas cette tournure, et qu'en tout cas, en ce qui concernait Etty, on pourrait obtenir l'annulation de cette mesure. Cela d'autant plus qu'on venait d'obtenir le jour même que les anciens collaborateurs du Conseil juif, soixante au total, ne feraient l'objet pour le moment d'aucune déportation. À première vue, il apparaissait assez clairement qu'on ne pouvait plus grand-chose pour Mischa et ses parents, mais que les chances d'Etty étaient intactes.

Toute notre attention se concentra donc sur la préparation immédiate des bagages de trois personnes. Ils prenaient la chose assez bien. Ne savait-on pas que cela devait arriver un jour ? Et d'ailleurs les parents, tous les parents porteurs de cachets rouges, ne devaient-ils pas quitter le camp dès la semaine suivante ? Mischa avait déjà pris la décision d'accompagner volontairement ses parents. Car pour rester avec eux, il était fermement décidé à renoncer à tous ses privilèges personnels. Tout était simplement avancé d'une semaine, certes de manière un peu abrupte, mais ce n'était après tout qu'une question de temps. Pour Etty, en revanche, c'était un coup tout à fait imprévu. Elle ne voulait pas faire le voyage avec ses parents, et préférait se consacrer pleinement, libre de toute entrave familiale, à ces nouvelles expériences qui l'attendaient.

Pour elle, ce fut vraiment comme un coup sur la tête, qui l'a laissée un moment littéralement assommée. En moins d'une heure, cependant, elle s'était reprise et faisait face à la nouvelle situation avec une rapidité admirable. Nous sommes allés ensemble au baraquement 62, et nous avons passé plusieurs heures à chercher, à empaqueter, à transbahuter et à trier toutes sortes de vêtements et de vivres.

Le père d'Etty dissimulait sa nervosité par toutes sortes de remarques humoristiques, qui mettaient Mischa hors de lui, parce qu'il trouvait que son père ne prenait pas la situation suffisamment au sérieux. Mischa ne parvenait pas à comprendre comment ce « sursis » qui paraissait si sûr avait pu perdre toute validité du jour au lendemain. Il voulait m'envoyer trouver toutes sortes de « relations » plus ou moins haut placées. Il ne se rendait pas compte qu'un ordre émanant de « La Haye »[3] est irrévocable, et que toutes les démarches tentées en pareil cas sont condamnées à rester vaines. Pourtant il était calme et se montrait raisonnable. Bien sûr il lui en coûtait de laisser ici toutes ses partitions. J'ai réussi à en fourrer quatre dans son sac, et le reste (y compris un paquet qui venait d'arriver) remplit maintenant une malle qui sera renvoyée à Amsterdam à la première occasion.

Maman Hillesum, active comme toujours, s'occupait de tout jusque dans les moindres détails et faisait preuve d'un calme admirable. Lors du départ d'un précédent convoi, il était arrivé que la famille reste éveillée toute la nuit, dérangée par le brouhaha et l'agitation des préparatifs dans ce grand baraquement. Mais, cette fois, tous dormaient paisiblement vers trois heures du matin, quand nous sommes allés voir, Etty et moi, si l'on pouvait terminer la préparation des bagages. C'est pourquoi nous sommes d'abord allés nous enquérir des chances de sursis pour Etty. À notre grande stupéfaction, nous nous sommes rendu compte, pour la première fois, que cela se présentait très mal. Pendant qu'Etty s'occupait de ses parents et de son frère, les amies qui partageaient sa baraque ont empaqueté avec soin ses affaires. Tout y était jusqu'au plus petit détail. La direction du Conseil juif ayant déclaré qu'on ne pouvait plus rien pour Etty, notre ultime recours était d'écrire une lettre au Erste Dienstleiter[4] en le priant d'intervenir.

On peut parfois, dans ces cas-là, obtenir un sursis au moment du départ du train. Mais il n'en faut pas moins être prêt à partir, et c'est ainsi que les parents et Mischa prirent le chemin du train. Moi aussi je finis par traîner jusque-là un sac au dos bien rempli et un panier de voyage auquel étaient attachés gobelet et écuelle. Et voilà Etty remontant à son tour ce « boulevard des convois »[5], qu'elle avait décrit à peine quinze jours plus tôt dans son style inimitable. Elle bavardait joyeusement, riait, avait un mot gentil pour tous ceux que nous rencontrions, elle pétillait d'humour. Un humour certes légèrement teinté de mélancolie, mais enfin c'était bien notre Etty, telle que vous la connaissez tous. « J'emporte mes cahiers, ma petite bible, ma grammaire russe et Tolstoï, et je n'ai aucune idée de tout ce qu'il y a dans mon sac ! » Un de nos chefs (juifs) vint lui dire au revoir, en ajoutant qu'il avait fait valoir tous les arguments possibles en sa faveur, mais en vain. Etty le remercia « en tout cas d'avoir fait valoir ces arguments ». Puis elle me demanda si je voulais bien vous raconter comment tout s'était passé, et qu'elle et sa famille étaient parties dans de bonnes conditions.

Et me voilà, un peu triste, mais pourtant plus tellement, au sujet de ce que nous avons perdu, car une amitié comme la sienne ne se perd pas. Elle est là, et elle demeure. C'est d'ailleurs ce que j'ai noté sur un petit bout de papier que je lui ai glissé au dernier moment dans la main. Je l'ai alors perdue de vue et j'ai marché un peu au hasard. J'ai encore essayé de trouver quelqu'un qui aurait pu faire quelque chose, mais sans résultat. Je vois papa et maman Hillesum monter dans le wagon n° 1, ainsi que Mischa. Etty se retrouve au n° 12, après avoir cherché au n° 14 une connaissance qui avait été retirée du convoi au dernier moment. Puis le train part : un sifflement aigu, et il s'ébranle, emmenant ses mille *Transportfähigen*[6]. Une dernière image fugitive de Mischa, qui passe la main par une fente du wagon n° 1 et fait un geste d'adieu. Au n° 12, Etty lance un joyeux « Salut ! », et les voilà partis.

Elle est partie. Nous éprouvons un sentiment de perte, mais nous ne nous sentons pas les mains vides. Nous nous reverrons bientôt. Ce fut une dure journée pour nous tous. Pour Kormann, pour Mechanicus et pour tous ceux qui avaient eu si longtemps un contact direct et quotidien avec elle. Ce n'est tout de même pas pareil d'être de façon tangible auprès de quelqu'un, ou de savoir que son esprit est encore là, autour de vous. La première impression est tout de même celle d'un vide. Mais nous continuons ! Tandis que j'écris ces lignes, la vie continue, et elle-même poursuit son chemin, vers l'Est, dans la direction où elle voulait tellement se rendre un jour. Je crois bien qu'elle n'était pas vraiment mécontente de faire cette nouvelle expérience, et d'être obligée de vivre dès maintenant tout – tout, ensemble avec d'autres – ce qui nous attend. Et nous la reverrons. Là-dessus, nous sommes tous d'accord, nous, ses amis. Après son départ, j'ai parlé à la petite

Russe dont elle s'occupait, et à plusieurs autres de ses protégées. La manière dont ces femmes ont réagi en apprenant son départ en disait long sur l'amour et le fidèle dévouement qu'elle leur a témoignés.

Pardonnez-moi de vous faire ce récit à ma manière à moi, qui est bien pauvre, vous qu'elle a habitués à de bien meilleurs comptes rendus, si bien écrits ! Je sais que vous continuerez à vous poser beaucoup de questions, et surtout celle-ci : ne pouvait-on éviter son départ ? À cela je ne peux répondre que par un « non » catégorique. Il devait manifestement en être ainsi. (...) Je vous souhaite à tous du courage. Nous en reviendrons tous, et des personnalités comme Etty sont capables de traverser les pires épreuves. Je vous rejoins souvent par la pensée.

Le dernier message

Dans le sac qu'elle avait préparé pour le voyage vers Auschwitz, Etty avait glissé deux livres : une petite Bible et une grammaire russe. Elle s'était également munie de deux cartes postales, l'une destinée à Han Wegerif et Maria Tuinzing, de la Gabriel Metsustraat, l'autre à l'amie de sa famille, un de ses anciens professeurs au lycée de Deventer, Christine Van Nooten. Après y avoir écrit quelques lignes au crayon, elle les avait laissées tomber le long de la voie ferrée par une fente du wagon verrouillé qui la transportait avec d'autres déportés. Des paysans les avaient découvertes peu après et postées. Celle qui était adressée à Christine Van Nooten est la seule qui ait été conservée. En voici la teneur :

À Christine Van Nooten,
près de Glimmen
Mardi 7 septembre 1943
(Cachet de la poste : 15 septembre 1943)

Christine,

J'ouvre la Bible au hasard et je trouve ceci : « Le Seigneur est ma Chambre Haute[7]. » Je suis assise sur mon sac à dos, au milieu d'un wagon de marchandises bondé. Papa, maman et Mischa sont quelques wagons plus loin. Ce départ est tout de même venu à l'improviste. Ordre subi de La Haye, spécialement pour nous. Nous avons quitté ce camp en chantant, père et mère très calmes et courageux, Mischa également. Nous allons voyager pendant trois jours. Merci à vous tous pour tous vos bons soins. Les amis restés au camp vont écrire à Amsterdam. Peut-être pourras-tu en prendre connaissance. Peut-être aussi de ma dernière longue lettre ?

Au revoir de nous quatre !

Etty

Après ces lignes, le silence. Une note des éditeurs des *Nagelaten geschriften* (p. 809) nous éclaire sur la tragique réalité qu'il recouvre : « Le transport du 7 septembre 1943 emmena de Westerbork à Auschwitz un total de 987 personnes (dont 170 enfants). Un certain nombre des hommes encore valides furent dirigés sur Varsovie pour y déblayer les ruines du ghetto. Les femmes furent astreintes à des travaux si pénibles qu'on a pu estimer à un maximum de deux mois la durée de leur survie. Parmi les Juifs déportés ce jour-là avec Etty, huit seulement ont survécu. »

Postface

Au terme de ce parcours en compagnie d'un des témoins les plus attachants et les plus engagés de ce qu'on pourrait appeler « la spiritualité de l'après-Auschwitz », il me paraît que je dois au lecteur quelques éclaircissements sur la méthode qui s'est imposée à moi au cours de ce travail.

Depuis que j'ai commencé, il y a cinq ans, la plume à la main, la lecture de l'édition intégrale du *Journal* et des *Lettres* d'Etty Hillesum, j'ai également pris connaissance des principaux articles qui leur ont été consacrés. J'y ai trouvé, certes, des remarques éclairantes et des précisions utiles, mais j'ai aussi pu mesurer combien il est difficile, en un article, de rendre compte de la richesse multiforme et foisonnante de ces huit cents pages de textes et de notes que nous ont offertes les éditeurs des *Nagelaten geschriften.*

Il m'a dès lors semblé qu'un commentaire réflexif devait s'accompagner de larges citations des textes originaux, que je me suis efforcé de traduire aussi fidèlement que possible, tout en bénéficiant, moyennant quelques retouches, de la traduction française des extraits publiés jusqu'ici. Les brèves citations que l'on rencontre dans des études antérieures ne sauraient suffire. Seul un contexte assez ample peut permettre d'en éclairer et d'en déployer le sens. Il convenait également de regrouper certains textes apparentés, d'autant plus qu'il s'agit d'un « journal », c'est-à-dire de notations occasionnelles qui, assez souvent, se recoupent, se précisent et se complètent mutuellement. J'espère que cette mise en relief, basée sur une lecture intégrale, des thèmes abordés par l'auteur, et distribués en chapitres, correspond à l'importance respective qu'ils revêtent dans l'expérience qu'Etty nous livre dans ses écrits. Telle fut, en tout cas, une de mes principales préoccupations.

J'ai également perçu, au fur et à mesure de ma lecture, un certain nombre d'harmoniques qu'il m'a paru éclairant de relever. J'avais entrepris cette étude en partageant la première impression d'un bon nombre de commentateurs, frappés, à juste titre, par l'originalité de l'expérience d'Etty, et du langage si personnel où elle s'exprime. Plusieurs l'ont effectivement qualifiée d'« inclassable ». Le premier éditeur d'extraits de son journal, G.G. Gaarlandt, écrit dans la préface d'*Une vie bouleversée* (je cite d'après la traduction française de Ph. Noble, p. 10) : « Sous la plume d'Etty, le nom de Dieu semble dépouillé de toute tradition ; des siècles de judaïsme et de chrétienté semblent n'avoir laissé aucune trace. »

S'il reflète de quelque manière l'impression d'originalité que produit une première lecture du *Journal*, il me paraît difficile de souscrire, sans plus, à ce jugement. Les nombreuses citations dont Etty, grande liseuse, fait un large usage, suffisent déjà à le nuancer. Il est également manifeste que, sous l'influence de Julius Spier et de la fréquentation d'autres auteurs, elle s'est faite accueillante à des éléments caractéristiques de la culture religieuse occidentale, en particulier de l'héritage judéo-chrétien. Elle fait de nombreuses références à sa fréquentation quotidienne de la Bible, en particulier des Psaumes, des Évangiles – celui, surtout, de Matthieu – et des lettres de saint Paul dont elle cite fréquemment certains passages. On en trouve également dans ses écrits des citations implicites que les éditeurs des *Nagelaten geschriften* ont soigneusement repérées. Elle a lu avec enthousiasme les *Confessions* de saint Augustin, et elle fait état de contacts avec d'autres auteurs qui, à des titres divers, se réfèrent à la foi chrétienne : François d'Assise ; Thomas a Kempis (l'auteur présumé de l'*Imitation de Jésus-Christ*) ; la correspondance d'Abélard et d'Héloïse ; Dostoïevski ; le philosophe américain Will Durant ; Walter Rathenau ; Jung, si attentif au caractère structurant de la symbolique biblique; et bien entendu Rilke, dont elle cite surtout, outre les *Lettres à un jeune poète*, le *Livre des heures*, le plus imprégné de sensibilité chrétienne. La table onomastique des *Nagelaten geschriften* contient en outre neuf mentions du Christ, dont une de « Jésus » (la plupart à l'occasion de citations)

Si elle en est encore aux premiers stades d'une découverte que sa mort prématurée ne lui a pas permis de poursuivre et d'approfondir, il est incontestable qu'Etty s'est voulue à l'écoute d'une « tradition », c'est-à-dire, au sens étymologique et théologique du terme, d'une conception de l'homme et de sa relation à Dieu qui a été transmise de siècle en siècle à partir du vécu de communautés croyantes : celle d'Israël – un Israël « pré-talmudique », qu'elle découvre essentiellement à travers la Genèse, les Psaumes et les prophètes – et celles de l'Église primitive (les évangélistes et Paul) et patristique (par le truchement d'Augustin). Il ne faut pas oublier non plus qu'Etty a également rencontré d'authentiques témoins de la foi chrétienne à la faveur d'amitiés qu'elle évoque avec émotion et gratitude.

J'ai en outre été amené à relever, non pas des influences, mais des affinités entre la manière dont elle rend compte de son expérience spirituelle et certains « classiques » de la spiritualité chrétienne : les *Exercices spirituels* ignaciens, Thérèse de Lisieux et des représentants de la « théologie de l'après-Auschwitz ».

Cela ne nous autorise pas pour autant, je l'ai noté à plusieurs reprises, à lui prêter une adhésion proprement dite à la foi chrétienne – « l'accoucheur de son âme », Julius Spier, semble bien, pour sa part, en avoir été plus proche. Il reste que, non seulement Etty ne formule jamais aucune critique à l'égard du christianisme, mais qu'elle manifeste une sympathie spontanée à ce qu'elle en perçoit. Nous avons noté, par exemple, son intérêt, reflété en certains aspects de son vocabulaire, pour l'institution monastique. Il est donc naturel que ses nombreux lecteurs chrétiens, catholiques, orthodoxes ou protestants, se sentent interpellés et confortés dans leur foi, dans leur relation à Dieu, par son expérience et par l'authenticité du témoignage qu'elle nous en livre en ses écrits, en sa vie et en sa mort

Que ce témoignage ne puisse être revendiqué par aucune famille confessionnelle, cela n'en affecte ni l'authenticité ni l'actualité dans le contexte pluraliste qui est aujourd'hui celui de notre culture européenne. Sa valeur consiste essentiellement dans la persévérante et loyale fidélité d'Etty à faire de sa vie, ainsi qu'elle l'écrivait, « une perpétuelle écoute de moi-même, des autres, de Dieu ». C'est en cela que son message concerne tout croyant, mais aussi tout homme qui s'interroge sur le sens de sa vie, de cette merveilleuse et tragique aventure humaine où nous nous trouvons solidairement engagés.

Notes

Introduction

1. *Het verstoorde leven. Dagboek van Etty Hillesum 1941-1943.* Ingeleid door J.G. Gaarlandt. Haarlem, De Haan, 1981. À partir du 18e tirage, aux Éditions Balans, Amsterdam, 1986.

2. Aux Éditions du Seuil, sous le titre : *Une vie bouleversée.* Un autre recueil, également traduit et présenté par Ph. Noble, a paru aux mêmes éditions en 1988, sous le titre : *Lettres de Westerbork.* Une édition en un seul volume de ces deux traductions a paru en 1995 en livre de poche aux mêmes Éditions, dans la collection « Points ».

3. *Men zou een pleister op vele wonden willen zijn. Reacties op de dagboeken en brieven van Etty Hillesum* (« On voudrait être un baume sur tant de blessures. Commentaires sur le *Journal* et les lettres de Etty Hillesum »), Uitgeverij Balans, Amsterdam, 1989, 235 p.

4. Ouvrage cité ci-dessus, p. 11.

5. Etty. *De nagelaten geschriften van Etty Hillesum 1941-1943,* onder redactie van Klaas A.D. Smelik, Uitgeverij Balans, Amsterdam, 1986.

6. Kees Fens, professeur de littérature néerlandaise à l'université catholique de Nimègue, dans le recueil d'études cité ci-dessus, p. 9.

7. Voir *Lettres de Westerbork,* p. 35. Environ trois cents catholiques d'origine juive furent arrêtés le 2 août 1942, puis

déportés par les nazis en représailles à la suite de la protestation publique de l'archevêque d'Utrecht, Mgr Johannes de Jong, contre les mesures anti-juives prises par l'occupant. Les quelque sept cents Juifs néerlandais qui avaient adhéré à la foi catholique furent en majorité déportés à Auschwitz et exterminés.

8. *De nagelaten geschriften*, p. 343.

9. *Ibid.*, p. 551.

I. « Il y a en moi quelque chose... »

1. 30 novembre 1941, p. 168. Les références au *Journal* seront désormais indiquées de cette manière : la date de la notation citée et la page des *Nagelaten geschriften.*

2. Témoignage de Mme Van Kleef-Hillesum, dans *Reacties...*, p. 27.

3. « Voer alle dinc dunckt mi goet dat ghi geestelike blide sijt. » Cité dans le néerlandais du xve siècle, p. 740, note 148.

4. « Je pense, donc je suis. Tu crois, donc tu n'es pas. » Cité par Etty, 13 octobre 1941, p. 149.

5. En français dans le récit de Corine Spoor, *Reacties...*, p. 29.

6. Témoignage du Prof. Louis Zimmerman, cité dans le recueil d'études paru en 1989 aux Éditions Balans, sous le titre : *Men zou een pleister op vele wonden willen zijn. Reacties op de dagboeken en brieven van Etty Hillesum*, p. 28.

7. *Reacties...*, p. 27-28.

8. Disciple de Freud, Lou Andreas-Salomé fut quelque temps l'amie du poète Rainer Maria et de quelques autres.

9. *Reacties...*, p. 31.

10. A.G. Van Wermerskerken, *Reacties...*, p. 29.

II. « Depuis qu'un homme lourd, sans élégance... »

1. « Les mains parlent », dans la revue scientifique et culturelle *Querschnitt*, Berlin, 1931.
2. Ses enfants, Ruth et Wolfgang, étaient restés en Allemagne avec leur mère, qui n'était pas juive, et dont il s'était séparé en 1935.
3. Etty avait entendu parler de Spier et de son « charisme » par l'intermédiaire de l'un des locataires de Wegerif, l'étudiant en biochimie Bernard Meylink, dont une amie, Gera Bongers, appartenait au *Spier-club*.
4. Ceux qui connaissent la spiritualité de saint Ignace de Loyola ne manqueront pas d'être frappés par la ressemblance de cette affirmation paradoxale avec la célèbre maxime formulée par un jésuite hongrois, Hevenesi, et figurant dans le recueil des *Scintillæ ignatianæ* (Rome, 1705), où de bons juges ont reconnu un condensé de cette spiritualité : « Aie une telle confiance en Dieu que tu estimes que le succès dépend de toi, en rien de Dieu. Et agis avec la conviction que le résultat de ton action ne viendra pas de toi, mais de Dieu seul. »
5. Il s'agit d'un couple de militants antifascistes. Pieter était sculpteur. Après les avoir fréquentés vers 1936, Etty les revit en février 1942 et les présenta à Spier. Jung et Rilke firent alors l'objet de conversations philosophiques entre Etty et Hanneke.
6. Ainsi que l'a justement remarqué Maria Ter Steeg, dans une des études les plus pénétrantes parues à ce jour sur Etty, « De verlokking van de liefde », dans la revue *Streven*, avril 1994, p. 294-295.
7. Herta R. Levi. Spier avait fait sa connaissance à Berlin au milieu des années trente. Avant de devenir sa fiancée, elle avait été sa collaboratrice et faisait fonction de secrétaire (comme Etty le devint plus tard à Amsterdam). Vers 1938, elle était parvenue à gagner Londres. Pendant les années de guerre, elle entretenait avec Spier une correspondance qui

transitait par la Suisse. Après la mort de Spier, Herta se maria et réside actuellement aux États-Unis.

8. Durant l'année académique 1940-1941, le professeur B. Becker donnait un cours, suivi par Etty, sur les expressions idiomatiques du russe, avec exercices de traduction.

9. Ci-dessus, note 7.

10. *Art. cité*, p. 295.

11. Écrivain spirituel (1380-1471), associé au mouvement de la « Dévotion moderne », auteur présumé de l'*Imitation de Jésus-Christ*, un opuscule qui connut une immense diffusion depuis le XVe siècle. Peut-être Spier s'y est-il intéressé sous l'influence de Jung.

12. « Tide », pour les intimes. « Cette vigoureuse rousse de trente-cinq ans » (dit Etty), enseignante de profession, avait fait la connaissance de Spier dans un tram en 1939. Ils se lièrent d'amitié, et elle devint ainsi une fidèle habituée du *Spier-club*, et une amie d'Etty.

13. En français dans le texte.

14. Il s'agit d'une œuvre de la romancière suisse-alémanique Grete von Urbanitzky (1893-1974), *Eine Frau erlebt die Welt*, Berlin, 1934, p. 114.

15. Il s'agit de Julius Spier, avec qui elle avait, un moment, envisagé cette éventualité.

III. « Eux aussi sont entrés dans ma vie... »

1. Voir *De nagelaten geschriften,* p. 742, note 166.

2. Ce qui, pour elle, n'est nullement incompatible avec un intérêt pour d'autres cultures. Voir, p. 382, son admiration pour les estampes japonaises, et, p. 481, pour certains poèmes chinois.

3. Qui était d'ailleurs la fille d'un général russe descendant lui-même de huguenots français. Elle avait épousé l'orientaliste Andreas, ce qui ne l'empêcha pas d'être l'amie de Rilke et de quelques autres, avant de devenir une amie et collaboratrice de Freud.

4. Au printemps de 1899, Rilke avait accompagné les Andreas en Russie, où ils furent reçus notamment par Tolstoï et par le peintre Leonid Pasternak, père de l'écrivain Boris Pasternak. Il y retourna l'année suivante, en compagnie de Lou, et écrivit ensuite (à Ellen Key, la célèbre féministe, thuriféraire du « premier » Rilke) : « C'est en Russie seulement… que j'ai senti ce qu'est une patrie : j'étais là-bas en quelque sorte chez moi, peut-être parce que le temps, le temporel, y est si peu visible, parce que l'avenir y est toujours déjà présent, et que chaque heure s'écoule plus près de l'éternité » (cité par Ph. Jacottet, *Rilke par lui-même*, Paris, Seuil, coll. « Écrivains de toujours », 1970, p. 34).

5. Ses *Œuvres en prose, récits et essais*, édités chez Gallimard, dans la Bibliothèque de la Pléiade, comportent 1 236 pages.

6. Ce qui n'aurait pas manqué de déconcerter Etty, dont nous le verrons, l'évolution sera inverse de celle de Rilke. Au sujet de ces œuvres tardives, voir les textes cités par J.-F. Angelloz dans la remarquable préface de son édition bilingue des *Elégies de Duino* et des *Sonnets à Orphée*, Paris, Flammarion, 1992, p. 11-37.

7. On ne possède aucun autre renseignement à son sujet.

8. « Et j'entendis étrangement un étranger dire :
"Je suis près de toi." »

9. Citation des *Élégies de Duino* (1923), à deux reprises dans le *Journal*, p. 286 et 291 : « À travers tout ce qui existe s'étend le seul véritable espace : l'espace intérieur au monde. »

10. Elle rédige cette phrase en allemand : « Je ne parviens pas, dit-elle, à exprimer quelque chose d'aussi profond en néerlandais [*in het Hollands*]. »

11. En français dans le texte allemand.

12. Il s'agit probablement de *Métamorphoses et symboles de la libido*, que Spier lui avait prêté (voir p. 336).

13. Voir la traduction française de Bernard Grasset et Rainer Biemel : *Lettres à un jeune poète par Rainer Maria Rilke*, Paris, Bernard Grasset, 1971 (partiellement modifiée dans

nos citations). La principale citation transcrite sur ce thème par Etty se trouve à la page 257 du *Journal*, en date du 20 février 1942.

14. Où Etty suivait le cours de langues slaves du professeur Van Wijk.

15. Traduction de la TOB, modifiée en tenant compte de la citation néerlandaise transcrite par Etty.

16. *Europa und die Seele des Ostens*, de W. Schubart (1897-1941), Lucerne, Vita Nova Verlag, 1938. Juriste allemand, Schubart avait émigré en 1933 pour des raisons politiques et enseigna la philosophie à l'université de Riga (Lettonie).

17. Quoi qu'il en soit de cette interprétation qu'Etty, en tout cas, ne discute pas.

18. Nous reviendrons plus loin sur les circonstances de cette mort.

19. Un camp de transit, situé dans la Drenthe, où les Juifs étaient progressivement rassemblés avant d'être emmenés par chemin de fer vers les camps d'extermination. Etty y exerça quelque temps le rôle d'une sorte d'assistante sociale.

20. Allusion à une réaction assez vive qu'elle avait eue auparavant vis-à-vis de Spier, « comme nous en éprouvons tous un jour ou l'autre face à des personnalités plus fortes » (p. 165).

21. Non pas « le christianisme »... La nuance n'est pas sans signification.

22. *Eine Geschichte der Juden*, Vienne, 1935. Levie le lui avait prêté en estimant que Spier devait s'informer davantage sur le judaïsme.

23. *Confessions*, IV, 10. Nous citons un peu plus largement qu'Etty, pour mieux situer cet extrait (qu'elle reproduit selon une traduction allemande) dans son contexte.

24. *Briefe an eine Liebende*, Dresde, Carl Reissner, 1931, p. 19.

25. André Suarès, pseudonyme de Félix Scantrel (1868-1948), était un connaisseur de Dostoïevski. Il publia en 1913, en un seul volume, des biographies de Pascal, Ibsen et Dos-

toïevski, sous le titre : *Trois Hommes*. Une traduction allemande de celle de Dostoïevski, citée ici par Etty, parut en 1922. D'origine juive et auteur de publications antifascistes, Suarès dut se réfugier dans la clandestinité durant l'occupation allemande. D'un tempérament angoissé, il chercha un réconfort auprès de Paul Claudel, avec lequel il entretint une émouvante correspondance qui fut publiée après sa mort.

IV. « Les longues nuits que je passerai à écrire... »

1. Voir chapitre II, p. 59.
2. *De verlokking van de liefde* (« L'invitation de l'amour »), p. 293.
3. C'est chez la famille Nethe que logeait Julius Spier, au n° 27 de la Courbetstraat (dans un quartier neuf du sud d'Amsterdam où s'étaient établis beaucoup de Juifs allemands depuis 1933).
4. En néerlandais : « Je veux être la "chroniqueuse" [*de Kroniekschrijfster*] de beaucoup de choses de ce temps. »
5. Elle vient d'apprendre par Radio Orange, émettant de Londres, qu'un de ses amis d'enfance, Daan Sajet, âgé de vingt et un ans, s'est écrasé avec son avion en Angleterre : « Chaque jour, chaque nuit, écrit-elle, il meurt nombre de ces garçons pleins de vitalité, qui promettaient tant ! »
6. Exclus des salles publiques, les Juifs d'Amsterdam avaient organisé des concerts et des représentations théâtrales dans des locaux appartenant à des familles juives. Werner Levie, un des patients de Spier, nommé plus haut, en était un des animateurs.
7. Evariste Edgar Glassner était un musicien et organiste allemand. Ayant perdu son emploi en tant qu'organiste d'église à Berlin (il était un « demi-Juif », selon la classification nazie), il avait émigré à Amsterdam, où il participait aux concerts organisés par des Juifs après leur exclusion des salles publiques – ce qui lui fit connaître Spier et Etty.

V. « La fille qui ne savait pas s'agenouiller... »

1. On ne sait pas à quel soir Etty fait allusion. La dernière conversation avec « Tide » citée dans le journal remonte au 6 octobre 1941.

2. Citation non littérale d'un vers du poète hollandais Albert Verwey (1865-1937), dans *Oorspronkelijk Dichtwerk*, 1938, p. 567.

3. *The Meaning of Philosophy* (1920), en néerlandais : *In het Hof der Wijsbegeerte*, La Haye, 1940, p. 7 et 9. Sous-titre : « Un exposé critique des grandes questions de ce temps ».

4. En néerlandais : *IJsclub*. Ce terrain, qui servait aussi à des réunions politiques, occupait une partie de l'actuelle place du Musée (*Museumplein*).

5. Vu l'exiguïté de son « deux-pièces », Spier avait demandé à Etty d'accueillir provisoirement ce meuble et les livres qu'il contenait.

6. Titre de la nouvelle qu'elle avait projeté d'écrire quelques mois plus tôt (voir ci-dessus, p. 120).

7. À ne pas confondre avec le Mouvement qui, au cours de la seconde moitié du XIXe siècle, avait entrepris de remettre en honneur la tradition catholique au sein de l'anglicanisme, sous l'impulsion de Keble, de Pusey et de Newman, lequel embrassa la foi catholique et fut ensuite nommé cardinal.

8. Au sens étymologique du terme. L'adjectif « catholique » est issu de la locution adverbiale grecque *kat'holon*, qui signifie « selon l'intégralité », ou « du point de vue du tout ».

9. Qui, étymologiquement, dans plusieurs langues européennes (dont le grec, le latin et les langues romanes), et aussi en chinois, se rattache au mot « ciel » : cette réalité à la fois omniprésente et inaccessible – ce qui en fait un symbole assez parlant de la Transcendance.

10. En néerlandais : *selfverwerkelijking*, selon le titre de la contribution du psychologue J. Bendien au recueil d'études

publiées sous le titre *Reacties op de dagboeken en brieven van Etty Hillesum*, Amsterdam, 1989.

11. *Les Yeux ouverts. Entretiens avec Matthieu Galey*, Paris, Le Centurion, 1980, p. 79.

12. Dans sa contribution au volume des *Reacties*..., intitulée elle-même. « Reacties op Etty Hillesum ».

13. *Richtsnoer voor menselijkheid*, dans *Reacties*..., p. 59.

14. Dans *Reacties*..., p. 59.

VI. « Je vais t'aider, mon Dieu... »

1. Voir notamment Loet Swart, « Etty Hillesum en de mystieke tradities », dans *Reacties*..., p. 133-145, qui évoque Maître Eckhart, Jan Ruysbroeck, Kierkegaard et Martin Buber.

2. « S. Kierkegaard en Etty Hillesum, een vergelijking », dans *Reacties*..., p. 78.

3. Dans son maître livre : *L'Humilité de Dieu*, Paris, Le Centurion, 1974, p. 37. Ce livre se réfère notamment au philosophe Jean Nabert, aux théologiens Romano Guardini et Hans Urs von Balthasar, aux écrivains Georges Bernanos, Charles Péguy et Paul Claudel.

4. *Ibid.*, p. 91. Il faudrait bien entendu citer plus longuement pour faire droit à la profondeur et à l'expression délicatement nuancée de l'auteur. Je ne puis que renvoyer le lecteur à ce qu'il qualifie humblement lui-même de « petit livre » de 160 pages.

5. Cité par Ben Kroon et Corine Spoor dans *Reacties*..., p. 34.

6. Article cité ci-dessus, p. 25-26.

7. P. 84. L'expérience d'un amour vrai permet de pressentir « qu'aimer avec orgueil (ou en usant de puissance coercitive) n'est pas vraiment aimer. Si Dieu est amour, il est humble » (p. 59).

8. Cité ci-dessus, chapitre III, p. 79.

9. *Missel Romain*, 6e préface des dimanches.

10. *Het denkende hart van de barak. Brieven van Etty Hillesum.* Ingeleid door J.G. Gaarlandt. Weesp, La Haye, 1982 ; 1984 (Uitgeverij Balans). Une traduction française de ces lettres, assurée par Philippe Noble, a paru aux Éditions du Seuil en 1988. Une édition en un seul volume des traductions d'*Une vie bouleversée* et des *Lettres de Westerbork* a paru en 1995 en livre de poche aux mêmes Éditions, dans la collection « Points ».

VII. « De tous côtés se montrent les signes... »

1. Fondateur d'*ashrams* chrétiens en Inde, et adepte résolu de la non-violence gandhienne. Il est probable qu'Etty connaissait les ouvrages de Jones par son amie Johanna Kuiper, qui en avait traduit plusieurs en néerlandais. L'un d'entre eux, qui a peut-être influencé Etty, s'intitule : *La Réponse du Christ au communisme.* L'extrait cité ici par Etty n'a pas été identifié (voir *De nagelaten geschriften*, p. 767).

2. W.A. Bonger, sociologue et criminologue renommé, dont Etty avait suivi les cours ; Ter Braak, Du Perron, Marsman . trois écrivains appréciés de la jeune génération, morts tragiquement en mai-juin 1940 ; H.J. Pos, philosophe, président du Comité de vigilance antifasciste ; Van den Bergh : probablement le professeur Georges Van den Bergh, social-démocrate et antinazi actif.

3. « Je pense, donc je suis. Tu crois, donc tu n'es pas. » Allusion malveillante au célèbre principe de Descartes : *Cogito, ergo sum.*

4. « Ces mesures introduites en mai 1942 achevaient l'application aux Pays-Bas des loi antijuives de Nuremberg » (Ph. Noble, tr. fr. d'*Une vie bouleversée*).

5. Les Juifs étaient assignés à résidence dans la ville ou le quartier où ils habitaient, ce qui était une manière de les repérer plus facilement .

6. Ce programme fut exécuté point par point. Près de 80 % des Juifs néerlandais furent déportés en Pologne (à Ausch-

witz et à Sobibor) et exterminés. Quelques milliers de Juifs néerlandais connurent un traitement un peu moins inhumain à Bergen-Belsen ou à Theresienstadt.

7. L'occupant motivait cette ordonnance interdisant aux Juifs de pénétrer dans les parcs et les bosquets par la nécessité de « protéger la santé des Aryens » (!).

8. Adri(enne) Holm et Dicky de Jonge, deux jeunes femmes chrétiennes qui faisaient partie du *Spier-club*. Adri avait été complètement débarrassée d'un eczéma à la suite de son analyse chez Spier et éprouvait à son égard, écrit Etty, « une véritable adoration » (*8 mars 1941, p. 5*). Elle habitait dans le même immeuble que Spier, à l'étage supérieur. Spier, très occupé par ses patients, n'avait ni le temps ni, sans doute, l'équipement nécessaires à la préparation de ses repas.

9. On peut signaler à ce propos qu'Ignace de Loyola recommande la pratique de la « prière continuelle » dans les *Constitutions* de la Compagnie de Jésus. Ainsi que nous l'avons vu, ce n'est pas la seule analogie « ignacienne » que nous découvrons chez Etty.

10. L'occupant ayant convoqué les Juifs immigrés pour vérifier leur responsabilité fiscale, Etty avait accompagné Spier au bureau des Contributions pour l'aider à accomplir cette démarche.

11. En cela, Etty rejoint la philosophie de Thoreau et de Gandhi, auxquels son journal ne fait pourtant aucune allusion.

12. C'est exactement ce que voulait dire Gandhi en parlant de *satyagraha*, d'« attachement à la Vérité », désignation positive de la « non-violence ».

13. Ville du nord de la Hollande, au bord de l'IJsselmeer.

14. Cette lettre, datée du 6 septembre 1942, a été retrouvée à la fin de la guerre et publiée dans l'édition critique des *Nagelaten geschriften*, p. 769. La dernière partie du texte est manquante.

15. Que l'acribie des éditeurs des *Nagelaten geschriften* n'est pas parvenue à identifier davantage.

16. Les deux présidents du *Joodse Raad* furent effective-

ment traduits devant un tribunal d'exception en novembre 1947. Après examen de leur cas, la procédure judiciaire fut néanmoins interrompue « pour des raisons relevant du bien général ». Plus tard, un tribunal juif d'honneur les exclut de certaines fonctions dans la communauté.

17. Nouvel indice de l'importance que Spier attache à la Bible. Ce récit d'Etty suggère aussi qu'il avait un certain sens liturgique.

18. Citation, selon la traduction néerlandaise *Statenvertaling*, de l'Évangile de Matthieu, dans le Discours sur la Montagne, 5, 44.

19. Selon l'expression d'Etty elle-même dans une lettre adressée à Max Osias Kormann (lettre publiée dans les *Nagelaten geschriften*, p. 632-633), un Juif d'origine polonaise auquel les autorités du camp de transit de Westerbork avaient confié certaines responsabilités administratives à l'intérieur du camp.

20. Texte publié dans les *Nagelaten geschriften*, p. 792.

21. Philippe Noble, Avant-propos à la traduction française des *Lettres de Westerbork*, *op. cit.*, p. 10.

VIII. « L'éventualité de la mort... »

1. *Ibid.*, p. 14.

2. Ceci fait penser à la consigne donnée par saint Ignace au directeur des *Exercices spirituels* : « Qu'il laisse le Créateur agir immédiatement avec sa créature, et la créature avec son Créateur et Seigneur » (*15e annotation*).

3. Julius Spier est mort la veille du jour où est arrivée la lettre le convoquant à Westerbork.

4. Sa fiancée qui l'attendait à Londres.

5. Voir à ce sujet l'analyse de M. Giuliani, dans *Ignace de Loyola, Écrits*, Desclée de Brouwer-Bellarmin, coll. « Christus » n° 76, 1991, Préface, p. 10.

6. Les Juifs internés à Westerbork confiaient généralement des messages aux employés du Conseil juif qui avaient

la possibilité de se rendre à Amsterdam. On ne dispose pas de renseignements concernant ce vieux couple.

7. Etty résidait et dormait dans une salle-dortoir réservée aux femmes célibataires.

8. Il fut déporté avec sa famille à Bergen-Belsen, et mourut au cours de l'interminable et atroce transport des internés de ce camp vers l'Est, devant l'avance des armées alliées.

9. Papilionacée cultivée pour ses fleurs ornementales et très répandue en Drenthe.

10. C'est-à-dire la masturbation, ou onanisme. Cette dernière appellation résulte d'une interprétation erronée du texte biblique selon lequel un certain Onan répandait sa semence à terre avant un rapport sexuel avec la femme de son frère défunt, parce qu'il ne voulait pas susciter une descendance à celui-ci – c'était en contradiction avec la loi du lévirat (voir Gn *38*, 9 ss.).

11. Le monde entier n'en a-t-il pas pris conscience à l'occasion de la mort de Mère Teresa de Calcutta, le 5 septembre 1997 ? J'ai développé cette signification symbolique du célibat dans mon livre : *La Vie religieuse. Un chemin d'humanité*, Namur, coll. « Vie consacrée », 1992, p. 108-137.

12. Voir ci-dessus, p. 54.

13. Juif d'origine polonaise dont elle a fait la connaissance au camp (voir note suivante).

IX. « Offrir au monde ce nouveau sens... »

1. De son vrai nom : Moïshe, dit Max Kormann (1895-1959), connu à Westerbork sous le prénom d'emprunt d'Osias. Ancien passager du *Saint-Louis*, ce navire chargé d'émigrants juifs qui tentèrent vainement de trouver refuge en Amérique, et dont la plupart échouèrent aux Pays-Bas, où les autorités néerlandaises aménagèrent le camp de Westerbork pour les recevoir. Kormann passa toute la guerre au camp, puis émigra en 1946 aux États-Unis, où il retrouva sa famille.

2. Kormann était souvent surchargé de travail à cause de ses importantes responsabilités pour l'administration et la logistique du camp dont la population était de plus en plus instable.

3. Déporté en 1944 à Bergen-Belsen, il mourut du typhus au moment de sa libération.

4. Voir l'exposé de cette situation dans l'Avant-propos de Ph. Noble, *Lettres de Westerbork, op. cit.*, p. 11-13.

5. Il s'agit vraisemblablement, selon les éditeurs des *Nagelaten geschriften*, p. 789, de Herbert Kruskal, un Juif allemand qui s'était établi avec sa famille à Scheveningen. Ils y furent arrêtés et envoyés à Westerbork, où ils exercèrent des emplois dans l'administration du camp. En 1985, ils s'établirent en Israël.

6. Il occupe seize pages dans la traduction française des *Lettres de Westerbork*. Cette « lettre » fut publiée clandestinement, avec une autre, adressée à Han Wegerif et à sa maisonnée, à la fin de l'année 1943, par quelques résistants (voir la note des *Nagelaten geschriften*, p. 789).

7. Loed Loosen, s.j., « Etty Hillesum, geen idool, maar uitnodiging tot bezinning » (Non pas une idole, mais une invitation au recueillement), dans *Etty Hillesum 43-93* (Communications présentées en novembre 1993, pour le cinquantenaire de sa mort, en l'église du Souvenir à Deventer), Boekhandel Praamstra, Deventer, 1995, p. 64.

8. Voir ci-dessus, note 1.

9. Voir la note 17 de la traduction française.

10. Voir les *Nagelaten geschriften*, p. 780, note 554.

11. Il s'agit d'un frère convers de l'ordre des Cisterciens réformés, ou Trappistes (nom populaire qui leur vient du monastère de leur fondateur – l'abbé de Rancé –, la Grande Trappe). Ce moine a été identifié par les éditeurs des *Nagelaten geschriften* (voir p. 780). Son nom était George Löb. Fils aîné d'une famille juive, il entra en 1926, sous le nom de Frère Nivardus, au monastère trappiste de Tilburg (Brabant hollandais). Ses deux frères, Rob et Ernst, l'y suivirent, respectivement en 1928 et 1929. Leurs trois sœurs optèrent

également pour la vie cistercienne, et, après un séjour de formation à l'abbaye féminine de Chimay (Belgique), participèrent à la fondation de la première abbaye de cisterciennes aux Pays-Bas depuis la Réforme. Les trois frères et deux de leurs sœurs figuraient parmi les trois cents catholiques qui, via Amersfoort, furent amenés à Westerbork le 2 août 1942. Ils n'y restèrent que deux jours avant d'être déportés vers Auschwitz, où les trois frères et leurs deux sœurs moururent dans la chambre à gaz quelques semaines plus tard.

12. Ce qu'on était obligé de faire au camp, où l'on ne disposait d'aucun meuble de rangement (note de Ph. Noble, p. 117).

13. Ph. Noble, note p. 117. Voir *De nagelaten geschriften*, p. 793.

14. Cité par L. Loosen, *op. cit.*, p. 61.

15. Qui figure dans le livre de Jean Guitton, *L'Absurde et le Mystère*, Desclée de Brouwer, 1984, p. 100.

16. *Ibid.*, p. 85.

17. *Ibid.*, p. 46.

18. « Geen idool... », *op. cit.*, p. 67.

19. Ce sont en effet les employés juifs du camp qui établissaient les listes de ceux qui devaient prendre place dans les wagons du train à destination d'Auschwitz.

20. Elle envoya de nombreux paquets de vivres et de vêtements aux Hillesum durant leur internement à Westerbork.

21. Témoignage cité par Ben Kroon et Corine Spoor, « Ze was iemand die alles gaf en alles nam, dat hoorde bij haar warmte » (Elle était quelqu'un qui donne et qui prend tout, telle était sa nature chaleureuse), dans *Reacties...*, p. 38.

22. Le 8 mars 1944, Mechanicus fut déporté à Bergen-Belsen. Puis, devant la progression des troupes alliées, il fut dirigé, avec un groupe de cent vingt personnes, sur Auschwitz. Trois jours plus tard, pour une raison qui demeure inconnue, tout ce groupe fut passé par les armes le 9 octobre 1944 (note des *Nagelaten geschriften*, p. 796).

23. *In dépôt*, Amsterdam, Polak & Van Gennep, 1964, p. 79 ss. (Voir *De nagelaten geschriften*, p. 796-797).

24. Ainsi que l'a noté Ph. Noble, *Lettres de Westerbork*, note 81, p. 123, « la citation d'Etty est très libre. On trouve cette idée exprimée deux fois dans l'Évangile selon Luc ». En *14*, 26· « Si quelqu'un vient à moi sans me préférer à son père, sa mère, sa femme, ses enfants, ses frères, ses sœurs, et même à sa propre vie, il ne peut être mon disciple » (trad. TOB). Et en *18*, 29-30 : « En vérité, je vous le déclare, personne n'aura laissé maison, femme, frères parents ou enfants, à cause du Royaume de Dieu, qui ne reçoive beaucoup plus en ce temps-ci et, dans le monde à venir, la vie éternelle » (trad. TOB)

25. Comme le signale une note des *Nagelaten geschriften* (p. 805), il s'agit ici d'une allusion à la lettre de Paul aux Philippiens, *4*, 7 : « Et la paix de Dieu, qui surpasse toute intelligence, gardera vos cœurs et vos pensées dans le Christ Jésus. »

26. Il pourrait s'agir ici d'une réminiscence de ces versets de la 2e Lettre de Paul aux Corinthiens, *4*, 16-17 : « Nous ne perdons pas courage. Et même si, en nous, l'homme extérieur va vers sa ruine, l'homme intérieur se renouvelle de jour en jour. Car nos détresses d'un moment sont légères par rapport au poids extraordinaire de gloire éternelle qu'elles nous préparent. »

27. On en trouvera une traduction française de Ph. Noble dans l'édition en un volume du *Journal* et des *Lettres de Westerbork*, *op. cit.*, p. 323-339.

28. Non datée, rédigée en allemand et non publiée dans le recueil des *Lettres de Westerbork*. Elle figure dans les *Nagelaten geschriften*, p. 600.

29. Ainsi que le concevaient certains philosophes du « siècle des Lumières ».

30. François Varillon, s.j., *L'Humilité de Dieu*, *op. cit.*, p. 123-124.

31. « Le Fils de l'homme va être livré aux mains des pécheurs » (Mt *25*, 45). « Il m'a aimé et s'est livré pour moi » (Ga 2, 21).

Textes annexes

1. Ce texte figure à la fin du volume de la traduction française d'*Une vie bouleversée*, parue aux Éditions du Seuil en 1985, p. 245-248.

2. La réponse est maintenant connue. Mischa, qui aurait pu échapper à la déportation en raison de son exceptionnel talent de pianiste, exigeait que ses parents jouissent de la même protection que lui. La réponse tardant à venir, Riva Hillesum eut la funeste idée d'écrire directement à H.A. Rauter, commandant en chef de la police et des SS des Pays-Bas. Cette lettre déchaîna apparemment la fureur de ce haut dignitaire nazi qui, le 6 septembre, donna l'ordre de déporter immédiatement Mischa « avec toute sa famille ». Le commandant du camp de Westerbork, Gemmeker, interpréta cet ordre au sens strict, et le 7 septembre, malgré d'ultimes démarches de ses amis, Etty partait pour Auschwitz en même temps que son jeune frère et ses parents.

3. Probablement les services centraux du commissaire général Obergruppenführer-SS Rauter.

4. Le chef (juif) du service d'ordre du camp. Il pouvait éventuellement intercéder auprès du commandant, Gemmeker.

5. L'artère principale du camp, qui menait à la voie ferrée.

6. « Aptes au transport », selon le vocabulaire concentrationnaire officiel.

7. Cette désignation de Dieu comme « Chambre Haute » se rencontre à plusieurs reprises dans la traduction des Psaumes de la *Statenvertaling* (une édition courante de la Bible en néerlandais), mais cette citation d'Etty n'est pas littérale. Peut-être s'agit-il du Psaume *17* (*18*) : « Le Seigneur est mon rempart (v. 3) ».

Indications bibliographiques

Le document de base sur lequel se fonde notre étude est le volume de 800 pages édité par les soins de la Fondation Etty Hillesum, sous la direction du théologien réformé Klaas A.D. Smelik, fils de Klaas Smelik, un contemporain d'Etty qui lui fut très proche : *Etty. De nagelaten geschriften van Etty Hillesum (1941-1943)*, Uitgeverij Balans, Amsterdam, 1986. Ce volume rassemble tous les textes du *Journal* rédigés par Etty en néerlandais et partiellement en allemand, ainsi que ce qui subsiste de sa correspondance et d'autres textes importants qui la concernent. Ce volume est particulièrement précieux pour les nombreuses informations fournies par une centaine de pages de notes sur le contexte historique et l'identité des personnages évoqués par Etty.

En néerlandais

Un recueil d'études et de témoignages : « *Men zou een pleister op vele wonden willen zijn* », *Reacties op de dagboeken en brieven van Etty Hillesum* (« On voudrait être un baume sur tant de blessures », Commentaires sur le *Journal* et les lettres de Etty Hillesum), Uitgeverij Balans, Amsterdam, 1989.

En français

D'importants extraits du *Journal*, sous le titre : *Une vie bouleversée. Journal 1941-1943*, ainsi que les *Lettres de Westerbork*, traduits par Ph. Noble, ont paru aux Éditions du Seuil, respectivement en 1985 et 1988. Les deux textes, réunis en un seul volume, sont désormais disponibles en édition de poche aux mêmes Éditions, avec des annotations de Ph. Noble, coll. « Points », 1995.

Pascal Dreyer, *Etty Hillesum. Une voix bouleversante*, Desclée de Brouwer, coll. « Témoins d'humanité », 1997.

Sylvie Germain, *Etty Hillesum*, Paris, Pygmalion, 1998.

La revue *La Vie* a publié en avril 1988 une excellente présentation, richement illustrée, de la personnalité et du message d'Etty, par Marlène Tuininga, sous le titre : *Etty. L'humanité sauvée*.

Index

Table

Numérisation et impression en mai 2014
par CPI Firmin-Didot
Éditions Albin Michel
22, rue Huyghens, 75014 Paris
www.albin-michel.fr

ISBN : 978-2-226-12169-1
ISSN : 0755-1835
N° d'édition : 13882/07. - N° d'impression : 122771.
Dépôt légal : février 2001.
Imprimé en France.